Informatik aktuell

Herausgeber: W. Brauer
im Auftrag der Gesellschaft für Informatik (GI)

Ralf Cordes   Norbert Streitz (Hrsg.)

Hypertext
und Hypermedia 1992

Konzepte und Anwendungen auf dem Weg
in die Praxis

Fachtagung und Tutorien
München, 14.-16. September 1992

Springer-Verlag
Berlin Heidelberg New York
London Paris Tokyo
Hong Kong Barcelona
Budapest

Herausgeber

Ralf Cordes
Telenorma GmbH
Bosch Telecom
Kleyerstr. 94, W-6000 Frankfurt 1

Norbert Streitz
GMD-IPSI
Dolivostr. 15, W-6100 Darmstadt

CR Subject Classification (1992): H.2, H.3.5, H.4, H.5.1, I.7.2

ISBN 3-540-55975-2 Springer-Verlag Berlin Heidelberg New York
ISBN 0-387-55975-2 Springer-Verlag New York Berlin Heidelberg

Satz: Reproduktionsfertige Vorlage vom Autor/Herausgeber
Druck- u. Bindearbeiten: Weihert-Druck GmbH, Darmstadt
33/3140-543210 – Gedruckt auf säurefreiem Papier

Vorwort

Der vorliegende Band der Reihe "Informatik Aktuell" beinhaltet die Beiträge der GI-Fachtagung "Hypertext und Hypermedia 1992 – Konzepte und Anwendungen auf dem Weg in die Praxis". Diese Fachtagung, die von der Fachgruppe 4.9.1 der GI "Hypertextsysteme" in Zusamamenarbeit mit der Deutschen Informatik Akademie und unter Mitarbeit der Fachgruppe 4.9.2 "Multimediale Elektronische Dokumente" durchgeführt wird, bildet die konsequente Fortführung der Workshops aus dem Jahre 1990 in Basel (durchgeführt von der Schweizer Informatikgesellschaft) und in Darmstadt (durchgeführt von der GMD in Zusammenarbeit mit der GI) sowie der gemeinsamen Konferenz von GI, SI und ÖGI in Graz 1991. Während in den ersten drei Veranstaltungen zum Thema Hypertext/Hypermedia im deutschsprachigen Raum noch konzeptionelle Überlegungen, Projektideen, erste spezialisierte Prototypen sowie kleine beispielhafte Anwendungen im Vordergrund standen, stehen auf dieser Tagung vornehmlich Ergebnisse aus den Gebieten

– erste Schritte in die Praxis,
– Anwendungen im Publikationswesen,
– Basistechnologien sowie
– vielversprechende Anwendungsgebiete der Zukunft

im Zentrum des Interesses. Es zeigen sich somit deutliche Fortschritte bei der praxisnahen Umsetzung von Hypertexttechniken in bestehende und zukünftige Anwendungen.

Betrachten wir die ersten Schritte in die Praxis, so zeigt sich, daß Hypertexttechniken heute schon in vielfältigen Anwendungsbereichen eine wesentliche Rolle spielen. Exemplarisch finden wir in diesem Abschnitt Beiträge aus den Fachgebieten der technischen Dokumentation, des Lernens und Wiedererlernens, des Software Engineerings sowie der Unterstützung in Gestaltungsfragen von CAD Systemen.

Wie das Kapitel über zukünftige Publikationssysteme zeigt, sind auf diesem Fachgebiet nicht nur wesentliche Forschungs- und Entwicklungsergebnisse in den letzten Jahren im Rahmen von Förderungsprogrammen wie ESPRIT, RACE oder BERKOM erbracht worden, sondern es sind auch wesentliche Ergebnisse dieser Arbeiten zu Entwicklern und Anwendern transferiert worden.

Im Bereich der Basistechnolgien stehen in diesem Band Arbeiten im Vordergrund, die sich einerseits mit der Verbindung von Hypermediasystemen und bestehenden Datenbank- sowie Informationssystemen beschäftigen. Andererseits wird die Integration und der Export von Informationen unterschiedlicher Medientypen und verschiedener Austauschformate betrachtet.

Abschließend werden anhand abgeschlossener Projekte und implementierter Anwendungen weitere Beispiele für zukünftige Einsatzgebiete von Hypermediasystemen gezeigt.

Umrahmt wird das Fachprogramm dieser Tagung durch zwei eingeladene Beiträge, die sich jedoch nicht in diesem Band befinden. Prof. Dr. Paolo Paolini (Politecnico di Milano, Chairperson der diesjährigen European Conference on Hypertext – ECHT92) spricht in seinem Vortrag zu Forschungs- und Entwicklungsperspektiven für Hypertext in Europa. Der zweite eingeladene Vortrag widmet sich dem MediaPark Köln – einem geplanten innovativen Zentrum für die Entwicklung und Erprobung neuer Medientechniken.

Der offene kommunikative Charakter dieser Fachtagung wird zusätzlich durch das Angebot eines vollen Tages für Tutorien, durch spezielle Systemdemonstrationen sowie einer Podiumsdiskussion zu den erwarteten Möglichkeiten von Hypertext und Hypermedia unterstrichen. Somit bildet diese Fachtagung einen Rahmen für vielfältige und vielschichtige Diskussionen sowie dem Informationsaustausch zwischen Forschern, Entwicklern, Anwendern und dem interessierten Fachpublikum.

Frankfurt/Darmstadt,   *Ralf Cordes*
im Juli 1992   *Norbert Streitz*

Contents

Vom Buch zur Online-Hilfe, Links inklusive

Ein Prototyp mit gemeinsamer Text-Quelle für beide Medien

Klaus Eickemeyer
Siemens Nixdorf Informationssysteme AG
Technische Dokumentation SINIX
STM QM 232
Otto-Hahn-Ring 6
8000 München 83

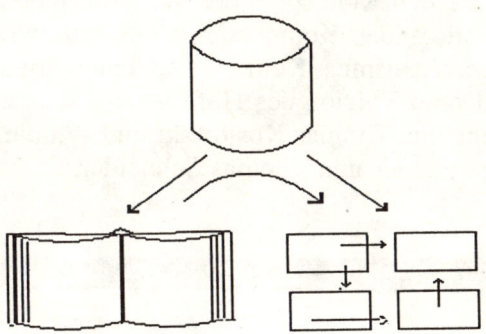

Zusammenfassung

In diesem Beitrag wird ein Prototyp eines Online-Hilfesystems zur Bedienober-
flächeOSF/Motif[TM]unter SINIX® vorgestellt. Die Hilfetexte und die Links zwischen den Hilfetexten werden aus einer Text-Quelle erzeugt, die gleichzeitig zur
Produktion der produktbegleitenden Handbücher genutzt wird. Erfahrungen mit
der automatischen Erzeugung von Links, Vorteile der Online-Hilfe und Mehr-
aufwände werden dargestellt. Probleme des Zugangs zum Hilfesystem sowie
Erfahrungen mit der Transformation der Text-Quelle zum Hilfesystem des Prototypen werden angesprochen.

Schlüsselwörter

Online-Hilfesystem, Hypertext-Links, kontextsensitive Hilfe, Text-Transforma-
tion, Bedienoberflächen, OSF/Motif, Unix® , Medienabhängigkeiten Technischer
Dokumentation, Werkzeuge zur Pflege und Nutzung von textuellen Informationssystemen

Der   Prototyp

Dieser Beitrag stellt einen Prototypen vor, der eine Text-Quelle, die bisher zur Erzeugung von Handbüchern verwendet wurde, rechnergestützt in ein Hilfesystem mit hypertext-ähnlich verbundenen Hilfetexten transformiert und sie dem Benutzer online verfügbar macht. Die Transformation umfaßt die Aufspaltung des Buchtextes in Hilfetexte, die in Länge und Inhalt dem Medium "Online" angemessen sind, die Verbindung der Hilfetexte mit Links, Zugang des Benutzers in das Hilfesystem, Umsetzung von Satzauszeichnungen (z.B. halbfette Schrift) u.ä. Der Prototyp nutzt erstens die Anwendung, deren Funktionalität und Bedienung in den Hilfetexten dokumentiert wird, zweitens Werkzeuge, die die Text-Quelle in die Hilfetexte transformieren, und drittens einen Hilfe-Mechanismus, mit dem der Benutzer auf die Hilfetexte zugreifen und sie sich anschauen kann. Das Hauptinteresse gilt den Konzepten der Transformation und deren Zusammenspiel mit den existierenden Komponenten des Prototyps: Text-Quelle, Anwendung und Hilfe-Mechanismus. Konzept und Transformationswerkzeuge des Prototyps sowie die Demo-Version des Hilfesystems wurden von Klaus Eickemeyer, Holger Hamelmann, Thomas Koslowski und Walburga Pilch entwickelt, unterstützt von Lothar Berner und Thomas Schneider.

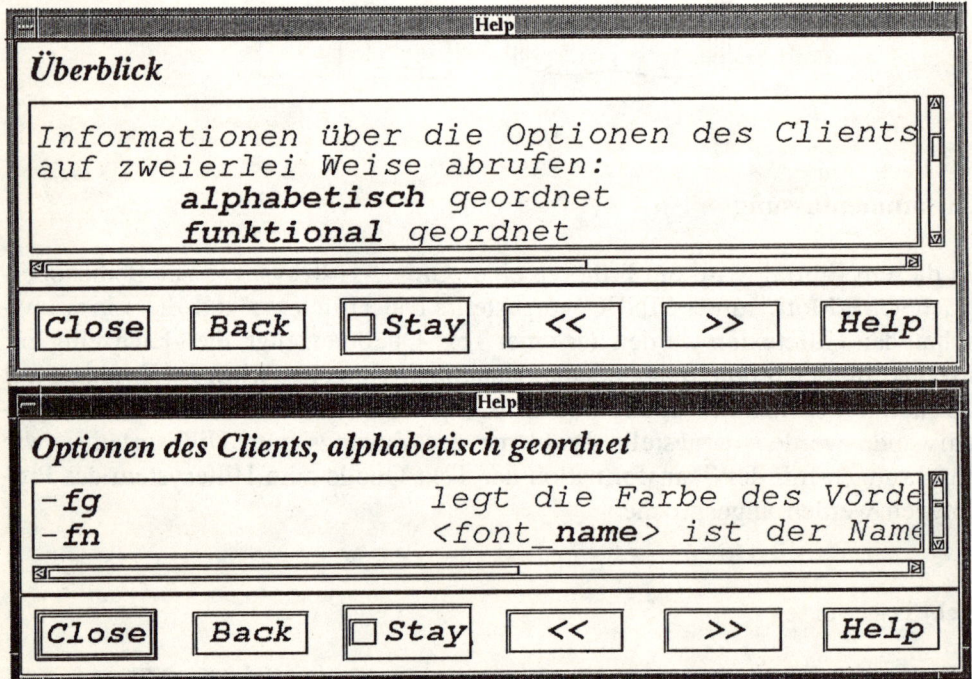

Bild: Zwei Hilfefenster mit Hilfetexten des Prototyps

Die Text-Quelle

Die Text-Quelle enthält die Technische Dokumentation zum Software-Produkt OSF/Motif von Siemens Nixdorf, das Benutzern grundlegende Bedienelemente zur Arbeit in einer fensterorientierten Umgebung zur Verfügung stellt. Motif ist bei Siemens Nixdorf die Basis für Anwendungen mit grafischer Bedienoberfläche unter SINIX.

Aus der Text-Quelle wurden bisher mit zwei UNIX-Shellskripts und einem C-Programm innerhalb ca. 2 Stunden Textdateien für zwei Handbücher erzeugt: eine Einführung, die auf ca. 300 Seiten Bedienkonzepte erläutert und einen Überblick über das Produkt vermittelt, und ein Nachschlagewerk, das auf ca. 650 Seiten die Funktionalität des Produktes vollständig dokumentiert. Die Text-Quelle besteht aus ca. 1000 Dateien in 14 Dateiverzeichnissen. Die Text-Quelle war also bereits vor Erstellung des Prototyps zur Online-Hilfe sehr modular. Die modulare Struktur spiegelt die Gliederung des Handbuchs in Kapitel und Abschnitte wider sowie die Homogenität der Software, die viele kleine Dokumentationsmodule ermöglichte. Sie beschreiben jeweils eine konfigurierbare Eigenschaft der Software und werden für mehrere Anwendungen mit nur geringfügigen Veränderungen verwendet. Die Textlänge vieler Module bleibt unter 1 bis 1,5 Handbuch-Seiten, entsprechend etwa 3 bis 5 Hilfetext-Seiten. Diese Länge scheint in Hilfetexten noch akzeptabel zum Scrollen zu sein.

Im Prototyp versuchten wir, für einen möglichst großen Teil der Text-Quelle der Handbücher ein Konzept zur Transformation in ein Hilfesystem zu erstellen und dieses zu testen. Das entwickelte Konzept der Transformation ist auf das Nachschlagewerk anwendbar und wurde im Prototyp für eine von 14 Produktkomponenten realisiert, die uns in Bezug auf die Transformation repräsentativ für alle Produktkomponenten scheint.

Als hilfreich für den Prototypen erwies sich, daß die meisten Module nicht formal (z.B. "Kapitel.2") benannt sind, sondern nach der inhaltlichen Gliederung (z.B. "X-Server"). Das erleichtert den Zugriff auf das richtige Textmodul und erhöht im Prototypen die Lesbarkeit der Transformationsskripts und der Zielangaben für die Links zwischen Hilfetexten.

Der Hilfe-Mechanismus

Die Online-Hilfe nutzt den Mechanismus zur Einbindung und Anzeige von Hilfetexten des Entwicklungssystems zu Motif-Bedienoberflächen von Siemens Nixdorf. Mit dem sprachenunabhängigen Mechanismus kann kontextsensitive Hilfe realisiert werden, der Benutzer kann also den Ort wählen, zu dem er (im Kontext des Ortes) Hilfe haben möchte. Die Hilfetexte werden in einem Fenster, dem Help-Widget, angezeigt.

Hypertext-Links verknüpfen die Hilfetexte. Der Mechanismus unterstützt von sich aus keine Typisierung der Links (z.B. Fachwort-Link: jedes Fachwort im Hilfetext wird mit einem Link vom Typ "Fachwort" mit dem Eintrag im Fachwortverzeichnis verbunden). Linktypen können aber für Autoren und Benutzer sichtbar von den Autoren der Hilfetexte eingeführt werden. Indexgenerierung aus Hypertext-Links und einfacher Tabellensatz wird unterstützt. Hilfetexte können mehrere Fonts für 8-Bit-Zeichensätze verwenden und Bitmaps enthalten.

Den schrittweisen Aufbau eines Systems von Hilfetexten zu einer Anwendung unterstützt der "Propagierungsmechanismus". Mit ihm ist es möglich, mehreren Bedienelementen, die in der Software zu einer Gruppe zusammengefaßt sind, gemeinsam einen "Default-Hilfetext" zuzuordnen. Er wird immer dann angezeigt, wenn zwar ein Hilfetext für ein bestimmtes Bedienelement der Gruppe angefordert wird, aber kein solcher existiert. Bei Zeitknappheit brauchen so nur die notwendigen Hilfetexte erzeugt zu werden, alle anderen werden bei entsprechender Konfigurierung der Anwendung durch den Default-Hilfetext ersetzt. Das ermöglicht, bei Bedarf und Zeit das Hilfesystem durch Hilfetexte auch zu den übrigen Bedienelementen - ohne Codeänderungen - zu erweitern. Aus Produkthaftungsgründen sollten die Hilfetexte nicht durch den Benutzer, sondern nur durch den Produkthersteller verändert werden.

Die Links zwischen Hilfetexten

Zwischen Hilfetexten navigiert der Benutzer mit Hypertext-Links. Die gesamte Link-Information steht im Quell-Hilfetext. Sie besteht aus einer Wortfolge, die das Help-Widget als Anker eines Links anzeigt, und dem Namen des Ziel-Hilfetextes. Da das Ziel immer der Beginn eines Hilfetextes ist, sollte der Benutzer den Grund des Links auf der ersten Seite des Ziel-Hilfetextes erkennen. Die Links werden bei Erzeugung der Hilfetexte festgelegt und sind vom Benutzer nicht veränderbar. Das Aussehen der Link-Anker ist konfigurierbar (Fontwahl,...). Der Mauscursor über Ankern kann als "zeigende Hand" dargestellt werden.

Die Links im Prototyp ermöglichen erstens Suche (analog Inhalts-, Stichwort-, Fachwortverzeichnis), zweitens Orientierung (z.B. Übersichten in dem Netz der gelinkten Hilfetexte), und drittens den Verweis auf Detailinformationen.

Wartungs- und Pflegegründe legen nahe, nur getypte Links zu verwenden. Außerdem erleichtern sie dem Benutzer die Orientierung darüber, wohin ihn ein Link führt. Im Prototypen sind die Links daher getypt: Fachworte sind Linkanker zum Eintrag im Fachwortverzeichnis (Fachwort-Links zur Detailinformation). Namen von konfigurierbaren Eigenschaften sind gelinkt (da es zwei Sorten Eigenschaften gibt, nämlich Optionen und Ressourcen, ergeben sich Option-Links und Ressource-Links, beide zur Detailinformation). Die (gelinkten) Namen werden deren Kurzbeschreibungen gegenübergestellt (Suche und Orientierung). Die in Übersichtstexten genannten Überschriften werden auf den Hilfetext mit dieser Überschrift gelinkt (Überschrift-Link zur Orientierung und Detail-information). Auf die Umsetzung von Stichworten und expliziten Verweisen der Text-Quelle wurde im Prototyp verzichtet.

Der Linktyp ist im Prototyp jedoch weder in Text oder Darstellung der Link-Anker kenntlich gemacht, noch weist die "Hilfe zur Hilfe" darauf hin. Einzig in den Transformationswerkzeugen wird das Konzept der Linktypen deutlich. Unsere Erfahrung mit den realisierten Linktypen zeigt, daß die Nennung des Linktyps ausschließlich im Transformationswerkzeug nicht ausreicht: erstens können Worte, die nach den Regeln der Transformation automatisch einen Link erzeugen, in anderen Sinn-Zusammenhängen stehen und zweitens können Worte zu zwei oder mehr Linktypen passen. Da aber der Hilfe-Mechanismus nur ungetypte Links sowie keine Mehrfachlinks von einem Anker zur Verfügung stellt, scheint uns notwendig, den Linktyp in der Text-Quelle explizit als Schlüsselwort zu nennen und diesen im Transformationswerkzeug in die als Anker angezeigte Wortfolge zu integrieren: z.B. "Eigenschaft Fenstergröße" statt "Fenstergröße". Als angenehmer Nebeneffekt würde dem Benutzer damit der Linktyp angegeben. Die Integration des Linktyps wirft allerdings Probleme auf, die im Prototyp noch nicht untersucht werden konnten: Aufzählungen "Eigenschaften Fenstergröße und Hintergrundfarbe" oder "Eigenschaften Hinter- und Vordergrundfarbe".

Weitere Probleme bei der automatischen Generierung von Links sind zum einen die Häufung von Links, wenn das den Link auslösende Wort in einer Textpassage häufig vorkommt (z.B. das Fachwort "Link" in diesem Absatz), zum anderen das Nicht-Eintragen eines Links, wenn das auslösende Wort konjugiert bzw. dekliniert ist (z.B. Link, Links). Beide Probleme scheinen gelöst, wenn in der Text-Quelle nur genau die Worte, die zu Link-Ankern führen sollen, in ihrer Grundform benutzt werden. Ob die Lösung praktikabel ist, z.B. in anderen als der deutschen Sprache, wäre zu untersuchen, würde aber eine Überarbeitung der Text-Quelle erfordern und dies sollte im Prototyp bewußt weitgehend vermieden werden.

Wichtig für die automatische Generierung von Links ist die Kenntnis und Beeinflußbarkeit der Wortgrenzen (" ","_","-",...) und des Verfahrens, nach dem Mehrfach-Links vermieden werden (Länge des Linkankers, Reihenfolge der Linktypen,...).

Zum Abschluß zu den Linktypen sei noch das Problem der Orientierung für den Benutzer in einem System von gelinkten Hilfetexten angesprochen. Der Hilfe-Mechanismus stellt keinen Browser zur Verfügung, der das Netz der gelinkten Hilfetexte graphisch darstellt. Wir hoffen, daß folgende zwei Orientierungshilfen ausreichen: die lineare Anordnung aller Hilfetexte entsprechend der Handbuch-Struktur (mit den Blätter-Buttons des Help-Widgets von überall nachverfolgbar) und das Inhaltsverzeichnis des Hilfetext-Systems im Text "Hilfe zur Hilfe" (mit dem Hilfe-Button des Help-Widgets immer zugreifbar).

Zu den genannten automatisch erzeugbaren Links sind nach bisherigen Erfahrungen mit dem Prototyp keine zusätzlichen Links mehr notwendig (vgl. aber am Ende des nächsten Abschnitts "Anwendungsübergreifende Dokumentation der Bedienung"). Dringend erforderlich ist es, die automatisch eingetragenen Links einer systematischen Qualitätssicherung zu unterziehen: um den Transformationsregeln entsprechende, aber inhaltlich falsche Links zu vermeiden und Zirkelverweise zu kontrollieren. Zu untersuchen wäre, ob kontextabhängiges Aufbrechen von Zirkelverweisen möglich und sinnvoll ist, z.B. indem beim Anker angegeben ist, über wieviele Links der Benutzer maximal ausgehend von diesem Anker zu neuen Hilfetexten springen kann.

Vorteile der Online-Hilfe

Die Online-Hilfe des entwickelten Prototypen ist ein Schritt zu situationsangemessenerer, kontextgesteuerter Dokumentation des Produktes, die zu erhöhter Selbstbeschreibungsfähigkeit führt. Der Benutzer sieht nur soviel Dokumentation zu einem Zeitpunkt, wie er kontextangemessen benötigt. So wird der Konflikt zwischen Individualisierbarkeit des Produktes und der damit verbundenen Menge Technischer Dokumentation für den Benutzer gemildert.
Online-Hilfe spart Produktionskosten, sofern die Online-Hilfe wie im Prototyp als echte Ergänzung und nicht als zweites Medium mit ähnlichem Inhalt konzipiert wird. Vorstellbar ist nach den Erfahrungen mit dem Prototyp, über 200 Seiten des Nachschlagewerks - mithin gut 20% der bisherigen Produktdokumentation (Nachschlagewerk und Einführung) - nur noch als Hilfetext mit entsprechenden Suchmöglichkeiten anzubieten. Doch erfordern die erweiterten Suchmöglichkeiten bei unserem Prototyp eine wesentlich striktere Einhaltung von Struktur und Inhalt der Text-Module als im Handbuch und verursachen mithin erhöhten Aufwand. Außerdem führt die Integration in eine gemeinsame Text-Quelle für beide Medien zu Mehraufwand. Sie ist aber trotz der Ergänzungsfunktion sehr wichtig, da sie die Erstellung und Pflege einer über die Mediengrenzen hinweg homogenen Dokumentation erheblich erleichtert und den Austausch von Text-Modulen sowie Verweise zwischen den Medien vereinfacht, was gerade für eine schrittweise Umstellung auf vermehrte Online-Hilfetexte sinnvoll und notwendig ist.
Die reine Produktionszeit für die Hilfetexte des Prototypen, daß heißt die Zeit für die Transformation der Text-Quelle in die fertigen, einsetzbaren Hilfetexte beträgt bei vorhandenen Transformationswerkzeugen und vorhandener Produktionsumgebung gut 1,5 Stunden. Hinzu kommen Zeiten für den Zeilenumbruch, Verknüpfung der Hilfetexte mit der Anwendung und Qualitätssicherung zumindest der Links. Wenn anwendungsübergreifende Hilfetexte angeboten werden, ist die Qualitätssicherung der Links auch in der integrierten Umgebung notwendig. Allein wegen der Anzahl Links ist dies eine deutliche Erweiterung der Lektoratsaufgaben. Daß die geringen Produktionszeiten zur flexibleren (und weniger zeitkritischen) Erstellung Technischer Dokumentation beiträgt, ist somit weniger eine Frage der Produktionszeit an sich, als eine Frage der Abstimmung der Phasen der Produkterstellung. Erstens muß die Dokumentation im Test des Produktes gegen die Dokumentation vorliegen, zweitens wird die Dokumentation

nun über bisherige Lektoratsaufgaben hinaus eigenständiger Gegenstand der Qualitätssicherung und drittens muß die Übersetzungszeit einkalkuliert werden, wenn die Dokumentation in mehreren Sprachen vorliegen soll.

Unsere Erfahrung mit dem Prototyp legt nahe, daß die anwendungsübergreifende Dokumentation der Funktionalität in großen Teilen (über 200 Seiten, das ist über ein Drittel des Nachschlagewerkes) gut möglich ist. Unterstützt wird dies durch die stark vereinheitlichenden Vorgaben vom X Window System und OSF/Motif, die schon oben als Grund für die weitreichende Modularität der Text-Quelle genannt wurden. Vorteilhaft scheint auch die getrennte Beschreibung der Funktionalität eines Bedienelementes und seiner Bedienung. Dadurch werden die Texte modularer, die Bedienung ist übertragbar auf gleiche Bedienelemente in der gleichen und auch in anderen Anwendungen. Da der Prototyp Teile des Nachschlagewerks in Hilfetexte umsetzt, ist der Aspekt "Anwendungsübergreifende Dokumentation der Bedienung" allerdings im Prototyp kaum realisiert und die Aussagen hierzu zu untersuchen.

Im Prototyp nicht realisiert, aber wünschenswert sind deutlich verbesserte rechnergestützte Suchmöglichkeiten in den Hilfetexten und die Möglichkeit, Informationen aus den Hilfetexten zur weiteren Bearbeitung per "Cut and Paste" zu übernehmen.

Mehraufwand zur Pflege der Text-Quelle

Mehraufwand durch Berücksichtigung des zweiten Mediums ergibt sich im Prototyp im wesentlichen durch Verwaltung und Qualitätssicherung der größeren Anzahl Links und durch die Anpassung an veränderte Orientierungsmöglichkeiten im zweiten Medium "Online". Zur Orientierung sind häufige Zusammenfassungen oder Vorausschauen über die in der Dokumentation abgehandelten Themen sehr hilfreich. Im Nachschlagewerk sind dies geordnete Listen. Die alphabetische Liste der Komponentennamen, entsprechend der das Handbuch gegliedert ist, ließ sich zusammen mit deren funktionalen Kurzbeschreibung in der Form eines "Permuted Index" umsetzen. So sind für große Teile der Hilfetexte des Prototypen zwei zusätzliche Zugriffswege entstanden: namensorientiert und funktionalitätsorientiert.

Es ist notwendig, in der Text-Quelle für Hilfetexte auf die Orientierung an der klassischen Linearität des Buches, auf das "Vorne" und "Hinten", zu verzichten und auch beim Zugang zu einem Hilfetext zu bedenken, daß in der Regel die unbedingt vorauszusetzenden Kenntnisse so gering wie möglich gehalten werden. Vielmehr muß mit geeigneten Link-Ankern Nachlesen möglich sein. Zur Nachlesbarkeit gehört, daß Zirkelverweise vermieden werden und ein Hilfetext nur eine zumutbare Anzahl Links enthält. Diesen Anforderungen beim Schreiben eines Textes gerecht zu werden, ist für Nachschlagewerke schon schwierig genug. Für Einführungen aber ist es wahrscheinlich noch deutlich schwieriger,da gerade sie stetig auf den bereits vermittelten Kenntnissen aufbau-en. Ohne Werkzeuge für den Autor des Hilfesystems ist eine sehr weitgehende Beschränkung auf sehr klare, und wenige Gliederungsprinzipien notwendig.

Im Prototyp mußte weitgehend auf die Neuerstellung von Texten verzichtet werden. Stattdessen wurde die weitgehende Verwertung der bereits vorhandenen Texte angestrebt. Im Vergleich zu den im Prototyp zu Hilfetexten transformierten ca. 120 Seiten des Nachschlagewerkes sind die neugeschriebenen gut 100 Zeilen Hilfetext bei 40 Zeilen pro Seite sicherlich als gering anzusehen. Es wäre wünschenswert, die kontextsensitive Hilfe stufenweise gegenüber dem Prototyp zu ergänzen.

Bei der Entwicklung eines Prototypen war ferner eine Beschränkung auf wesentliche Struktur- und Formatelemente der Quelltexte notwendig. So wurden umgesetzt: Kapitel mit typischer seitenlayout-bezogener Struktur, Kapitel- und Abschnittsstruktur mit Zwischenüberschriften, tabellarische und listenartige Strukturen, Auszeichnung eines Textes als kursiv, halbfett, als Index. Diese Liste ist zwar nicht vollständig, gibt aber etwa den Umfang der Struktur- und Formatelemente wieder, die im Prototyp transformiert wurden zu entsprechenden Auszeichnungen des Hilfetextes. Nicht umsetzbare, aber für die Informationsvermittlung wesentliche Struktur- und Formatelemente in der Text-Quelle des Nachschlagewerks haben sich bisher nicht ergeben.

Schließlich muß die Transformation der Texte der Quelle in Hilfetexte weitgehend automatisierbar sein und sich in den Automatisierungswerkzeugen auf in Handbuch-Quelltexten weitverbreitete strukturelle Kennzeichen stützen. Hier helfen Auszeichnungskonventionen, Gliederungsrichtlinien, Terminologiekonsistenz,..., also Homogenität struktureller und inhaltlicher Kennzeichen, deren Einhaltung durch eine entsprechende Arbeitsumgebung ermöglicht wird.

Zugang des Benutzers zur Online-Hilfe

Der anwendungsübergreifend einheitliche, styleguide-konforme maus- oder tastaturgesteuerte Zugriff auf das Hilfesystem mittels Menü, Hilfe-Button oder der Taste Help für das aktive Bedienelement ist selbstverständlich. Schwierig gestalten sich jedoch die Menüeinträge im Hilfemenü: erstens wieviele, zweitens mit welchem Namen und drittens mit welchem ersten Hilfetext ist der Menüeintrag verbunden? Die anwendungsübergreifende Einheitlichkeit des Hilfemenüs steht im Konflikt zum schnellen Zugang zur Information, d.h. Menüeinträgen zu anwendungsspezifischen Themen. Wir haben uns im Prototypen für vier Gruppen von Menüeinträgen mit vorläufigen Benennungen entschieden. Die erste Gruppe umfaßt nur den Menüeintrag zur kontextsensitiven Hilfe, dem Standardzugangsweg zu Hilfe zu einem sichtbaren Bedienelement. Bei kontextsensitiver Hilfe kennt und wählt der Benutzer den Ort in der Bedienoberfläche, für den er Hilfe haben möchte. Kann der Benutzer den Inhalt seines Problems bestimmen, so kann er auf die Menüeinträge einer zweiten Gruppe zugreifen, in der beim Prototypen 6 Themenbereiche aufgabenorientiert, weniger bedienfeldorientiert angeboten werden. Kann er weder Ort noch Inhalt eingrenzen, helfen ihm die Menüeinträge einer dritten Gruppe, z.B. ein Stichwortverzeichnis. In der vierten Gruppe schließlich kann er mit "Hilfe zur Hilfe" einen Hilfetext zur Struktur und Inhalt des Hilfesystems sowie zur Bedienung der Hilfe anfordern.

Die Transformation

Der Prototyp umfaßt Hilfetexte zu einer von insgesamt vierzehn Anwendungen, die im Produktumfang enthalten sind. Die Hilfetexte entsprechen im Umfang ca. 120 Seiten des Nachschlagewerks. Das Konzept für die Transformation von der Quelle zu Hilfetexten sieht folgende Transformationsschritte vor:
1. manuelle Anpassung der Beschreibung, um eine gemeinsame Text-Quelle für Buch und Online-Hilfe zu erhalten (vgl. Abschnitte "Die Links zwischen Hilfe- texten" und "Mehraufwand zur Pflege der Text-Quelle");
2. rechnergestützte Aufteilung der Quelle in Dateien, pro Datei ein Hilfetext: ent- sprechend der vierstufigen Dezimalklassifikation und zweistufigen Zwischen- überschriften (vgl. Abschnitt "Die Text-Quelle");
3. rechnergestützte Erzeugung der Links zwischen den Hilfetexten: Fachwort-, Option-, Ressource- und Überschrift-Links zur Suche, Orientierung und Detailin- formation (vgl. Abschnitt "Die Links zwischen Hilfetexten");
4. rechnergestützte Erzeugung der Verzeichnisse: Inhalt, Index, Glossar, ...(vgl. Abschnitt "Die Links zwischen Hilfetexten");
5. rechnergestützte Umsetzung der Satzauszeichnung (Formatierung) in den Quellen entsprechend den Auszeichnungsmöglichkeiten in Hilfetexten (vgl. Ab- schnitt "Mehraufwand zur Pflege der Text-Quelle");
6. pro Hilfetext und Bedienelement manuelle Zuordnung zu Menüeinträgen und/oder Bedienelementen.

Als besonders hilfreich während der Implementierung der rechnergestützten Transformation hat sich herausgestellt:
· Eine gliederungsbezogene, inhaltlich-logische Aufteilung in Texteinheiten und Einzeldateien (Textmodule) lag bereits vor.
· Informationen sind im wesentlichen textuell explizit gegeben und nur in seltenen, meist gut lokalisierbaren Fällen implizit, zum Beispiel im Layout oder Typographie des Buches (z.B. steht kursiver Text für vom Benutzer frei wählbaren Text).
· Getypte Verweisanker waren in vielen Fällen bereits durch standardisierte Texte ("vgl. Option ...") eingeführt und nannten auch den referenzierten Hilfetext.
· Einleitende Übersichtstexte zu Texteinheiten ließen sich relativ einfach zu kommentierten Inhaltsverzeichnissen transformieren.
· Die Gliederung des Buches spiegelte auch die Bedienelemente in in sich abgeschlossenen Texteinheiten wieder (z.B. existierte ein Text zum Bedienelement "Menüleiste"), so daß die kontextsensitive Hilfe keine neuen Texteinheiten erforderte - eine Erweiterung ist aber wünschenswert.

Die folgenden Grenzen des Prototyps zeigen die Stellung des Prototyps zwischen Idee und Realisierung der Idee als Produktbestandteil: unvollständige Satzauszeichnung der Texte; kein Zeilenumbruch; fehlender Weißraum um den Hilfetext; keine Bilder und Grafiken; textuell ausbaufähige kontextsensitive Hilfe; kein Test der Übertragbarkeit auf andere Text-Quellen; kein Index oder Inhaltsverzeichnis über alle Hilfetexte; kein ausgearbeitetes Konzept für produktübergreifende Links. Hilfetext-Überschriften sind nicht immer sehr sprechend, z.B. aufgrund fehlender Transformation lebender Kolumnentitel des Handbuchs.
Die Transformation führen weitgehend automatisch 15 UNIX - Shellskripte und zwei C-Programme in ca. 1,5 Stunden aus. Die Text-Quelle des Prototyps in 168 Dateien mit ca. 270 kbyte wird währenddessen in Hilfetexte umgewandelt, die in 7 Dateien mit ca. 264 kbyte gespeichert sind. In einem Zwischenschritt werden 255 editierbare Dateien erzeugt mit ca. 1560 kbyte, pro Datei ein Hilfetext.

Resümee und Ausblick

Der Prototyp erfaßt einen zentralen, wiederverwendbaren und im Umfang nennenswerten Prozentsatz der Gesamtdokumentation, der bisher ausschließlich als Buch veröffentlicht wurde. Für ihn ist es möglich, schrittweise zu zweifacher Nutzung der Text-Quelle überzugehen - zur Buchproduktion und zur Erzeugung von Online-Hilfe.
Eine Voraussetzung für den Übergang sind unter anderem flexible Werkzeuge zur Umsetzung der Text-Quelle in Online-Hilfetexte. Die Anpassungs- und Erweiterungsaufwände sind von einer geeigneten Auswahl aus einer Text-Quelle und deren Homogenität bezüglich Textstrukturen und Satzauszeichnungen abhängig.
In weiteren Schritten wäre zu klären, welche weitere Aufteilung der Dokumentation zwischen Online-Hilfe und Handbuch sinnvoll ist, wie Hilfe zur Tastaturbedienung in Hilfetexten gegeben werden kann, wie die stärkere Handlungsorientiertheit von Hilfetexten gegenüber Handbuchtexten besser berücksichtigt werden kann. Es wäre die Trennung der Beschreibung von Funktionalität und Bedienung sowie anwendungsübergreifende Dokumentation der Bedienung zu untersuchen. Es wären Methoden zu untersuchen, die die Transformation der Text-Quelle in ein System von Hilfetexten für dessen Autoren ähnlich transparent darstellen wie die Layoutinformationen in der Text-Quelle zur Erzeugung der Bücher. Der Zugang zu Hilfetexten anderer Anwendungen wäre zu untersuchen, darunter Verwaltung des versionsabhängigen Zugangs zu (versionsabhängigen) Hilfetexten und auch, wie Hilfetexte trotz situativer Abhängigkeit - zum Beispiel von der Vorgeschichte einer Bedienreihenfolge - mehrfach verwendbar werden können.

Literatur

Ideen, Anregungen und Erfahrungen aus der folgenden Literatur halfen uns bei der Entwicklung des Prototypen:

Joachim Bauer: "Konzepte und Prototypen interaktiver Hilfesysteme"; Dissertation, 1988, Institut für Informatik der Universität Stuttgart

Edward Barrett (Hrsg.): "Text, ConText, and HyperText"; 1988, The MIT Press

Gesellschaft für Technische Kommunikation e.V. (tekom): "Online-Dokumentation"; Manuskripte der gleichnamigen Fachtagung vom 27.-28. September 1990

Andreas Heuer, Ingbert Kupka (Hrsg.): "GI-Fachtagung Interaktive Schnittstellen für Informationssysteme"; 1989

Martin Hofmann, Horst Langendörfer (Hrsg.): "User Interface and Navigation, Facilities of the Hypertext System CONCORDE"; 1991, Institut für Betriebssysteme und Rechnerverbund Technische Universität Braunschweig

OSF: OSF/Motif V1.1, Style Guide

Siemens Nixdorf: Styleguide V1.0

Peter Stahlknecht, Hubertus Meier, Heinrich Neugrewe: "Hypertext/Hypermedia in der betrieblichen Praxis"; 1991, Fachbereich Wirtschaftswissenschaften der Universität Osnabrück

Ulrich Thiel, Rainer Hammwöhner: "Interaktion mit Textwissensbasen: ein objektorientierter Ansatz"; 1989, in: Proceedings GI- 19. Jahrestagung I

Aus einer überarbeiteten Text-Quelle der Produkt-Dokumentation zu OSF/Motif V1.1 sind die folgenden Bücher entstanden:

K. Eickemeyer, M. Habermaier, H. Hamelmann, Ch. Hülk, W. Pilch: "Das Nachschlagewerk zu OSF/Motif V1.1; Funktionalität, Verwaltung, Konfiguration"; 1991, Addison Wesley

K. Eickemeyer, M. Habermaier, H. Hamelmann, Ch. Hülk, W. Pilch: "Einführung in OSF/Motif V1.1; Arbeiten mit der Fensteroberfläche"; 1991, Addison Wesley

Warenzeichen

Hypertext Application Design using a Model-Based Approach

B. Schröcksnadl, K. Meusel, W. Zucker, J. Schiff
Siemens AG, ZFE BT SE 22
Otto-Hahn-Ring 6, 8000 München 83

M. Thüring
GMD-IPSI, Postfach 104326, 6100 Darmstadt

Abstract

In this paper, the first results of the ESPRIT project HYTEA (HYperTExt Authoring) will be presented. HYTEA aims at supporting the construction of large and complex hypertext/hypermedia ("HT/HM") applications. For this purpose, the Hypertext Design Model (HDM) is introduced which serves as a high-level data structure for hyperdocument design. Within HYTEA, a variety of prototype applications are specified and implemented that use HDM as a modelling device. In order to exemplify this approach, we will describe one application in detail: the design of a hypertext online documentation for a user manual of the forms processing system SIFORM. Another objective of HYTEA is the development of tools which are conceptually based on HDM and provide a graphical interface for easy and efficient hyperdocument authoring. Two of these tools will be presented in order to illustrate the HYTEA approach for the design and maintenance of HT/HM applications.

1   Introduction

Hypertext/hypermedia technology of today does not offer adequate support for the development of large and complex applications. For these applications, the authoring effort is long-lasting and the body of information to be represented is vast, requiring continuous maintenance and updating. Most of the tools that are currently available are not designed to handle this situation. Instead, they are tailored for small-scale authoring efforts and provide rather low-level representation constructs and authoring functions. The major objective of the ESPRIT project HYTEA (HYperTExt Authoring) is to overcome this unsatisfying state by implementing a set of tools dedicated to supporting the development of large and complex hypertext/hypermedia ("HT/HM") applications.

The core of the HYTEA approach is the introduction of more structural regularity into large hyperdocuments by replacing the primitive node-and-link data model of standard HT/HM systems with a hierarchical application data model called 'Hypertext Design Model' (HDM) ([1],[2],[3]). With HDM, hypertext applications can be defined in a system-independent manner by focussing on the classification of information elements and on the definition of navigational structures. The basic concepts of HDM will be described in chapter 2 of this paper.

In HYTEA, a set of prototype HT/HM applications are designed and implemented using HDM as a modelling device. Some of them deal with technical documentation for industrial environments. In order to illustrate the HYTEA approach, we will present one application in chapter 3: the user manual of the forms processing system SIFORM developed by Siemens.

Beside being a topic of their own, the HYTEA applications are used to design, validate and promote the HYTEA tools. Based on HDM and on the HYTEA user model [4], a powerful graphical authoring environment for hyperdocument design and maintenance has been built. Two central features of this environment will be explained in chapter 4.

2   The HYTEA approach

2.1   Basic ideas

Since HDM is a 'design model', it provides a framework in which authors can develop and analyze the structure of HT/HM applications at a high level of abstraction. In accordance with the HYTEA user model [4], HDM distinguishes 'authoring-in-the-small' from 'authoring-in-the-large' [1]. While the first term denotes the generation of the content of a HT/HM document (e.g., text, video, etc.), the second refers to the development of its structure. It is this second activity that is especially supported by HDM.

Due to its emphasis on structuring, HDM bears resemblance to some other lines of research which consider the structure of a hyperdocument as one of its most important features e.g., the Trellis Model [5], the Mac Web Hypertext Model [6], and the Hyperdocument Toolkit of SEPIA [7]. On the other hand, HDM differs from these models with respect to the *procedure of structuring* it proposes. According to HDM, authoring-in-the-large consists of two activities:

(1)   the definition of an application specific schema and

(2)   the generation of multiple instances derived from that schema.

A schema is a set of application oriented patterns that represent semantic, structural and topological properties of a HT/HM document. It provides a high level description of the basic types of information and interrelations in the application domain. In HYTEA, a special authoring tool (the schema editor) has been developed which provides a graphical user interface for designing HDM schemata.

When an author has defined the schema of an application he can instantiate it multiple times and thus generate any number of instances. These instances can be edited and refined by using the second tool which HYTEA provides: the instance editor. Again, this editor has a graphical user interface and is based on HDM concepts.

The final result of authoring-in-the-large is an 'empty skeleton' representing the structure of an application. This structure serves as input for the second design activity, i.e., for authoring-in-the-small. For filling the skeleton with information, it must be mapped to a target system which provides facilities for editing text, graphics, etc. Since HYTEA limits its efforts to authoring-in-the-large, commercial systems, like Toolbook or FrameMaster, are taken as target systems. After the mapping, the author can employ these systems either for writing the content of his application from scratch or for integrating preexisting materials. The mapping itself is accomplished by another HYTEA tool, called delivery tool.

In summary, HYTEA provides two kinds of tools: authoring tools (schema and instance editors) and delivery tools which are all based on HDM.

2.2   The Hypertext Design Model (HDM)

HDM provides a set of primitives which enable authors to describe an application in a more concise and clear manner than by prototyping it in a given hypertext system. The primitives can be used to design the topology of a hypertext document. This can be done without taking care of particular visualization aspects (screen format and appearance) and without writing the content of nodes before or while developing the hypertext structure.

An HDM application consists of sizeable structures of information chunks called 'entities'. An entity denotes a physical or conceptual object of the domain. A law (say "Law 19/8/89"), a musical opera (say Verdi's "La Traviata") or a piece of equipment (say "electric engine") are examples of entities. The internal structure of entities, like "Law 19/8/89", is descibed by specifying a structure of more specific subcomponents. "Article 93b" can be an example of a subcomponent of "Law 19/8/89. Entities are grouped into entity types which correspond to classes of objects. "Law", "Musical Opera" and "Equipment" are examples for such types. In summary, an entity type describes a class of information elements in terms of their common presentation characteristics (text, picture) and their internal organization structures.

HDM entities and also subcomponents of entities can be interconnected by links. There is a distinction between links that connect substructures belonging to the same entity ("structural links") and links that connect different entities of the same or different entity types ("applicative links"). Links are grouped into link types which specify classes of information elements (i.e., entity types) that can be connected by links of this type.

As mentioned before, HDM explicitly distinguishes between the notion of schema and the notion of instance: The schema is a collection of type definitions, like entity types and link types, that describe the application at a global level. The instantiation of a schema is a collection of entities and links that satisfy the definitions of the schema and represent specific information about the application domain. Due to this clear distinction, HDM supports authoring in a way which is especially efficient for generating large applications: The schema or specific parts of it can be multiple instantiated thus leading to any number of entities and links. The links inherit their internal structure respectively their properties from their types defined in the schema. Thus the author saves the effort of creating each link and each entity with its sub-structure anew - a saving which increases with growing size and complexity of applications.

The instantiation of a schema results in a hyperbase consisting of any number of entities and links. In order to provide direct access to the information of the hyperbase, HDM offers two basic categories of access structures: indexes and guided tours. Indexes are entry points to an application. For example, a subject index may provide a set of keywords each of which represents a link to information denoted by the keyword. Guided tours are predefined paths across information structures. They can take readers from entity to entity in a sequential way and may offer alternative possibilities of navigating, e.g. 'branching paths' [8]. Both kinds of access structures do not add domain information, but provide means to support different reading strategies, according to user-specific needs.

Together, HDM concepts at the schema level and at the instance level provide efficient means for modelling applications of any domain, size and complexity. In order to illustrate the practical side of HDM, we will now describe the development of an application from the domain of technical documentation, i.e., the design of a hypertext documentation for a user manual of the software package SIFORM.

3 Design of the application SIFORM

SIFORM [9] is a forms processing system developed by SNI AG (Siemens Nixdorf Information Systems AG) which is based on the desktop publishing system FrameMaster [10]. Until now, the user manuals of SIFORM have only been available in printed form. The goal of the SIFORM application is to transform these paper versions into a hyperdocument which will serve as a hypertext based online documentation within the FrameMaster environment (For details see [11]). Comparable approaches which have already successfully used hypertext features for online documentation are for instance AnswerBook [12] and Document Examiner [13].

3.1 Description of the SIFORM application

In SIFORM, two different working modes can be distinguished: the define mode and the fill mode. In the define mode, the user can create and design new forms. In the fill mode, forms can be filled in quickly and easily. According to this functional division of SIFORM, there are two groups of users: those who create forms, and those who only fill in forms on the screen. For both groups, there is a dedicated user manual: a manual for forms generation and for forms completion. For the first prototype of the SIFORM application the manual for forms generation has been analyzed. With a hypertext based online documentation, the user has access to the information of the documentation while at the same time working with the system SIFORM itself. Consequently, the SIFORM working environment and the documentation environment must be available simultaneously. This requirement can only be met by an interface which integrates both environments and enables the user to switch from one to the other whenever necessary. For this purpose, the interface will consist of two adjustable windows: one for the SIFORM system itself and one for its hypertext based online documentation (see figure 1).

The first prototype of the online documentation will not be context sensitive, i.e., the information that is presented will not automatically adapt to the actual state of the SIFORM environment. Instead, the user will be supported by specific guided tours and indexes which help him to find any information he requires. For later versions, a combination of these access structures with a context sensitive presentation is planned.

3.2 Development procedure

In order to transform the printed SIFORM manual into a hypertext based online documentation, four tasks must be accomplished:

SIFORM

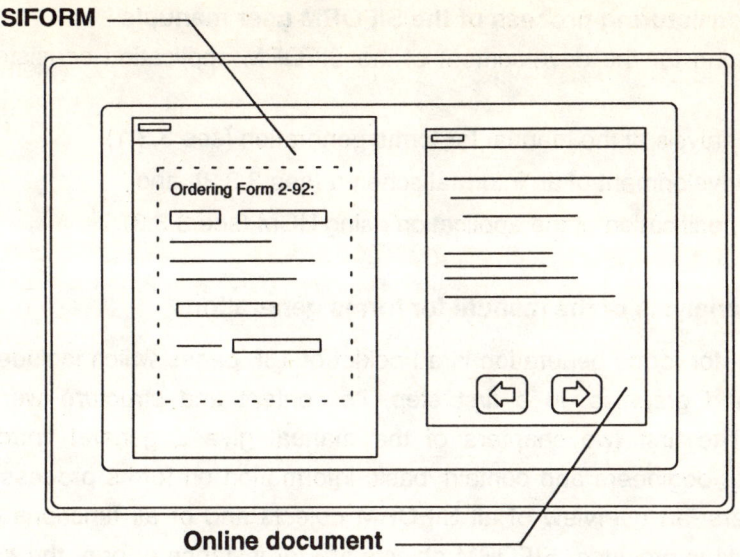

Online document

Figure 1: Screen layout for the common interface of the SIFORM system and its online documentation.

(1)   analysis of the manual and development of an adequate hypertext structure
(2)   design of visualization concepts and access structures
(3)   evaluation and revision of the hypertext structure in cooperation with the authors of the printed manual
(4)   adaptation to the target environment.

While the first two tasks are typical for 'turning text into hypertext', the last one arises from the necessity of coupling the hypertext based documentation to the SIFORM environment. The third task is necessary to prevent misunderstandings on behalf of the hypertext authors and follows the principle of participational design known from software engineering. In order to facilitate the communication between the hypertext authors and the authors of the printed manual, the structuring was carried out in two steps. First, an informal schema was developed which served as an intelligible basis for the discussions of both groups of authors. Second, the HDM application specification was defined using the results of the discussion and the informal schema as input. Since these two steps nicely illustrate the development of an application, they will be described in more detail in chapter 3.3.

The implementation of a first prototype under FrameMaster has been completed. This prototype can be regarded as a kernel version which already shows all crucial features of the application and will be extended step by step in the future.

3.3 The structuring process of the SIFORM user manuals

The structuring for the development of the SIFORM application consisted of three steps:

- the analysis of the manual for forms generation (see 3.3.1),
- the development of an informal schema (see 3.3.2), and
- the specification of the application using HDM (see 3.3.3).

3.3.1 The analysis of the manual for forms generation

The manual for forms generation is a booklet of 136 pages which includes a variety of tables and graphics. In a first step, its content and structure were carefully analyzed: The first two chapters of the manual give a general 'introduction to SIFORM' for beginners and contain 'basic information on forms processing'. In the next chapters, an overview of all SIFORM objects and of all functions defined on these objects is provided. SIFORM objects are for instance a form, the components of a form (form frames, fields) or format- and calculation rules. At the end of the manual, an extensive example for developing a form is given. This exercise is a very detailed description of the design process and serves as a tutorial by which the users learn the generation of a form in a chronological way.

The content analysis succeeded in identifying the major classes of information distributed over the chapters, their internal structure and their implicit interrelations. Moreover, it found out that the 'access structures' of the printed version (i.e., its table of contents and one keyword index) are not in all cases sufficient with respect to the different tasks that must be accomplished by users of the manual. For instance, the tutorial does not again explain the features of SIFORM in detail. Instead, the reader must look up information in other parts of the manual and cannot always rely on adequate access structures. These results were taken into account in the next two steps in which the hypertext specific features of the documentation were developed.

3.3.2 The development of an informal schema

Based on the results of the analysis of the printed manual, its text was conceptually split into distinct chunks of information. Similar chunks were grouped into information classes and relations between these classes were defined. This lead to the informal schema given in figure 2, where information classes are drawn as ellipses and relations are drawn as lines.

As shown in figure 2, the text of the manual can be grouped into three parts. Part I consists of the two introductory chapters and part III contains the tutorial. The rest of the text belongs to part II.

The two introductory chapters are integrated into the information class 'basic info'. These two chapters are transferred to the hyperdocument in a 1:1 fashion, i.e., their text is neither modified nor restructured. The reason for this design decision is obvious: Unexperienced users of SIFORM must read this part of the manual step by step in order to obtain basic information, and there is no reason to change the linear order of these chapters in a hyperdocument.

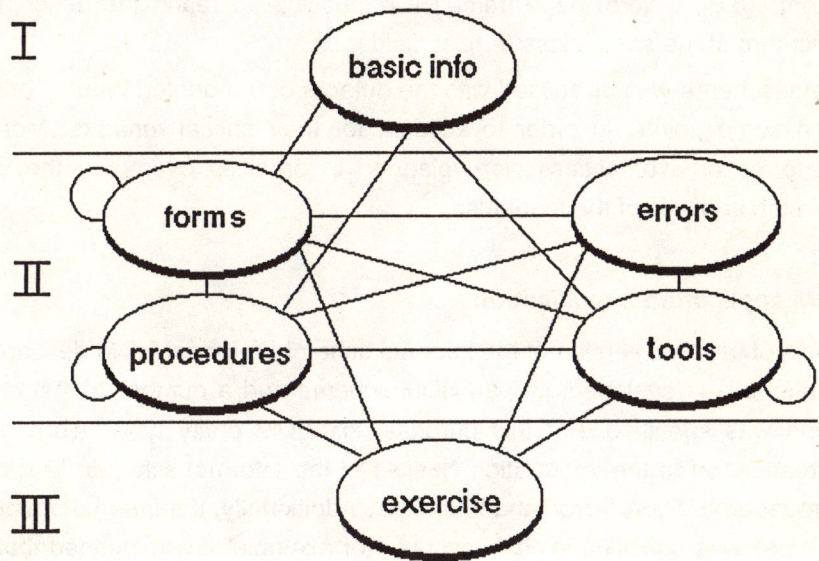

Figure 2: Information classes and relations constituting the informal schema of the
SIFORM application.

In part III of the informal schema, the chapter 'structure of a practice form' is integrated into the information class 'exercise'. Again, the text was adopted for our first prototype without any changes or reorganization. The exercise can be regarded as a 'hardcoded' kind of a guided tour: The user must read it page by page and perform one action after the other.

The text in the rest of the manual belongs to four information classes: 'forms', 'procedures', 'errors' and 'tools'. They are represented in part II of the informal schema. In 'forms', conceptual information about a form and the components of a form are represented. In the class 'procedures', all actions which can be performed on 'forms' are described. In addition, all actions concerning file management and administration in SIFORM (starting SIFORM, creating documents) are explained in this part. The information class 'tools' includes the devices of SIFORM which are needed to perform procedures, e.g., dialog boxes, document windows and menus.

Descriptions of error messages and incorrect states are listed in the information class 'errors' which also explains possible error conditions and conflict solutions.

The information classes of the application are not independent of each other, but share a variety of relations. Each link from a class A to a class B indicates that the textual material represented in A is related to the textual material represented in B. The user can access information described in B when he is located in A. The link from one class to itself (e.g., 'forms') indicates that while reading the description of one element (e.g., a 'form page frame') it is possible to reach the description of another element of the same class (e.g., a 'field').

The informal schema was discussed with the authors of the printed manual and then changed in some points, in order to account for their critical remarks. Moreover, additional forms of user access were planned in order to overcome the deficits identified in the analysis of the manuals.

3.3.3 HDM application specification

On the basis of the final version of the informal schema, a formal HDM description of the application was developed, i.e., an HDM schema and a number of instances of this schema was specified. For this purpose, six HDM entity types were defined which corresponded to the information classes of the informal schema: 'Basic Info', 'Form', 'Procedure', 'Tool', 'Error' and 'Exercise'. Additionally, the internal structure of the entity types was specified in HDM syntax. For example, it was defined that each instance of the entity type 'Procedure' consists of a sequence of components which represents the consecutive steps of a procedure.

As application specific links, nine link types were established, like ´detailed_explanation_of´, ´created/modified_by´, or ´executed_by´. The name of a link together with the names of its source and destination constituted simple sentences, e.g.: A 'Form' is created/modified_by a 'Procedure', or an 'Error' occurs_in a 'Tool'. This labelling convention serves as a mnemotechnic and increases the comprehensibility of links [7].

At the instance level, an almost complete set of instances for the entity types and link types was developed. First, the entities of the entity types defined in the schema were created, e.g., entities such as 'form', 'form frame' and 'field', which are instances of the entity type 'Form', or 'SIFORM-Attributes', which is an instance of the entity type 'Tool'. Then the entities were connected by link instances, based on the predefined link types of the schema. Finally, three guided tours and four indexes were designed in HDM, in order to account for a variety of reader- and task-specific requirements. For example, one guided tour takes the reader through the basic information, and one index provides access to all instances of the entity type 'Tool' which are basically different types of dialog boxes.

The HDM specification of the application serves as basis for the hypertext documentation of the SIFORM manual which has been implemented under FrameMaster. Moreover, its development has provided valuable insights with respect to the HYTEA tools since it has reflected the important steps which authors must take in the course of constructing HT/HM applications.

4   The HYTEA authoring tools

The ultimate goal of the HYTEA authoring tools is to support the complete process of authoring-in-the-large. Since this includes the design of a schema as well as the development of instances, the HYTEA environment distinguishes between two tools: the schema editor and the instance editor. Both editors have graphical interfaces which follow the recommendations of the SAA CUA (Systems Application Architecture, Common User Access) style guide [14] and provide all functions necessary to:

-        create, copy, modify and delete,

-        retrieve, preview, inspect and debug,

-        load and store HDM schemata and instances.

The schema editor consists of five components: an editing window, a screen map, a toolbox, a library, and a panel of pulldown menus (see figure 3).

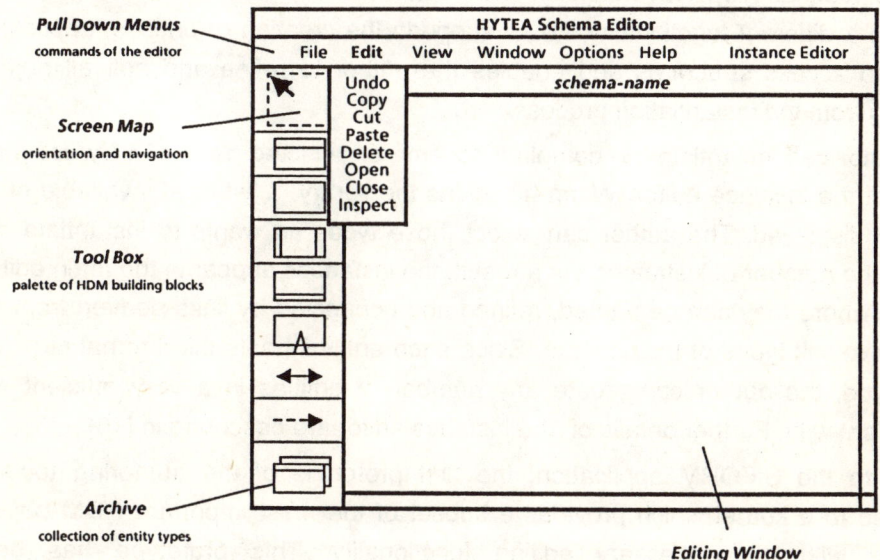

Figure 3: The HYTEA schema editor.

The *editing window* is the main working area which allows access to all entity types and applicative link types which the author is working on. Since the schema can grow pretty large, all of it might not fit into the editing window. Therefore, the *screen map* offers an overview of all schema elements by displaying a diminution of the schema together with a frame that indicates which part is currently shown in the editing window. The *toolbox* contains all primitive HDM objects that are necessary for the construction of a schema. The author can choose any of them and place it into the editing window for further processing, e.g., in order to define the internal structure of an entity type, he can simply click on the entity type in the editing window. As a result, a subwindow is opened in which the author can position the required HDM objects by dragging them from the toolbox and by connecting them with structural links. When he has finished the specification of the internal structure he can close the window and continue his work at the entity type level. The *library* provides an overview of all entity types which have been created so far and displays their names in a list. The *panel* at the top of the editor contains several pull down menus which contain the generic functions usually provided by editors, e.g., the edit menu contains functions like copy, paste, delete, etc.. More information about the schema editor can be obtained from [15].

When the author has finished his schema definition he can switch to the instance editor by choosing the corresponding command from the panel above the editing window. This action closes the schema editor and opens the instance editor. At first sight, both editors look pretty much alike because they consist of the same five components (see above). Nevertheless, the instance editor is a tool of its own and provides a different functionality, i.e., it supports the creation of entities, applicative links and access structures and enables the author to refine and edit all objects resulting from the instantiation process.

The author can instantiate the complete schema or selected parts of it by using the library of the instance editor. When he opens the library, a list of all available entity types is displayed. The author can select those types he wants to instantiate and specify the number of instances. As a result, the instances appear in the main editing window where they can be named, refined and connected by links derived from the applicative link types of the schema. Since each entity inherits the internal structure of its type, the author can create any number of entities in a very efficient and convenient way. Further details of the instance editor are described in [15].

Similar to the SIFORM application, the first prototype of the authoring tools is restricted to a kernel which provides a subset of the most important HDM objects together with the necessary editing functionality. This prototype has been implemented under Windows 3.0. Advanced features of HDM will be subject of subsequent incremental extensions of the kernel version.

5   Summary

The ESPRIT project HYTEA works at facilities for supporting the construction of large and complex HT/HM applications. Its two major lines of research are the practical design of such applications and the development of tools which ease this demanding design process. Both research activities are based on the Hypertext Design Model (HDM) which can be regarded as a high level, system independent language for defining information elements, their relations and navigational structures.

The great advantage of HDM with respect to large applications lies in its distinction between schema level and instance level: When an author has defined an application schema he can instantiate the whole schema - or parts of it - as many times as necessary. Each instance inherits the properties of its type, e.g., an entity has the same internal structure as the corresponding entity type. Obviously, this saves a lot of effort since entity structures and other properties need only be defined once at the schema level and can then be duplicated by multiple instantiations.

With respect to the first line of HYTEA research, HDM has been used as a conceptual device for modelling a variety of applications, e.g., the development of an online documentation for the SIFORM software package. Experiences gathered in the course of application design provided valuable input for the second line of HYTEA research, i.e., the construction of an authoring environment which supports the generation of large HT/HM applications. Two major parts of this environment have been briefly described in this paper, namely the schema editor and the instance editor. Both editors draw on the basic ideas of HDM and provide the objects and operators needed to create HDM specifications.

For the HYTEA applications and its tools, first prototypes have been implemented which can be regarded as kernel versions that provide all basic features and necessary functionalities. In the course of future activities, these kernels will be incrementally expanded and finally evaluated with respect to their adequacy for designing complex HT/HM applications.

Acknowledgements

We would like to thank all our partners of the HYTEA consortium for their cooperation, especially Franca Garzotto and Paolo Paolini from Politecnico di Milano in Italy who supported our work with HDM during the development of the application and of the authoring tools.

References

[1] Garzotto, F., Paolini, P. & Schwabe, D. (1991).
Authoring-in-the-large: Software engineering techniques for hypertext
application design.
*Proceedings of the 6th EEE International Workshop on Software Specification
and Design,* Como, Italy, October ,1991.

[2] Garzotto, F., Paolini, P. & Schwabe, D. (1991).
HDM - A model for the design of hypertext applications.
Proceedings of the 3rd ACM Conference on Hypertext(Hypertext '91)
pp. 313-328, San Antonio, Texas, December 15-18, 1991.

[3] Garzotto,F.,Paolini, P., Schwabe, D.
HDM - A model based approach to Hypertext Application Design
Trans. of Information Systems 1992 (to appear)

[4] Thüring, M. (1991).
Modelling authoring activities in hypertext systems: The HYTEA User
Model, *Esprit Project 5252, Deliverable D3.*

[5] Stotts, P.D. & Furuta, R. (1989).
Petri-net-based hypertext: Document structures with browsing semantics.
*ACM Transactions on Office Information System,*7, (1), 3-29.

[6] Nanard, J. & Nanard, M. (1991).
Using structures types to incorporate knowledge in hypertext.
Proceedings of the 3rd ACM Conference on Hypertext Hypertext '91)
pp. 329-344, San Antonio, Texas, December 15-18, 1991.

[7] Thüring, M., Haake, J. & Hannemann, J. (1991).
What's Eliza doing in the Chinese Room? Incoherent hyperdocuments - and
how to avoid them.
Proceedings of the 3rdACM Conference on Hypertext (Hypertext '91),
pp. 161-177, San Antonio, Texas, December 15-18, 1991.

[8] Zellweger, P.T. (1989). Scripted documents: A Hypermedia path mechanism.
Proceedings of the 2nd ACM Conference on Hypertext (Hypertext '89),
pp. 1-14, Pittsburgh, PA, November 5-8, 1989.

[9] SIFORM (SINIX) V2.0 Forms Generation, User Guide, German and English
Version.

[10] FrameMaster V1.1, User guides

[11] Schröcksnadl, B., Meusel, K. & Thüring, M. (1991).
Technical Documentation: Application requirements;
user manual of the forms processing system SIFORM
Esprit Project 5252, Deliverable D4.1.

[12] Sun Microsystems Inc. System Software AnswerBook (Release 1, Issue 3).
Sun Microsystems Inc., Rev A., May 1991.

[13] Walker, J.H. (1987).
Document Examiner: Delivery interface for hypertext documents.
Proceedings of the 2nd ACM Conference on Hypertext (Hypertext '89)
pp. 307-323, Pittsburgh, PA, November 5-8, 1989.

[14] Systems Application Architecture Common User Access. Advanced Interface
Design Guide. IBM 1989, Document Number SY0328-300-R00-1089.

[15] Zucker, W. & Thüring, M. (1991).
HYTEA Hypertext Authoring Tools: Specification and Design.
Esprit Project 5252, Deliverable D6.1.

Dokumentation und Diskussion von Gestaltungsempfehlungen für CAD-Systeme mittels Hypertext

A.M. Heinecke
Universität Hamburg
FB Informatik / ANT
Troplowitzstr. 7
2000 Hamburg 54

Inhalt

Von einem Arbeitskreis der GI-Fachgruppe 4.2.1 "Rechnerunterstütztes Entwerfen und Konstruieren (CAD)" sind Gestaltungsempfehlungen für Benutzungsoberflächen von CAD-Systemen entwickelt und in Form einer Broschüre als Grundlage für eine GI-Empfehlung veröffentlicht worden. Dieser Artikel beschreibt die Umsetzung der Broschüre in ein Hypertext-Dokument mit Hilfe eines marktüblichen Systems und geht auf die Vorteile der Hypertext-Version für die Arbeit mit den Gestaltungsempfehlungen und für die wissenschaftliche Diskussion und Weiterentwicklung der Inhalte der Empfehlungen ein.

Stichworte

Hypertext, Benutzungsoberflächen, CAD, CSCW

1 Einleitung

1.1 CAD-Benutzungsoberflächen

Mit dem Referenzmodell für CAD-Systeme (Abeln, 1989 und GI, 1990), das ein Arbeitskreis der Fachgruppe 4.2.1 "Rechnerunterstütztes Entwerfen und Konstruieren (CAD)" der Gesellschaft für Informatik e.V. - GI erarbeitet hat, ist ein Modellrahmen geschaffen worden, durch den die Gesamtfunktion eines CAD-Systems in eine Reihe von Funktionsgruppen eingeteilt wird, die jeweils durch einen oder mehrere Prozesse realisiert werden. Diese Prozesse werden unter anwendungsorientierter und unter systemtechnischer Sicht in eine Matrix eingeordnet, wobei die Benutzungsoberfläche und Benutzungsunterstützung eine der acht Spalten dieser Matrix bilden.

Gegenüber der Benutzerin oder dem Benutzer stellt sich jedoch das gesamte System über die Benutzungsoberfläche dar. Deren Gestaltung kommt also besondere Bedeutung zu, zumal sich daraus auch Rückwirkungen auf die anderen Prozesse ergeben können. Als Schnittstelle zwischen dem arbeitenden Menschen und dem für die Arbeit benutzten System bestimmt die Benutzungsoberfläche nicht nur die Akzeptanz des CAD-Systems und die Effizienz seines Einsatzes, sondern auch die menschengerechte Gestaltung der Arbeit beim rechnerunterstützten Konstruieren. Angesichts der zahlreich dokumentierten Gestaltungsdefizite bei CAD-Systemen bis hin zur Formel "CAD = Computer Aggravated Draughting" (John, 1987) ergab sich hieraus die Notwendigkeit, in Ergänzung der bisherigen Arbeiten zum CAD-Referenzmodell der Benutzungsoberfläche von CAD-Systemen verstärkte Aufmerksamkeit zu widmen. Aus diesem Grunde hat die GI-Fachgruppe 4.2.1 den Arbeitskreis "Benutzungsoberflächen von CAD-Systemen" gegründet.

1.2 Der Arbeitskreis "Benutzungsoberflächen von CAD-Systemen"

Im Arbeitskreis "Benutzungsoberflächen von CAD-Systemen" arbeiten Angehörige von Hochschulen und anderen wissenschaftlichen Instituten sowie Vertreter von Firmen und Institutionen, die CAD-Systeme anbieten oder nutzen, aus verschiedenen Fachdisziplinen wie Informatik, Arbeitswissenschaft, Ingenieurswesen und anderen mit. Ziel ist die Entwicklung von umfassenden und konkreten Gestaltungsempfehlungen für alle Komponenten von CAD-Benutzungsoberflächen, basierend auf den allgemeinen Gestaltungsempfehlungen der Software-Ergonomie unter Berücksichtigung spezieller Forschungsarbeiten zu CAD sowie der Erfahrungen der Anwender und der Benutzer und Benutzerinnen.

Der Arbeitskreis begann seine Arbeit 1989 mit einer Problembeschreibung (Heinecke u.a., 1989). Davon ausgehend wurde nach theoretischen Überlegungen zu einem Gliederungsmodell der CAD-Benutzungsoberfläche durch die Befragung von Anwendern und Benutzerinnen und Benutzern von CAD-Systemen sowie aus anderen Quellen der Ist-Zustand analysiert. Darauf aufbauend konnten dann die einzelnen Gestaltungsempfehlungen formuliert werden (Heinecke, 1991). Das Ergebnis wurde als Entwurf für eine GI-Empfehlung in Form einer Broschüre veröffentlicht (GI, 1991). Im folgenden sollen zunächst die Struktur und die Inhalte dieses Textdokuments beschrieben und soll dann auf dessen Umformung in ein Hypertext-Dokument eingegangen werden.

2 Die Gestaltungsempfehlungen für CAD-Benutzungsoberflächen

2.1 Modell der Benutzungsoberfläche

Als Grundlage für die Entwicklung der Gestaltungsempfehlungen wurde ein Arbeitsmodell gewählt, daß sich am IFIP-Modell für Benutzerschnittstellen (vgl. Dzida, 1987) orientiert. Die Benutzungsoberfläche wird in vier Hauptkomponenten eingeteilt, nämlich die Ein-/Ausgabekomponente, die Dialogkomponente, die Werkzeugkomponente und die Organisationskomponente. Diese vier Hauptkomponenten werden in Anlehnung an Oppermann u.a. (1988) ihrerseits weiter in Komponenten und Unterkomponenten unterteilt, so daß sich eine Komponenten-Hierarchie ergibt. Diese gedankliche Aufteilung dient dazu, alle strukturellen und dynamischen Aspekte der CAD-Benutzungsoberfläche einordnen und weitgehend unabhängig voneinander diskutieren zu können. Zu den einzelnen (Teil-)Komponenten dieses Schemas läßt sich dann der Ist-Zustand feststellen und lassen sich Gestaltungsempfehlungen formulieren.

2.2 Struktur des Text-Dokuments

Die Struktur des Text-Dokuments wird in weiten Teilen durch das Arbeitsmodell vorgegeben. Nach einem Vorwort und dem Inhaltsverzeichnis der Broschüre folgt ein einführendes Kapitel "Entwicklung von Gestaltungsempfehlungen für CAD-Systeme", das in die vier Teile "Problemstellung", "Thematische Einordnung der Arbeiten", "Vorgehensweise" und "Modellrahmen für Benutzungsoberflächen" gegliedert ist. Es enthält die theoretischen Vorüberlegungen bis hin zu den vier Hauptkomponenten des Modells der Benutzungsoberfläche und umfaßt ca. 6% des Textes.

Im zweiten Kapitel wird das Komponenten-Schema dargestellt. Zu den vier Haupt-komponenten und zu den Komponenten der zweiten Hierarchie-Ebene werden kurze Erläuterungen angegeben, zu den jeweils auf unterster Ebene stehenden Teilkompo-nenten werden Beispiele aufgezählt. Dieses Kapitel mit der Auflistung der etwa 70 verschiedenen Komponenten bildet das Gerüst für die folgenden Kapitel und nimmt ca. 17% des Textes ein.

Das Kapitel 3 enthält die Ist-Analyse. Nach einer kurzen Erläuterung des Vorgehens werden die ermittelten Fakten entsprechend dem Komponentenschema aufgelistet. Hierbei ist die Gliederung grundsätzlich dieselbe wie im zweiten Kapitel, jedoch werden Komponenten, zu denen keine Angaben gemacht werden können, weg-gelassen. Die Darstellung der Ist-Analyse umfaßt ca. 32% des Textes.

Die eigentlichen Gestaltungsempfehlungen nehmen etwa 40% des Textes ein. Insgesamt gibt es etwa 200 verschiedene Empfehlungen in diesem vierten Kapitel, das wieder der durch das Komponentenschema vorgegebenen Gliederung folgt unter Weglassung von Komponenten, zu denen keine Empfehlungen abgegeben werden konnten.

Das letzte Kapitel des Textes mit ca. 6 % enthält die Angaben zur zitierten Literatur. Nach dem Text folgt dann noch ein Anhang mit einem Glossar und mit Daten zum Arbeitskreis, der etwa so lang ist wie das zweite Kapitel des Textes.

2.3 Motivation zur Umsetzung in Hypertext

Die Broschüre folgt in ihrem Aufbau dem Vorgehen (Aufgabenstellung, Arbeitsmodell, Ist-Analyse, Empfehlungen). In der Praxis wird es jedoch eher sinnvoll sein, zu einem bestimmten Teilaspekt der Benutzungsoberfläche den derzeitigen Zustand und die Empfehlungen zu betrachten. Selbst wenn sich dieser Teilaspekt eindeutig auf eine Komponente des Schemas abbilden läßt, erfordert dies in der Broschüre ein Hin-und Herblättern zwischen den einzelnen Kapiteln, insbesondere dann, wenn auch noch die dort verwendeten Begriffe oder die Angaben der zitierten Literatur nach-geschlagen werden sollen. Häufig müssen jedoch andere Komponenten, die in ganz anderen Zweigen des Schema-Baumes liegen können, thematisch mit berücksichtigt werden.

Es existieren also zahlreiche inhaltliche Bezüge zwischen den einzelnen Komponenten, auch wenn diese nur in den wenigsten Fällen explizit als Verweise der Form "siehe auch ..." in der Broschüre genannt werden. Aus dem Wunsch nach leichterer Hand-habung des Textes insbesondere in Bezug auf das Auffinden und Verfolgen solcher Querbezüge zwischen den Komponenten und zwischen den Kapiteln erwuchs die erste Motivation zur Umsetzung des Textdokuments in ein Hypertext-Dokument.

3 Konzept der Hypertext-Version

3.1 Ziele der Implementation als Hypertext

Ausgehend von der geschilderten Motivation ist das erste Ziel der Implementation als Hypertext die Erleichterung der Informationssuche durch das Verfolgen der inhaltlichen Bezüge und durch zusätzliche Hilfsmittel wie die thematische Suche anhand von Schlagworten oder die Volltext-Suche nach Textbestandteilen.

Zweites Ziel ist die Verbesserung der Informationsdarstellung. Dies betrifft insbesondere den Überblick über das Komponentenschema und die inhaltliche Orientierung beim Lesen des Textes.

Drittes Ziel ist die Bereitstellung von zusätzlichen Arbeitshilfsmitteln wie Lesezeichen, einem Benutzungsprotokoll und der Möglichkeit, eigene Anmerkungen zum Text zu speichern.

In unmittelbarem Zusammenhang mit der Möglichkeit zur Erzeugung solcher Kommentare ist dann noch als viertes Ziel die Erleichterung der wissenschaftlichen Diskussion über den Inhalt des Dokuments zu nennen, indem solche Kommentare ausgetauscht und, zum Teil automatisiert, ausgewertet werden können.

3.2 Grobstruktur des Hypertext-Dokuments

Da in der Text-Version durch das stark gegliederte hierarchische Komponentenschema bereits eine Aufteilung in relativ kleine Texteinheiten existiert, können diese als Hypertext-Knoten übernommen werden. Hierbei werden allerdings die Kapitel 2 bis 4 der Textversion zusammengefaßt, so daß der Hauptteil des Dokuments aus Knoten besteht, die jeweils einer Komponente des Schemas entsprechen und in drei Teile gegliedert sind, nämlich Beschreibung der Komponente, Darlegung des Ist-Zustandes und Gestaltungsempfehlungen. Diese drei Bestandteile erscheinen in unterschiedlichen Fenstern, die einzeln geöffnet und geschlossen werden können je nach Interesse der Lesenden. Die Konfiguration der Fenster wird beim Wechsel zwischen den Knoten beibehalten, so daß in allen offenen Fenstern die Inhalte des Zielknotens sofort ohne weitere Bedienschritte dargestellt werden.

Jeder dieser Knoten enthält zur Erleichterung der Orientierung und zur Navigation in seiner Umgebung zusätzlich die Darstellung eines Ausschnitts des Komponentenschemas, die den Pfad im Strukturbaum von der Hauptkomponente bis hinunter zu diesem Knoten sowie seine Kinder, bei Endknoten seine Geschwister, enthält. Über diese Darstellung kann durch Anklicken der Knotennamen navigiert werden. Eine stilisierte Darstellung des Modells der CAD-Benutzungsoberfläche erlaubt den Wechsel zwischen den vier Hauptkomponenten sowie den Sprung zu einem Knoten, der eine übersichtliche Darstellung des gesamten Komponentenschemas als Inhaltsverzeichnis des Hauptteils enthält und von dem aus direkt die Knoten zu den einzelnen Komponenten angesprungen werden können.

Das Literaturverzeichnis (Kapitel 5 der Text-Version) sowie das Glossar (Anhang 1 der Textversion) werden zu eigenständigen Hypertext-Dokumenten, in denen jeweils die einzelnen Literaturquellen bzw. Begriffe die Knoten bilden. Diese beiden Dokumente erscheinen in eigenen Fenstern, die unabhängig vom Haupttext bearbeitet werden können. Sie sind jedoch auch von den Knoten des Haupttextes über entsprechende Links aufrufbar.

Das Vorwort, die vier Teile des ersten Kapitels, die vorangestellten Erläuterungen zu Komponentenschema, Ist-Analyse und Empfehlungen sowie die Daten des Arbeitskreises bilden weitere Hypertext-Knoten. Hinzu kommen noch die nur in der Hypertext-Version vorhandenen Knoten mit den Benutzungshinweisen und für die thematische Suche (Index) sowie für das Benutzungsprotokoll (History).

3.3 Erforderliche Funktionalität

Entsprechend der Motivation für die Hypertext-Implementation sind hier an erster Stelle die Navigationsfunktionen zu nennen, die der hierarchischen Struktur des Textes und den inhaltlichen Verbindungen folgen. Wie das ursprüngliche Textdokument ist auch das Hypertext-Dokument linear lesbar, indem mit den Funktionen "nächster Knoten" und "vorheriger Knoten" gearbeitet wird. In dieser linearen Struktur ist das Inhaltsverzeichnis der erste, der Index der letzte Knoten. Beide können jederzeit direkt angesprungen werden.

Den inhaltlichen Verknüpfungen folgend gibt es vier Typen von Links. Bereits in der Textversion finden sich einige wenige explizite Verweise zwischen den einzelnen Komponenten, also zwischen Knoten des Haupttextes. In der Hypertext-Version werden auch die nicht explizit angeführten Bezüge sichtbar und verfolgbar gemacht. Als zweite Gruppe gibt es die Links zu Begriffserläuterungen im Glossar, als dritte die zu Quellenangaben im Literaturverzeichnis. Kombinationen sind möglich, etwa wenn einem Begriff eine Komponente im Haupttext gewidmet ist und eine zusätzliche Erklärung im Glossar. Hypertextknoten können aus einem (Teil-)Inhaltsverzeichnis auch über ihren Namen (Überschrift) angesprungen werden, diese vierte Gruppe von Links repräsentiert die hierarchische Struktur des Textes.

Zur Erleichterung der Navigation gibt es außerdem die Möglichkeit, den letzten Schritt rückgängig zu machen oder das Benutzungsprotokoll aufzurufen, in dem die bisher besuchten Knoten chronologisch aufgelistet sind und von dem aus sie direkt wieder aufgesucht werden können. Als Suchfunktionen stehen die Textsuche nach Bestandteilen der Knoteninhalte und die Suche anhand von Schlagwörtern zur Verfügung. Bei der Schlagwortsuche läßt sich zu jedem Schlagwort eines vorgegebenen Katalogs (Index) eine Liste der thematisch zugehörigen Knoten ausgeben, die dann anhand dieser Liste direkt besucht werden können.

Entsprechend der dritten Zielvorstellung sind Funktionen zur Bearbeitung von Kommentaren vorgesehen. Hierbei ist es wichtig, daß Benutzer und Benutzerinnen nicht die Originaltexte verändern dürfen und daß Kommentare deutlich von Originaltexten zu unterscheiden sind. Dementsprechend werden Kommentare zunächst als Kopien des Originaltextes des jeweiligen Hypertextknotens erzeugt und können dann beliebig mit üblichen Textverarbeitungsfunktionen verändert werden. Außerdem ist es möglich, solche Kommentare wieder zu verwerfen, d.h. auf den ursprünglichen Originaltext zurückzusetzen.

Dieses Verfahren wurde hauptsächlich aus zwei Gründen gewählt: Zum einen werden im wesentlichen Kommentare erwartet, die sich direkt auf einzelne Abschnitte des Originaltextes beziehen. Eine Zuordnung ist daher beim Schreiben in den kopierten Originaltext recht einfach möglich, während andere Lösungen (z.B. "Klebezettel") insbesondere bei Berücksichtigung der Tatsache, daß die Knoten in drei unterschiedliche Fenster oder in unterschiedliche Absätze strukturiert sind, einen erheblichen zusätzlichen Programmier- und Bedienaufwand für die präzise Zuordnung des jeweiligen Kommentars erfordert hätten. Zum anderen wäre aus Platzgründen eine gleichzeitige Darstellung von Original- und kommentiertem Text schwierig zu realisieren gewesen.

Als letzte Gruppe sind die Funktionen zur Speicherung des bearbeiteten Hypertext-Dokuments und zur Druckausgabe von Seiten sowie zum Beenden des Systems zu nennen. Eine Hilfefunktion ist zunächst nur in geringem Umfang realisiert und ermöglicht lediglich die Anzeige von Benutzungshinweisen.

4 Implementation

4.1 Systemauswahl

Die Hypertext-Version soll allen zugänglich sein, die sich für die Gestaltung von CAD-Systemen interessieren, sei es aus wissenschaflicher Sicht, sei es, daß sie diese herstellen, einsetzen oder benutzen. CAD-Systeme selbst werden für die unterschied-lichsten Hardware- und Software-Plattformen angeboten, so daß es von Kosten- und Arbeitsaufwand her unmöglich schien, für alle diese Plattformen Hypertext-Versionen zu entwickeln. Auch ist es nicht nur nicht erforderlich, daß die Benutzungsempfehlun-gen auf der gleichen Maschine laufen wie das jeweilige CAD-System, sondern es bietet sogar Vorteile für die Arbeit, wenn das CAD-System und die Empfehlungen gleichzeitig, das heißt auf verschiedenen Bildschirmen, betrachtet werden können. Ausgehend davon, daß bei praktisch allen Zielpersonen neben der Hard- und Software des jeweiligen CAD-Systems auch Personalcomputer (überwiegend IBM-kompatible, teilweise auch Macintosh-Rechner) vorhanden sind, wurde als Grundlage für die Systemauswahl der Einsatz unter MS-DOS und der dafür mittlerweile zum Standard gewordenen Benutzungsoberfläche WINDOWS vorgesehen. In einem zweiten Schritt soll die Übertragung auf Personalcomputer der Macintosh-Familie vorgenommen werden, womit dann vermutlich die gesamte Zielgruppe abgedeckt ist.

Für die Auswahl der Software gilt, daß das entwickelte Hypertext-Dokument lauffähig sein muß, ohne daß sich Benutzerinnen und Benutzer erst zusätzliche Software beschaffen müssen. In der Macintosh-Welt ist dies bei HyperCard problemlos, da diese Software mit allen Maschinen ausgeliefert wird. In der MS-DOS-Welt gibt es keinen vergleichbaren Standard. Es muß also möglich sein, daß die fertige Hypertext-Anwendung allein oder mit einem ohne zusätzliche Lizenzkosten mitzuliefernden Runtime-System unter WINDOWS oder DOS lauffähig ist.

Wegen des sich noch stark entwickelnden Marktes bei Hypertext-/Hypermedia-/Autoren-Systemen ist es derzeit schwierig, einen Überblick zu erhalten. Aufgrund der Auswertung verschiedener Systembeschreibungen und -vergleiche (u.a. Kuhlen, 1991 und CHIP, 1990) wurde als Basis für die Implementation das System ToolBook der Firma Asymetrix gewählt, insbesondere auch wegen seiner strukturellen Ähnlichkeit mit HyperCard, die eine Umsetzung auf Macintosh-Rechner erleichtern dürfte.

ToolBook benutzt in der Terminologie die Buchmetapher, Knoten werden hier Seiten genannt. Seiten können neben Textfeldern und graphischen Objekten Schaltflächen (Buttons) enthalten. Links zwischen verschiedenen Knoten werden im allgemeinen durch solche Schaltflächen oder durch sogenannte Führungsworte im Text von Text-feldern realisiert, indem durch Anklicken der Schaltfläche oder des Führungswortes der Sprung ausgelöst wird. Darüberhinaus kann jedem Objekt in ToolBook (Buch, Seite, Textfeld, Graphik etc.) durch Verwendung der integrierten Sprache OpenScript ein bestimmtes Verhalten vorgegeben werden. Im folgenden wird bei der Beschreibung von Implementationsaspekten die ToolBook-Terminologie verwendet.

4.2 Software-Engineering

Die Implementation wurde im Rahmen einer Lehrveranstaltung (Projekt) am Fachbereich Informatik der Universität Hamburg im Wintersemester 1991/92 mit einer kleinen Gruppe von Studierenden begonnen, wobei sich alle Beteiligten erst in die Software einarbeiten mußten. Als Vorgehen wurde evolutionäres Prototyping gewählt, so daß Gestaltungsentscheidungen für Bildschirm-Layout und Funktionalität bereits an eingeschränkt arbeitsfähigen Systemen getroffen werden konnten (vgl. Abbildung eines Prototyps bei Heinecke, 1992).

Insgesamt waren für die Implementation inklusive Einarbeitung in ToolBook etwa 3 Mensch-Monate nötig. Durch ihren objektorientierten Ansatz ist die Software für ein evolutionäres Prototyping gut geeignet. Hervorzuheben ist, daß bisher keinerlei Systemfehler auftraten. Wünschenswert wären allerdings zusätzliche Werkzeuge für das Software-Engineering und die Programmierung, insbesondere im Bereich der Fehlersuche und zur Erhaltung der Übersicht über die verwendeten Objekte, ihre Attribute und Methoden.

4.3 Leistungsumfang des implementierten Systems

Die implementierte Hypertext-Version beinhaltet die in Kapitel 3.3 beschriebene Funktionalität. Der Haupttext wird in einem WINDOWS-Fenster dargestellt, das einen VGA-Bildschirm vollständig ausfüllt. Die Steuerung des Systems geschieht über die Menüleiste, über Schaltflächen und über Tastenkürzel, wobei für die wichtigsten Funktionen alle drei Möglichkeiten vorhanden sind. Das Fenster ist so aufgeteilt, daß sich auf der rechten Seite die Dokument-Inhalte befinden, auf der linken Schaltflächen zur Bedienung und Orientierungshilfen. Abbildung 1 zeigt eine Seite des Hauptteils mit den in Kapitel 3.2 beschriebenen Elementen.

Zur leichteren Benutzung der Links sind die Führungsworte im Text durch besondere Schreibung hervorgehoben. Links zu anderen Seiten des Textes sind durch kursiv geschriebene, Links zu Literaturquellen durch in eckige Klammern eingefaßte und Links zu Begriffserläuterungen im Glossar durch unterstrichene Worte dargestellt. Repräsentiert ein Führungswort mehrere Links, so erscheint nach Anklicken des Links ein Popup-Menü zur weiteren Auswahl wie in Abbildung 1.

Die Möglichkeit der Kommentierung ist so realisiert, daß nach Anklicken einer mit einem stilisierten Schreibstift gekennzeichneten Schaltfläche eine Kopie des Inhalts eines Textfensters erzeugt wird, die dann mit den üblichen WINDOWS-Funktionen zur Textbearbeitung verändert werden kann. Bei Seiten, die wie in Abbildung 1 mehrere Textfenster enthalten (siehe oben 3.2), läßt sich jedes Fenster einzeln kommentieren. An (Teil-)Knoten, die einen bearbeiteten Kommentar enthalten, wird statt des stilisierten Stiftes eine Büroklammer angezeigt. Eine Erläuterung des Verfahrens findet sich in der in Abbildung 2 gezeigten Hilfe-Seite. Diese Seite gibt gleichzeitig ein Beispiel

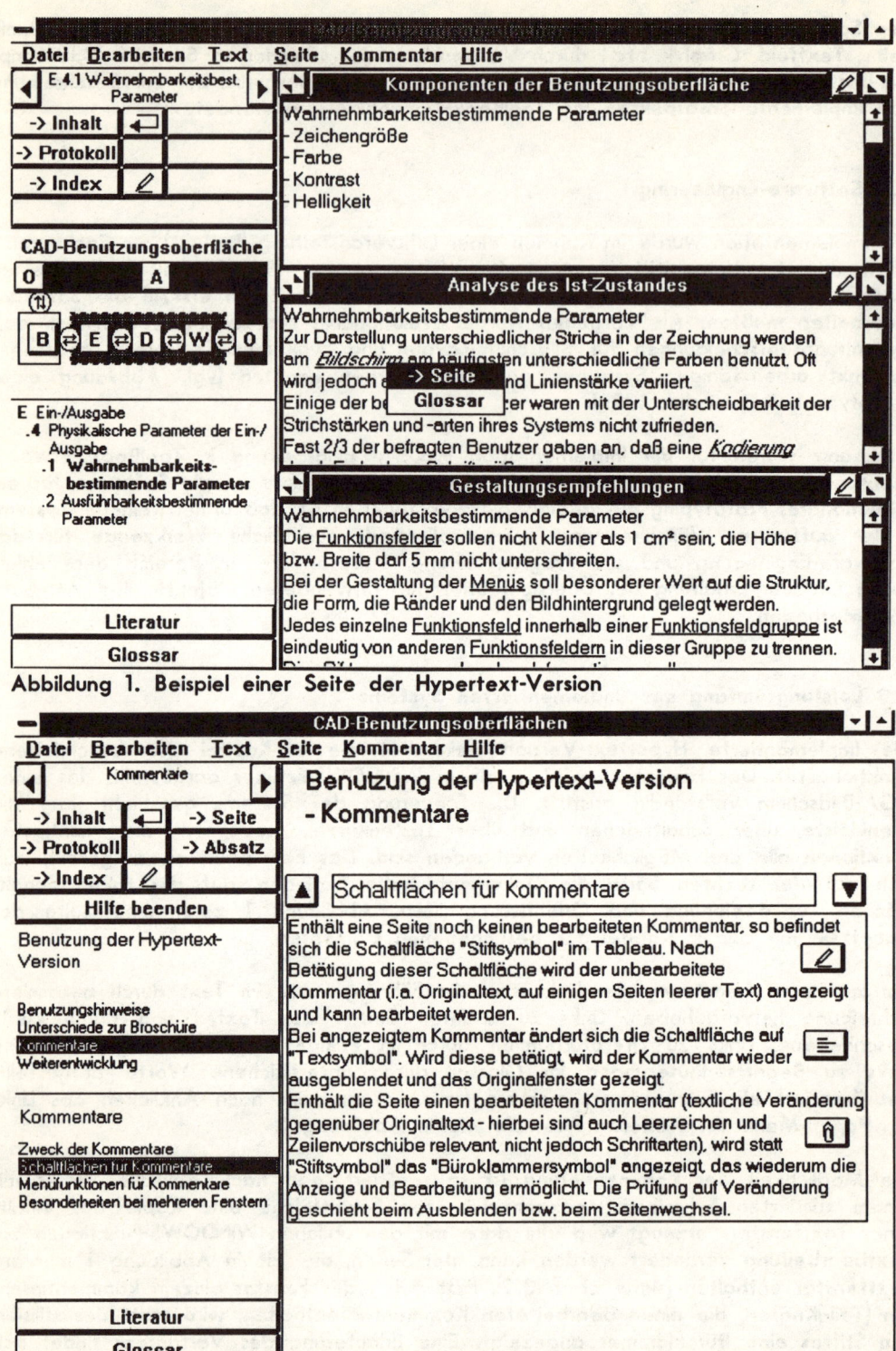

Abbildung 1. Beispiel einer Seite der Hypertext-Version

Abbildung 2. Hilfe-Seite mit Erläuterung der Kommentierung.

für die Knoten außerhalb des Hauptkapitels. Sie sind im allgemeinen in Absätze unterteilt, die eigene Überschriften tragen und zwischen denen mit Schaltflächen oder durch Anklicken der Absatzüberschrift im Feld links unten umgeschaltet werden kann. Text-Links (kursive Führungsworte) können von einem Absatz zu einem anderen innerhalb derselben oder einer anderen Seite führen.

Das System läuft auf Personalcomputern mit mindestens 2 MByte Hauptspeicher und Prozessoren von 386SX an aufwärts, in der Minimalausstattung jedoch recht langsam (Seitenwechsel bis zu etwa 25 Sekunden). Für die Bearbeitungsgeschwindigkeit ist dabei weniger der Prozessortyp als die Größe des Speichers maßgebend, da bei Minimalausstattung Teile der Applikation ausgelagert werden und häufige Plattenzugriffe erforderlich sind. Bei 4 MByte Hauptspeicher und 386DX-Prozessor erfolgt der Seitenwechsel innerhalb von zwei Sekunden.

5 Ausblick

5.1 Nutzung des Systems für die wissenschaftliche Zusammenarbeit

Der Textversion der Gestaltungsempfehlungen für CAD-Benutzungsoberflächen sind Rückmeldebogen beigelegt, mit denen u.a. auch die Hypertext-Version angefordert werden kann. Die Hypertext-Version selbst enthält die Bitte, die Kommentar-Funktion zu nutzen, das kommentierte Dokument zu speichern und eine Kopie auf Diskette zurückzusenden. In einem ersten Schritt werden solche kommentierten Versionen per Programm so ausgewertet, daß die Kommentare für die Mitglieder des Arbeitskreises ausgedruckt werden.

In einem zweiten Schritt soll bei genügend Rücklauf ein Dokument zusammengestellt werden, indem neben den Originaltexten alle Kommentare aller Personen, die ein Exemplar zurückgeschickt haben, zu finden sind. Dieses soll wiederum allen Interessierten zugänglich gemacht werden. Zur Zeit wird geprüft, inwieweit dieses Verfahren durch direkte elektronische Übermittlung statt durch Hin- und Herschicken von Disketten unterstützt werden kann. Hierbei handelt es sich weniger um eine technische als um eine Kostenfrage.

5.2 Bewertung und Weiterentwicklung der Hypertext-Implementation

Die Hypertext-Version der Gestaltungsempfehlungen wird seit April 1992 kostenlos an Interessierte abgegeben. In der auf der Diskette gespeicherten Installationsanleitung wird um Verbesserungsvorschläge gebeten, wozu ebenfalls die Kommentar-Funktion benutzt werden kann. Bis Mitte Juni 1992 sind etwa 30 Exemplare vertrieben worden. Bis auf zwei Hinweise auf Probleme mit bestimmten Graphik-Karten und einen Funktionsfehler bei Links zum Literaturverzeichnis sind in diesem Zeitraum keine Kommentare zu dem implementierten System eingegangen.

Es ist vorgesehen, nach einer gewissen Zeit die Benutzer des Hypertext-Systems noch einmal anzuschreiben und um Verbesserungsvorschläge für neue Versionen zu bitten. Unabhängig hiervon lassen sich bereits eine Reihe von Verbesserungsmöglichkeiten nennen. So sind die in Kapitel 3.3 geforderten Lesezeichen noch nicht implementiert, die Suche nach Texten ist verbesserungsfähig, weitere Hilfen sollten integriert werden, eine Suche über Synonyma ermöglicht werden und so fort, insgesamt also die Benutzungsmöglichkeiten verbessert werden.

5.3 Weiterentwicklung der Gestaltungsempfehlungen

Die Erstellung der Hypertext-Version hat auch eine Reihe von Verbesserungsmöglich-keiten für die Text-Version ergeben. So wurden kleinere Inkonsistenzen in der Termino-logie deutlich, und es ist zu überlegen, ob nicht die Gliederung der Hypertext-Version auch für die Textversion übernommen werden kann, so daß die Textseiten dann den Hypertext-Seiten entsprechen. Es erscheint sinnvoll, die Hypertext-Version als eigentliche Datenbasis weiterzuentwickeln und die Text-Version jeweils daraus auto-matisch zu erzeugen.

Nach den bisherigen Planungen des Arbeitskreises soll eine neue Version der Gestal-tungsempfehlungen, bei der die schriftlich oder per Hypertext-Exemplar eingegangenen Kommentare eingearbeitet worden sind, als eine GI-Empfehlung verabschiedet werden. Unabhängig davon ließe sich die Hypertext-Version laufend aktualisieren und so zu einer "lebenden" Richtlinie machen, die dann auch Gestaltungsbeispiele enthalten könnte. Es ist zu hoffen, daß sich möglichst viele Interessierte sowohl an der Verbes-serung der Inhalte als auch ihrer Präsentation als Hypertext beteiligen.

6 Literatur

Abeln, O.; 1989: Referenzmodell für CAD-Systeme. In: Informatik-Spektrum, Band 12 (1989) Nr.1.

CHIP (ohne Verfasserangabe); 1990: CHIP-Vergleichstest "Daten-Lotsen". CHIP 1990, Nr. 11.

Dzida, W.; 1987: On tools and interfaces. In: M. Freese, E. Ulich und W. Dzida (Hrsg.), Psychological Issues of Human-Computer Interaction in the Work Place. North-Holland, Amsterdam.

GI (Fachgruppe 4.2.1 AK 1); 1990: Referenzmodell für CAD-Systeme. GI, Bonn.

GI (Fachgruppe 4.2.1 AK 2); 1991: Gestaltungsempfehlungen für Benutzungsoberflächen von CAD-Systemen. GI, Bonn.

Heinecke, A.M. u.a.; 1989: Probleme bei der Gestaltung von CAD-Benutzungsober-flächen. In: M. Paul (Hrsg.), GI - 19. Jahrestagung II. Springer-Verlag, Berlin.

Heinecke, A.M.; 1991: Developing recommendations for CAD user interfaces. In: H.-J. Bullinger (Ed.), Human Aspects in Computing: Design and Use of Interactive Systems and Work with Terminals (Advances in Human Factors / Ergonomics 18A). Elsevier Science Publishers, Amsterdam.

Heinecke, A.M.; 1992: Gestaltungsempfehlungen für Benutzungsoberflächen von CAD-Systemen. In: F.-L. Krause, D. Ruland und H. Jansen (Hrsg.), CAD'92 - Neue Konzepte zur Realisierung anwendungsorientierter CAD-Systeme. Springer-Verlag, Berlin.

John, P.; 1987: A requirements specification for next-generation CAD systems. In: H.-J. Bullinger und B. Shackel (Hrsg.), INTERACT'87. North-Holland, Amsterdam.

Kuhlen, R.; 1991: Hypertext - Ein nicht-lineares Medium zwischen Buch und Wissens-bank. Springer-Verlag, Berlin.

Oppermann, R. u.a.; 1988: Evaluation von Dialogsystemen - Der software-ergonomische Leitfaden EVADIS. De Gruyter, Berlin.

An Integrated Programming Environment Based on Hypertext Structures

Uwe Schreiweis and Horst Langendörfer

Technische Universität Braunschweig, Institut für Betriebssysteme und Rechnerverbund,
Bültenweg 74/75, D-3300 Braunschweig, Germany,
Tel.: +49 531 391 3107, Fax.: +49 531 391 5936,
E-Mail: schrei@ibr.cs.tu-bs.de

Abstract

For a long time it has been argued that the right kind of representation can provide insight and understanding for a problem. Believing in the general hypothesis that the limitations of our thoughts are all too often identical with the limits of our imagination and visualization capabilities, we have developed an integrated software engineering environment based on the Prolog programming language.

In the approach described below we are trying to support the development of an integrated Prolog programming environment by the special features of our hypertext system KnowS. Beyond these features are typed links, node classes, and transfer modules allowing dataflow between several components. But a program is not only a static object. To study the details of a program, we really have to see it in operation. Therefore we also provide animation of program execution. We are convinced that our integrated approach of managing sources of different kinds of information, supporting their structuring and the facility to maintain a Prolog program by hypertext nodes and links is an important step to the integration of software engineering environments and hypertext systems.

1 Introduction

Software engineering is the discipline of defining, designing, developing, and maintaining software systems. Software now accounts for 80 % of the average total cost of a computer system. Furthermore, modifications are so difficult that maintenance soaks up more than half of the total resources ([2]).

Software design is a knowledge-intensive activity that begins with an informal, vague requirement of what needs to be done and results in a highly detailed formal object (a software system). It is precisely the design knowledge that is needed to maintain and update a software system.

There are several alternative models of software development. The *waterfall model* suggests the development of software through separate successive phases (see Fig.1). This model only is appropriate where errors in the early stages of requirements analysis and design specification are unlikely.

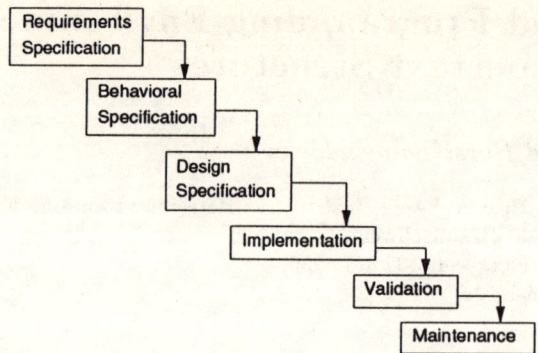

Fig. 1. The waterfall model of software development

Another model for software development is the *evolutionary* approach, where software development starts with a prototype and proceeds by incremental modification and maintenance of the prototype. This approach is often used in AI research systems where the domains are poorly understood.

The *spiral model* of software development encompasses both the waterfall and the evolutionary models. It incorporates early validation through prototyping and also a top-down approach to software development.

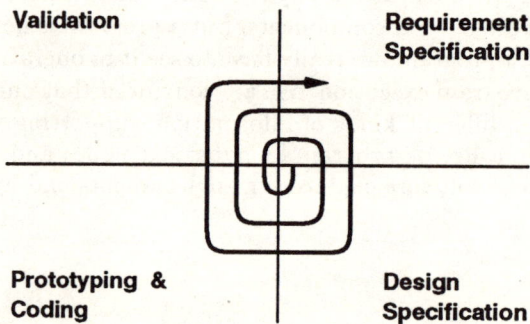

Fig. 2. The spiral model of software development

At present, the products of requirements and behavioral analysis as well as the design model are usually written documents.

Specification acquisition, the process of developing models that describe a problem, and the software system that provides its solution, entails both domain modeling and requirements. Domain modeling is the construction of a conceptual model of the domain in which the desired software system will be operating.

Specification languages are used to provide the means for describing problem domains, the required behavior of a software system, and also the overall design of a software system.

AI Languages are useful as specification languages because they support different ways of conceptualizing a problem and its domain. Furthermore, they are relatively close to the conceptual level at which humans conceive of problems.

The approach described below sketches an integrated software engineering environment based on the Prolog programming language.

2 Visualization Concepts

While work on the development of Prolog as a programming language has concentrated on the speed with which programs are executed, relatively little has been done on the development of satisfactory environments within which to write, develop, debug and maintain programs.

It has been argued for a long time that the representation of a problem is of crucial importance to understanding and solving it. Simon ([14]) reasons that solving a problem means representing it so as to make the solution transparent. In order to make computer programs more readable, understandable, appealing, memorable, and maintainable, the representation of program source code needs to be enhanced over its conventional treatment.

The human mind is strongly visual oriented and acquires information at a significantly higher rate by discovering graphical relationships in complex pictures then by reading text (see also [3]). Text, especially lines of program source code, is a one-dimensional stream of words. Pictures or graphical representations provide ways to describe software clearly and concisely in two or more dimensions. Also they give the programmer the opportunity to use properties borrowed from the physical world, such as shape, size, direction, and distance. Much of a program's functionality will be suggested when pictures describing its high-level semantics are included in the program representation.

Since pictures are reflections of the real world, they automatically provide a very large base of graphical metaphors that can make it easier to think about programs. When reasoning about a program, one thinks about all of the different aspects in a fairly unstructured and random fashion. For that reason there is need for a method of representation that is not only capable of expressing a multitude of notions, but also provides a direct, effortless access.

The result will be improvements in software productivity and in the ability for users to access and develop maintainable software systems.

2.1 The Traditional Approach

Traditionally many Prolog visualization concepts are either based on the Byrd box model of Prolog ([4]) or influenced by the standard debugger (see also [6]).

In the usual box model there are four ports, CALL, EXIT, REDO, and FAIL, at which the execution of a goal may be inspected (see Fig.3).

The CALL port corresponds to the first time the goal is called. If the respective goal is true (successfully evaluated) the box is left through the EXIT port and later goals are called and executed. The REDO port of the goal is visited on backtracking if one of the

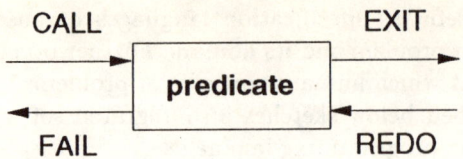

Fig. 3. The Byrd box model

remaining goal fails. Here Prolog attempts to find alternative solutions for the goal and when no more solutions can be found the FAIL port is reached and execution continues to a REDO port of an earlier goal (as it does initially if there are no solutions). If more than one solution exists the box is left again through the EXIT port.

The box model lays emphasis on the procedural aspects of Prolog. The purpose of the model is to make a description of the execution paths used by the Prolog interpreter through the goals in a program, the chosen points when the goals succeed or fail, the behavior while backtracking, etc.

The procedural interpretation of Prolog programs is very important to comprehend Prolog *machine behavior* but is not the usual view that a programmer has.

2.2 A Graphical Representation of Modules

Building programs involves some basic tasks: problem detection, identification and definition, solution definition (functional requirements), system analysis, logical and physical system design, procedure and program design, procedure and program writing, program testing, integrated testing, conversion and installation, and operation. The organization of these tasks may change, but the tasks still must be performed.

Usually most programmers use some kind of *boxology* technique to describe the overall structure of their programs and systems.

The adaption of the procedure call as the basic unit of computation leads to a very low level of information presented by a graphical representation. Such a representation does not help a user to analyze the structure of a software system statically. It supports only the construction of individual programs (programming-in-the-small). To assist the construction of systems out of modules (programming-in-the-large) there is need for a formalism and an environment in which module interfaces and system configurations can be described (see also [1], [8], [9]).

Structuring a large collection of modules to form a software-system is an essentially different intellectual activity from that of constructing the individual modules. A *module interconnection language* is therefore one necessity for supporting programming-in-the-large ([7]).

A module interconnection language should serve as:

- a *project management* tool, recording the stepwise refinement of a software-system;
- a *design tool* for construction of the overall program structure;
- a *communication tool* between members of the programming team;
- a *documentation tool* for describing system structure in a clear and checkable form.

In the approach presented below we use a module interconnection graph to support program development (see Fig.4). Arrows between boxes represent access to code or data.

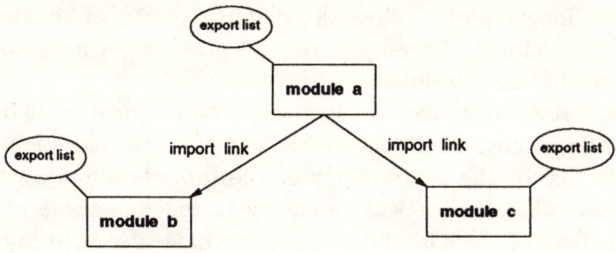

Fig. 4. Module interconnection graph

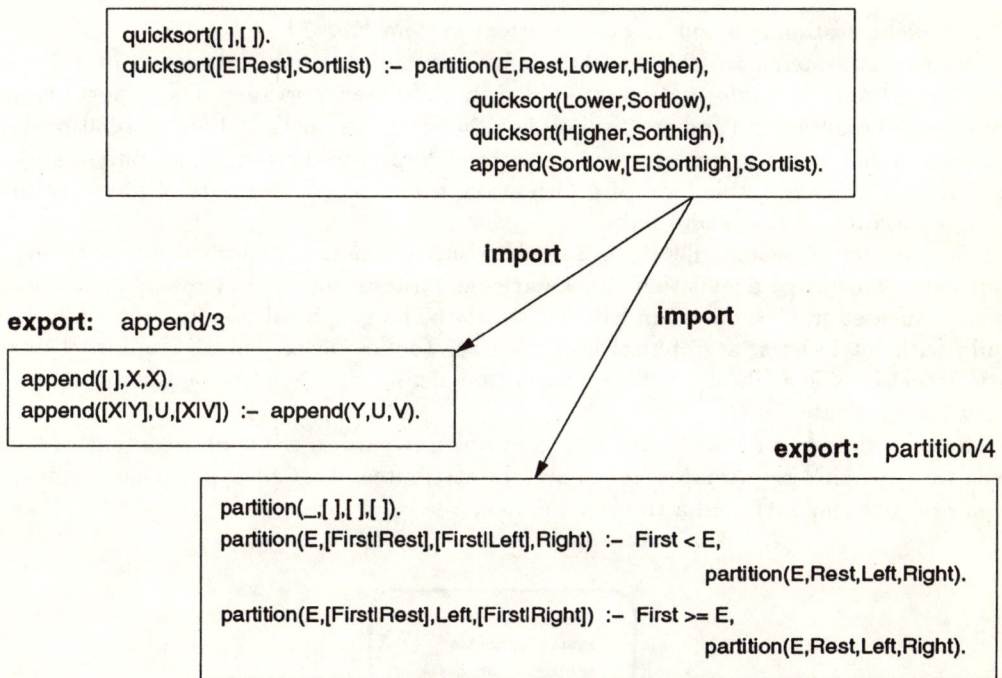

Fig. 5. A simple example

A module consists of a set of predicates defining the functionality of the module and an interface. The interface of each module specifies the functionality it provides to other modules (the export list) and the facilities it needs from other modules (the import list).

The import list is represented as import links pointing to the desired modules. Figure 5 shows a simple example.

Until now a module imports all predicates of a module an import link points to. This is not a general restriction but simplifies the usage of the module system. Also the scope of a predicate is no longer global. Now the definition of a predicate is limited to the module in which it is defined. Thereby it will be possible to have the same predicates (name and arity) in different modules.

Practical Prolog programs make use of various extra-logical built-in predicates. Predicates like `assert/1` and `retract/1` enable the run time construction and manipulation of predicate definitions. In the terminology of the module language they can alter the content of structures. Therefore, it was necessary to redefine these predicates operating only on modules instead of the global database. We have also introduced global versions of these predicates facilitating the communication between modules through assertion and retraction primitives (see also [13]).

3 The Implementation

The implementation is based on our hypertext system KnowS[1].

Hypertext systems are able to relate information of different data types in a flexible manner. Usually the information is divided into isolated portions. These portions are called *nodes* (containers) and are displayed on the screen as cards. Individual relationships between node instances are expressed by *links*. A hypertext system is not only a system storing and managing this kind of information; a real important part of any system is the presentation of nodes and links.

The hypertext system KnowS is suited to support active hypertext applications in particular knowledge acquisition and knowledge structuring. A first research prototype is implemented in C++ on a Sun SPARC station. The graphical user interface has been build with InterViews, a graphical user interface toolkit developed at Stanford University. InterViews is a library of C++ classes that define common interactive objects and composition strategies ([11]).

Basic structures of KnowS are cards and links. A card is made of a content of datatype text, graphic or bitmap, a set of system attributes, a set of application attributes, a pair of pins (in/out), and a transfer module.

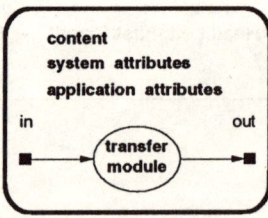

Fig. 6. The structure of a card

---

[1] Knowledge Structuring

A link has the same structure (except the content) but a different view, i.e. a different graphical presentation. The pins and the transfer module are used to provide a communication between the several components.

Figure 7 presents a hardcopy of a typical working window presentation. The window at the lower part of the KnowS system displays the content of the highlighted text card. At the right side of the KnowS window an editor contains the content of the selected Prolog card. The second KnowS view displays the content of the *Dialogue* group, i.e. four Prolog cards building the expert system's user interface.

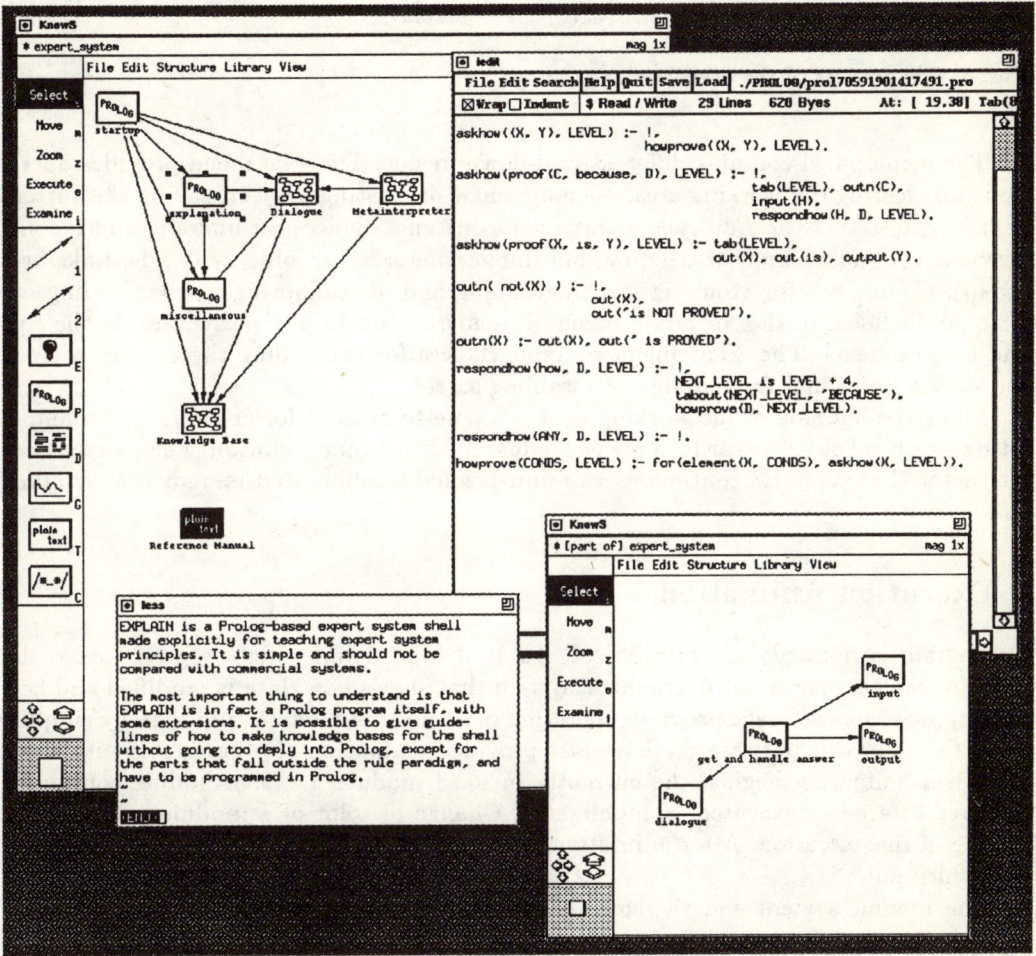

Fig. 7. Hardcopy of a typical working window

The graphical user interface consists of five parts: status line, menu panel, working area, catalog panel, and tool panel (see Fig.8).

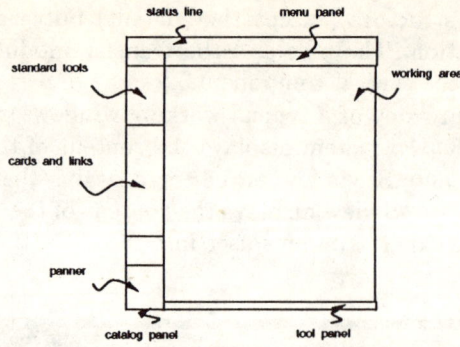

Fig. 8. Components of the user interface

The menu panel contains different pull-down menus. The *File* menu provides operations for clearing the working area, opening a new or existing project, saving the current project and so on. The *Edit* menu contains for instance choices for undoing and redoing previous commands and for deleting and duplicating selected objects (cards, links or a group). Commands for grouping and ungrouping and for collapsing and expanding objects are included in the *Structure* menu. The *Library* menu provides access to the tool and catalog panel. The *View* menu contains choices for controlling the current view of the working area and for enabling or disabling a grid.

Along the left side of the working area is a palette of tools for creating and manipulating graphical objects (cards, links or groups) by direct manipulation. The panner is an interactor that supports continuous two-dimensional scrolling and incremental scrolling and zooming.

4 Execution Animation

A program is not only a static object. To study the details of a program, we really have to see it in operation. A graphical system that shows how data is modified and how control proceeds can make program operation more understandable, and thereby simplify correction. For this purpose, we have also provided animation of program execution.

When animation begins, the currently invoked module, i.e. the module containing the predicate being executed, is highlighted. Change in color of a module indicates the tracing of the execution. After animation, the screen shows which modules were invoked and which not.

The module system and therefore the execution animation is implemented on the concept of a meta-interpreter written in Prolog. The meta-interpreter doesn't support all syntactic and semantic peculiarities of different Prolog implementations. It realizes only a *core* Prolog as described by [5].

5 Programming Support

Taking advantage of KnowS's concepts the following topics will be supported:

1. Any source used in software engineering and accessible in machine-readable form can be made into a hypertext node. E.g. references of a programmer to a source in form of an image become a link to this source. So, for the first time a programmer is able to manage all existing different knowledge sources in an integrated environment.

2. Software systems require extensive maintenance. Maintenance problems are not so much due to the fact that in many domains knowledge may change, but rather that systems are so opaque and unstructured that it is hard to tell where updates and modifications should be applied.

   A software engineer builds a hypertext model of the entire domain. So the hypertext contains formal knowledge as well as knowledge only important for the programmer himself. The hypertext includes also the knowledge sources the rules are based on (see Fig.7). So, if a rule or a predicate is modified the programmer is aware of all pieces of knowledge relating to this appropriated predicate.

3. Using a module interconnection graph to view program structures the programmer is able to analyze a program statically. Such an approach provides support for the construction of systems out of modules (programming-in-the-large).

   In terms of the requirements on a module interconnection language, our system places the most emphasis on design aspects.

4. The embedding of an programming environment into an hypertext system leads to a method of representation that is capable of allowing direct, effortless access to all kinds of information stored in the system.

5. An animated display that reflects the time spent in running each program module can give valuable information on where most of the execution time is spent. It also allows the programmer to discover unintended control flow.

6 Conclusions

In this paper, we introduced an integrated programming environment based on the Prolog programming language. The approach lays emphasis on the presentation of Prolog programs as graphical module interconnection graphs. We also described the implementation based on our hypertext system KnowS.

It hasn't been our goal to introduce a new Prolog programming methodology. But we are convinced that our integrated approach of managing sources of different kinds of information, supporting their structuring and the facility to maintain a Prolog program by hypertext nodes and links is an important step to the integration of software engineering environments and hypertext systems.

In the next future, we want to extend out prototype. At the moment there is little support for debugging programs (programming-in-the-small). Therefore we plan to integrate an execution model based on the box model. We also want to support the early phases of software development. Developing a computer-based domain model is a knowledge acquisition problem. Thus, we want to integrate different knowledge acquisition techniques (especially techniques based on personal construct psychology) into our environment (see also [10]). Further, we are working on a multiuser version of our system containing full version control.

References

1. F. Alonso, J. L. Maté, and J. Pazos. Knowledge engineering versus software engineering. *Data & Knowledge Engineering*, 5(2):79–91, July 1990.

2. A. Barr, P. R. Cohen, and E. A. Feigenbaum, editors. *The Handbook of Artificial Intelligence*, volume 4. Addison-Wesley Publishing Company, Massachusetts, December 1989. ISBN 0-201-51731-0.

3. H.-D. Böcker, G. Fischer, and H. Nieper. The Enhancement of Understanding through Visual Representations. SIGCHI BULLETIN, pages 44–50, New York, April 1986. ACM. ISBN 0-89791-180-6.

4. L. Byrd. Understanding the control flow of Prolog programs. In S. Tarlund, editor, *Proceedings of the Logic Programming Workshop*, pages 127–138, 1980.

5. W. F. Clocksin and C. S. Mellish. *Programming in Prolog*. Springer-Verlag, Heidelberg, second edition, 1984.

6. C. Delrieux, P. Azero, and F. Tohmé. Toward Integrating Imperative and Logic Programming Paradigms: A WYSYWYG approach to PROLOG Programming. *ACM SIGPLAN Notices*, 26(3):35–44, March 1991.

7. F. DeRemer and H. H. Kron. Programming-in-the-Large Versus Programming-in-the-Small. *IEEE Transactions on Software Engineering*, 2(2):80–86, June 1976.

8. L. Druffel and R. Little. Software engineering for AI based software products. *Data & Knowledge Engineering*, 5(2):93–103, July 1990.

9. A. Habermann. Engineering large knowledge-based systems. *Data & Knowledge Engineering*, 5(2):105–117, July 1990.

10. H. Langendörfer, U. Schreiweis, and M. Hofmann. Knowledge acquisition with a special hypertext system. In Motoda et al. [12], pages 249–258.

11. M. A. Linton, J. M. Vlissides, and P. R. Calder. Composing User Interfaces with Inter-Views. *IEEE Computer*, pages 8–22, February 1989.

12. H. Motoda, R. Mizoguchi, J. Boose, and B. Gaines, editors. *Proceedings of the First Japanese Knowledge Acquisition for Knowledge-Based Systems Workshop JKAW '90*, 3-1 Kanda Nishiki-cho, Chiyoda-ku, Tokyo 101, Japan, October 1990. OHMSHA, LTD.

13. D. T. Sannella and L. A. Wallen. A Calculus For The Construction Of Modular Prolog Programs. *The Journal Of Logic Programming*, 12(1-2):147–177, January 1992. ISSN 0743-1066.

14. H. A. Simon. *The Sciences of the Artificial*. MIT Press, Cambridge, 1981.

This article was processed using the LaTeX macro package with LMAMULT style

Das gezielte Wiederlernen von Wissen mit Hilfe des Hypermedia-Systems MEM

Ulrich Glowalla, Joachim Hasebrook, Gudrun Häfele, Gilbert Fezzardi und Mike Rinck

Fachbereich Psychologie
Justus-Liebig-Universität Gießen
Otto-Behaghel-Str. 10/F
D-6300 Gießen

Zusammenfassung

In dieser Arbeit stellen wir zum einen das Hypermedia-System MEM vor, das wir zur Durchführung und Evaluation computerunterstützter Aus- und Weiterbildung entwickelt haben. Zum anderen schildern wir eine empirische Untersuchung zum gezielten Wiederlernen von Wissen mit diesem Hypermedia-System. Zunächst werden einige grundlegende Anforderungen an Software zur Durchführung von Lern- und Wiederlernkursen und ihre Umsetzung in das Hypermedia-System MEM erläutert. MEM zeichnet sich dadurch aus, daß es eine Reihe verschiedener Möglichkeiten der Informationsdarbietung und -aufarbeitung bietet, ein rigoroses Robustheitskonzept bei der Durchführung von Lernkursen verfolgt, die schnelle Anpassung eines Kurses an unterschiedliche Benutzergruppen ermöglicht und schließlich den Studierverlauf und die Bearbeitungszeiten automatisch protokolliert. Diese Möglichkeiten von MEM erlauben einen sinnvollen Einsatz des Programms in Lehre und Forschung. In einem eintägigen Wiederlernkurs haben wir die Effizienz zweier unterschiedlicher Wiederlerntechniken untersucht. Wir haben die benutzergesteuerte Informationssuche im Hypertext mit einer systemgesteuerten, selektiven Informationsvorgabe verglichen. Diese Wiederlerntechnik hatte sich in vorausgegangenen Untersuchungen als die bislang effizienteste Methode erwiesen. Die Ergebnisse der hier berichteten Untersuchung zeigen, daß unsere Studenten mit dem Hypertext ebenfalls erfolgreich wiederlernen konnten. Die selbstgesteuerte Suche nach Informationen im Hypertext führte zu vergleichbar guten Behaltensleistungen wie die direkte Informationsvorgabe. Für die gleiche Leistung mußte allerdings mehr Arbeitszeit aufgewendet werden. Die Ergebnisse werden hinsichtlich der Möglichkeiten zur Verknüpfung von selektiver Informationsvorgabe und selbstgesteuerter Informationssuche im Hypertext diskutiert.

1 Einleitung

Das an Hochschulen und Betrieben benötigte Fachwissen unterliegt immer schnelleren Veränderungen und Erweiterungen. Man geht in vielen Bereichen der beruflichen Bildung von einer weitgehenden Erneuerung des Fachwissens in weit weniger als zehn Jahren aus (vgl. Feldmann, 1974), wobei diese Innovationszyklen voraussichtlich noch kürzer werden. Damit wird es immer schwieriger, auf einem aktuellen Wissensstand zu bleiben. Um einen Wissensbestand zu aktualisieren, sollte zunächst das bereits erworbene und noch immer gültige Fachwissen aufgefrischt werden. Zum einen wird auf diese Weise vermieden, daß bereits Bekanntes erneut gelernt wird. Zum anderen ist seit langem bekannt, daß neue Informationen besonders leicht gelernt werden, wenn sie in eine bereits vorhandene Wissensstruktur integriert werden können (vgl. Anderson & Bower, 1973; Lindsay & Norman, 1977). Aus den genannten Gründen steigt mit der Notwendigkeit, stetig neues Wissen zu erwerben, in gleicher Weise die Notwendigkeit, bereits vorhandenes Wissen zu aktualisieren. Wir bezeichnen dies als **Wiederlernen von Wissen**.

Es liegt auf der Hand, daß gerade das Wiederlernen von Wissen effizient geschehen sollte. Das bedeutet, daß sich Wiederlern-Aktivitäten möglichst ausschließlich auf das Schließen festgestellter Wissenslücken richten sollten. Um dies zu erreichen, steht am

Anfang des Wiederlernens eine Wissensdiagnose. Ausgehend von den diagnostizierten Wissensdefiziten kann man sich dann auf das Suchen und Wiederholen der fehlenden Information konzentrieren. Sowohl bei der Diagnose des Wissensstandes als auch bei der Informationssuche kann der Computer den Menschen entlasten und sinnvoll unterstützen (vgl. Glowalla, Häfele, Hasebrook, Rinck & Fezzardi, 1992).

Damit der Computer tatsächlich eine Entlastungs- und Unterstützungsfunktion erfüllt, muß die Software zum einen in der Lage sein, Wissenslücken auf unterschiedliche Weise zu diagnostizieren und dem Benutzer zurückzumelden, und zum anderen die Suche nach fehlenden Informationen sinnvoll unterstützen können. Zur Erforschung von Wiederlerntechniken muß hinzukommen, daß ausreichend Daten zur Beurteilung der Effizienz erhoben werden. Dazu gehören neben der Wissensdiagnose, die alle relevanten Aspekte des wiederzulernenden Stoffgebiets umfassen sollte, eine genaue Erhebung des Studierverlaufs und der Bearbeitungszeiten sowie Angaben über die Akzeptanz der Bildungsmaßnahme bei den Teilnehmern. Nur eine effiziente Wiederlerntechnik, die in vertretbarer Zeit zu ausreichendem Wissen und zu hoher Akzeptanz bei den Teilnehmer führt, kann für Bildungsmaßnahmen empfohlen werden. Schließlich müssen bei der Evaluation sinnvolle Alternativen miteinander verglichen werden, damit die Ergebnisse einer Studie über den Einzelfall hinaus verallgemeinert werden können. Wir werden daher im folgenden zunächst auf vorhandene Softwareprodukte und auf Anforderungen an computerunterstützte Lehr-/Lernsysteme eingehen. Anschließend werden wir das Hypermedia-System MEM darstellen. Schließlich werden wir eine empirische Studie zur Überprüfung der Effizienz verschiedener Wiederlerntechniken darstellen.

2   Computerunterstütztes Lernen mit Hypermedia-Systemen

Interaktives Lernen mit elektronischen Medien wird heute vor allem in größeren Firmen eingesetzt, insbesondere bei Schulungsmaßnahmen mit vielen Teilnehmern. Dabei liegt der Schwerpunkt auf der Vermittlung von Grundwissen über technische Vorgänge oder elektronische Datenverarbeitung (vgl. a.i.m., 1990). Ein breiter Einsatz computerunterstützter Bildungsmaßnahmen in Betrieben, aber auch in den Schulen und Hochschulen, steht noch aus. Die Gründe hierfür sind vielfältig. Einmal sind die dazu notwendigen Hardware-Plattformen nicht in ausreichender Zahl und Qualität vorhanden. Auch fehlt es an Software, die das kostengünstige Erstellen von Kursen ermöglicht. Schließlich ist ein Mangel an fundierten wissenschaftlichen Erkenntnissen über geeignete Formen der Wissensvermittlung bzw. deren unzureichende Anwendung zu beklagen. Daraus folgt zum einen, daß bei der Konzipierung einer Bildungsmaßnahme eine instruktionspsychologisch sinnvolle Bearbeitung eines Lehrstoffs durch den Lernenden zu gewährleisten ist (Glowalla, 1991). Zum anderen sollte nur Software zum Einsatz kommen, mit der auch größere Lernkurse effizient erstellt werden können (Fezzardi, Hasebrook & Glowalla, 1992). Bisher haben bei der Entwicklung und Evaluation von Software zur Durchführung computerunterstützter Aus- und Weiterbildung jedoch fast ausschließlich technische Probleme im Vordergrund gestanden (Bodendorf, 1990; Ambron & Hooper, 1988; Apple, 1989).

Eine Vielzahl der in der schulischen und betrieblichen Ausbildung eingesetzten Software-Lösungen sind von Programmierern und Lehrsystemanalytikern entwickelte Programme (Zimmer, 1990). Diese Programme werden meist speziell für einen Lehrgang bzw. einen bestimmten Wissensbereich erstellt (Seidel & Lipsmeier, 1989). Ein Hauptproblem stellt der hohe Zeitaufwand dar, der mit dem Erstellen und Verändern dieser Programme und des durch sie vermittelten Lehrstoffs verbunden ist. Schließlich können in einem solchen "Einweg"-Programm die Funktionen nicht ausführlich getestet und fortentwickelt werden.

Wegen dieser Probleme werden immer häufiger Hypertext- bzw. Hypermedia-Systeme eingesetzt, die eine flexible Gestaltung beliebigen Kursmaterials erlauben, selbst wenn der Autor nur über geringe Programmierkenntnisse verfügt. In diesem Bereich häufig eingesetzte Programmsysteme sind beispielsweise HyperCard für den APPLE Macintosh (Apple, 1987, 1989), TOOLBOOK für IBM-kompatible Rechner und 1stCard für ATARI-Rechner (Oppenhorst, 1989, 1990).[1] Sie alle gleichen sich darin, daß sie Texte und Bilder auf sogenannten "Karten" darstellen können und beliebige Verbindungen zwischen den einzelnen Karten zulassen. Erfreulicherweise läßt der Beschaffungspreis von Soft- und Hardware bei einigen dieser Produkte die Anschaffung auch für Schulen oder Hochschulen interessant erscheinen. Trotzdem haben wir uns für eine Eigenentwicklung entschieden, weil keines der am Markt verfügbaren Produkte die speziellen Anforderungen an eine gleichzeitig in größeren Bildungsmaßnahmen und in der Forschung einsetzbare Lernumgebung erfüllt.

2.1 Anforderungen an ein Hypermedia-System in der Lehr-/Lernforschung

Grundlegende Anforderungen an solch eine Lernumgebung sind die Darstellung von Texten, Bildern und Bildfolgen auf Karten, das Abspielen von Klängen sowie die Möglichkeit, zwischen diesen Karten Verbindungen (links) herzustellen und zu blättern (vgl. Birnbaum, 1991). Darüber hinaus benötigt man zur Unterstützung des Lernenden, insbesondere bei umfangreichen Hyperdokumenten, Navigations- und Studierhilfen. Diese sollten sich unseres Erachtens an der Gestaltung eines gut aufgebauten Lehrbuchs orientieren. So sollte das Navigieren im Hypertext durch geeignete Inhaltsübersichten und verschiedene Formen des Blätterns und Springens im Dokument erleichtert werden. Der Lernende sollte dabei jederzeit Auskunft über seinen derzeitigen Bearbeitungsstand und seinen bisherigen Studierverlauf erhalten können. Wichtige Studierhilfen sind Zusammenfassungen, ein Glossar und unterschiedliche Arten von Übungen (Jonassen & Mandl, 1990; Guy & Mazur, 1991). Schließlich muß eine computerunterstützte Lernumgebung aktive Studiertechniken unterstützen, beispielsweise das Markieren von Textpassagen, das Beantworten von Studierfragen und das Erstellen von persönlichen Notizen.

Ganz entscheidend für den Einsatz in der Forschung ist weiterhin, daß das System ohne weitere Programmierung ein vollständiges Protokoll des Studierverlaufs anlegt und die zugehörigen Bearbeitungszeiten mißt (Kulik & Kulik, 1991; Shlechter, 1991). Aus dem Protokoll muß ersichtlich sein, welche Textabschnitte wie oft und wie lange studiert wurden, welche Notizen gemacht, welche Aufgaben bearbeitet und welche Hilfestellungen angefordert wurden. Nur wenn das mit Hilfe einer computerunterstützten Lernumgebung erworbene Wissen in Beziehung zum zeitlichen Aufwand beim Wissenserwerb gesetzt werden kann, läßt sich die Effizienz dieses System angemessen beurteilen (vgl. Glowalla & Schoop, 1992).

---

[1] ATARI ist ein eingetragenes Warenzeichen der Firma ATARI Computers Inc., USA
APPLE ist ein ein eingetragenes Warenzeichen der Firma Apple Computer Inc., USA
HyperCard, HyperTalk und MacIntosh sind Warenzeichen der Apple Computer Inc., USA
IBM ist ein eingetragenes Warenzeichen der Industrial Business Machines Corp., USA
1stCard ist ein Produkt der Firma LogiLex GmbH, Bonn

Ferner ist es für die Durchführung und Evaluation umfangreicher Lernkurse unerläßlich, daß das Verhalten des Systems und das Design der Bedienoberfläche an verschiedene Benutzergruppen angepaßt werden kann, ohne daß dazu die zugrundeliegenden Hyperdokumente geändert werden müssen. Um eine gleichbleibend hohe Akzeptanz eines Systems bei aufeinanderfolgenden Kursen zu gewährleisten, muß auch ein hohes Maß an Robustheit und Fehlertoleranz sichergestellt sein. Schließlich ist auf die schnelle Erlernbarkeit Wert zu legen, wobei die Zeit zum Erlernen der Programmfunktionen deutlich unterhalb einer Stunde liegen sollte (vgl. Shlechter, 1991).

Sicherlich bieten einige der erwähnten Hypertext- und Hypermedia-Systeme die Möglichkeit, den hier skizzierten Anforderungen zumindest teilweise Rechnung zu tragen. Spezielle Benutzer-Programmiersprachen, wie beispielsweise HyperTalk für HyperCard, erlauben, Hypertexte mit eigenen Programmanweisungen zu versehen, so daß prinzipiell jedes gewünschte Systemverhalten erzwungen werden kann. Auf diese Weise lassen sich durchaus Studierverläufe und -zeiten aufzeichnen. Dies stellt allerdings gegenüber der einfachen Erstellung eines Kurses einen ganz erheblichen Mehraufwand dar.

Ein weiteres Problem besteht darin, daß Systeme wie HyperCard einzelne Karten von fester Größe verwenden (Apple, 1987). Zudem wird immer nur eine Karte zu einer Zeit angezeigt. Aus technischer Sicht sind diese Beschränkungen gut verständlich: Der programmtechnische Aufwand bei der Verwaltung mehrerer, beweglicher Fenster ist erheblich. Diese Einschränkungen führen jedoch immer dann zu Problemen, wenn längere Übersichtstabellen oder kurze Zusatzinformation dargeboten werden sollen. Eine Übersicht über alle verfügbaren Themen etwa, ein Inhaltsverzeichnis oder auch ein Stichwortregister sind nur in variablen Textfenstern, nicht aber als einfache Textkarten ein sinnvolles Informationsangebot (vgl. Johnson, 1991). Es ist aus unserer Sicht unverständlich, daß gerade diese wichtige und empirisch relativ gut untersuchte Eigenschaft moderner Bedienoberflächen in den meisten Hypermedia-Systemen einfach wieder aufgegeben wurde (vgl. Thimbledy, 1990; Picher, Devlin & Pugh, 1991).

Auf Grund der hier skizzierten Mängel der angebotenen Hypermedia-Systeme haben wir eine eigene Lernumgebung entwickelt, das Hypermedia-System MEM (Fezzardi, Hasebrook & Glowalla, 1992). Wir haben den Namen MEM gewählt, weil er zum einen an den Ausgangspunkt unserer Forschungsarbeit erinnert, die Vermittlung von Wissen über die Funktionsweise des menschlichen Gedächtnisses (engl. memory). Zum anderen erinnert der Name an eines der ersten Hypertext-Systeme überhaupt, das den Namen "MEMEX" trug (Bush, 1945; Übersicht z.B. in Parsaye, Chignell, Khoshafian & Wong, 1989). Im folgenden wird kurz erläutert, auf welche Weise wir die oben skizzierten Anforderungen an ein Lehr-/Lernsystem in MEM realisiert haben.

2.2 Informationsdarstellung durch MEM

Multimediale Informationsdarbietung. MEM kann Texte, Bilder und Bildfolgen am Bildschirm darstellen. Bei der Erstellung des Hypertextes kann zu allen Textkarten eine Kommandozeile angezeigt werden, die eine Reihe von Textfeldern oder Knöpfen zum Aufruf verschiedener Funktionen anbietet (vgl. Abbildung 1).

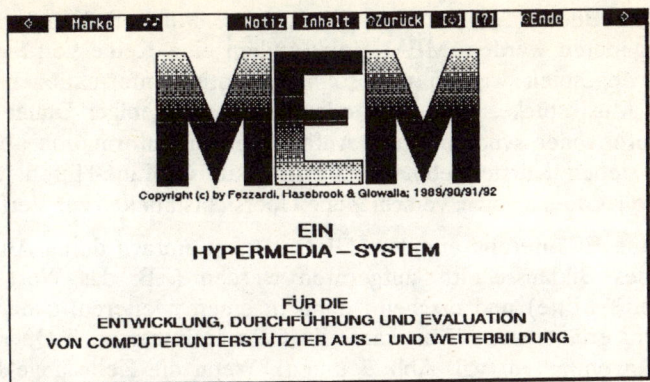

Abbildung 1:   Eine Textkarte mit Kommandozeile

Der Autor eines Hypertexts muß daher nicht stets aufs neue Tasten für Vor- oder Zu-
rückblättern vorsehen, sondern kann einfach seine Auswahl von Tasten zu Beginn der
Hypertexterstellung festlegen. Der Autor kann im Verlauf eines Kurses jederzeit die
Tastenauswahl verändern oder ganz auf die Kommandozeile verzichten. Selbstverständlich besteht auch die Möglichkeit, eigene Tasten oder Text- und Bildausschnitte
als Verbindung zu anderen Karten festzulegen. Abbildung 2 zeigt zwei Beispiele für
die Informationsdarbietung auf selbst definierten Karten.

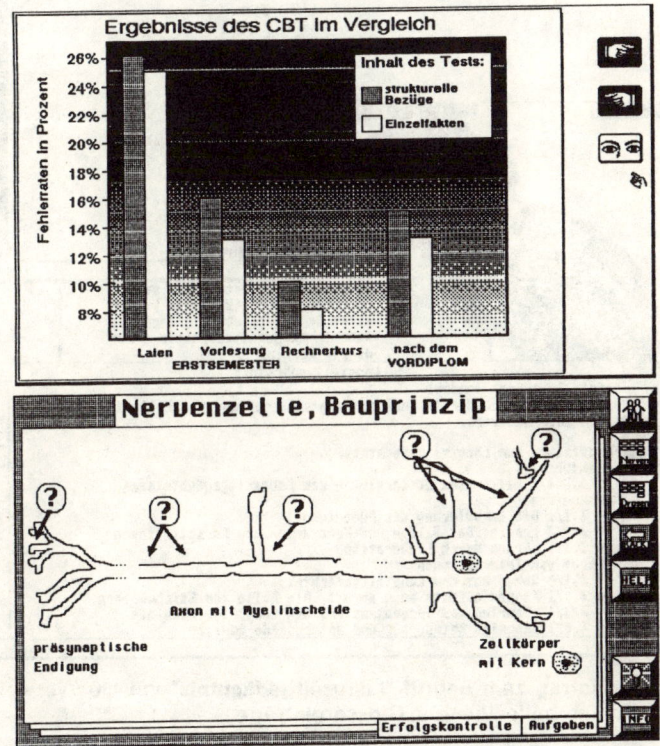

Abbildung 2:   Datenpräsentation (oben), HyperCard-artige Darstellung (unten) mit MEM

Neben Texten und Bildern können auch Töne, ganze Musikstücke oder gesprochene Erklärungen dargeboten werden. MEM bietet zudem eine Reihe von Signaltönen an, die automatisch abgespielt werden und so auf wichtige Informationen aufmerksam machen können. Musikstücke, Geräusche oder Sprache beliebiger Dauer können vom Benutzer aufgerufen oder synchron zum Aufbau der Bildinformation abgespielt werden. Außerdem stehen Kursteilnehmern in MEM als On-Line-Hilfen jederzeit eine Inhaltsübersicht, ein Glossar sowie verschiedene Übersichtstabellen zur Verfügung.

Das Glossar. Eine Erläuterung aus dem Glossar kann einfach durch Anklicken eines Wortes oder eines Bildausschnitts aufgerufen werden (z.B. das Wort "Langzeitgedächtnis" in Abb. 3 Mitte) und erscheint dann in einem weiteren, dynamischen Fenster. Neben einem erläuternden Text kann ein Glossareintrag auch Querverweise auf andere Textstellen enthalten (vgl. Abb. 3 unten). Wenn die Zeile angeklickt wird, in der der Querverweis steht, zeigt MEM sofort den betreffenden Absatz an. Somit gibt es für eine Textstelle oder einen Bildausschnitt in MEM nicht nur einen Verweis auf eine andere Karte, sondern viele verschiedene Querverweise (vgl. Wright & Likovich, 1989). Aus einem Glossarfenster heraus kann eine Tabelle aufgerufen werden, die eine Übersicht über alle im Glossar erläuterten Begriffe gibt (vgl. Abb. 3 oben). Wird eine Zeile in dieser Tabelle angeklickt, so erscheint die betreffende Erläuterung im Glossarfenster.

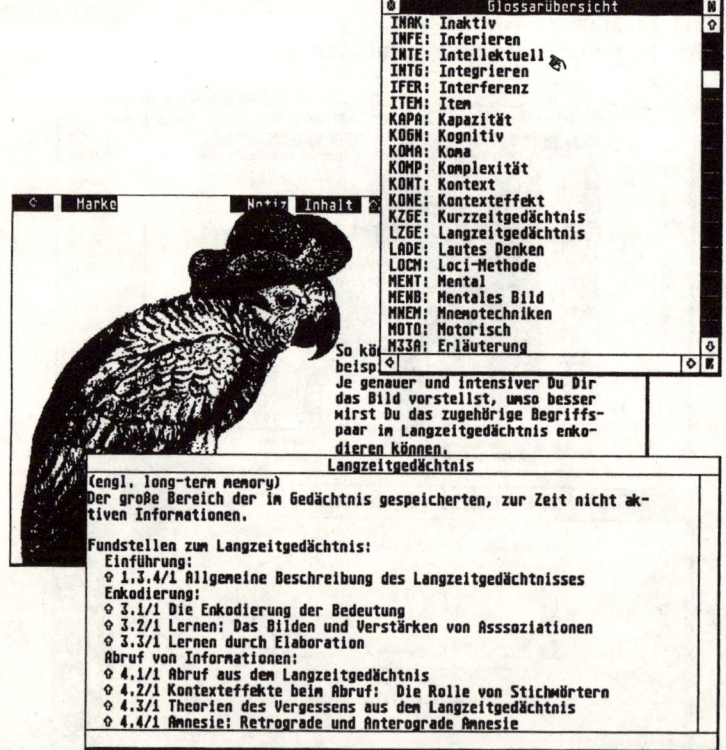

Abbildung 3: Glossareintrag zum Begriff "Langzeitgedächtnis" mit Querverweisen (↑) und Übersichtstabelle über alle Glossareinträge.

Das Inhaltsverzeichnis. Zum Inhaltsverzeichnis kann von jeder beliebigen Textstelle aus gesprungen werden. Es zeigt alle Überschriften der aktuellen Lektion und markiert den aktuellen und den zuvor gelesenen Abschnitt des Hypertextes. Zwei Prozentskalen zeigen an, an welcher Position im Lehrtext sich der Lernende befindet und wieviel Prozent der Aufgaben einer Lektion er bereits bearbeitet hat (vgl. Abb. 4). Wird eine Überschrift im Inhaltsverzeichnis angeklickt, erscheint unmittelbar der erste Absatz des ausgewählten Abschnitts. Eine weitere Übersichtstabelle, die Abschnittsübersicht, stellt die Überschriften aller bisher bearbeiteten Lektionsabschnitte in der Reihenfolge dar, in der sie studiert wurden. Auch in dieser Tabelle gibt es die Möglichkeit, an eine bestimmte Textstelle zu springen. Abbildung 4 zeigt das Inhaltsverzeichnis von Lektion 3 mit einer solchen Abschnittsübersicht.

Zusatzinformationen. Zudem können sowohl im Inhaltsverzeichnis als auch in der Übersichtstabelle zu unbekannten Begriffen, zu Überschriften sowie zur aktuellen Lektion und den zugehörigen Aufgaben Zusatzinformationen abgerufen werden. Beispielsweise können hier kurze Zusammenfassungen eingesetzt werden, die es dem Lerner erlauben, sich vorab einen Überblick über den betreffenden Lektionsabschnitt zu verschaffen (siehe die Zusammenfassung von Abschnitt 3.1 in Abb. 4 unten). Auch Erläuterungen oder Zusammenfassungen, die aus dem Inhaltsverzeichnis heraus aufgerufen werden, können Querverweise enthalten. Damit können zusätzlich zum hierarchischen Inhaltsverzeichnis beliebig viele weitere, beispielsweise thematisch sortierte, Inhaltsverzeichnisse angeboten werden.

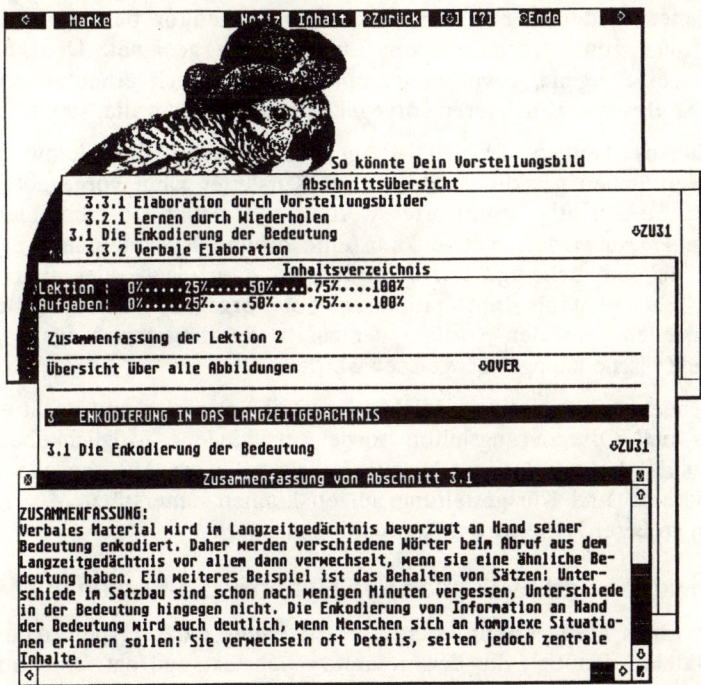

Abbildung 4: Inhaltsverzeichnis von Lektion 3 mit der Abschnittsübersicht über alle bisher studierten Textabschnitte und einer Zusammenfassung für den Abschnitt 3.1

Einbindung von Simulationen. Ein entscheidender Vorteil elektronischer Dokumente im Vergleich zu konventionellen Lehrbüchern besteht darin, daß jederzeit Simulationen von Vorgängen und Arbeitsabläufen möglich sind. Dies ist insbesondere bei solchen Lehrstoffen von Bedeutung, bei denen es um die Vermittlung von prozeduralem Wissen geht (Gentner & Stevens, 1983; Mayer, 1989). In der Regel sind Simulatoren eigenständige, komplexe Applikationen, die nicht innerhalb eines Hypertextsystems realisiert werden können. MEM kann daher von jeder Stelle im Hypertext externe Programme aufrufen. So erlaubt beispielsweise die von uns erstellte Experimentalsteuerung SHOW_IT (Hasebrook, Fezzardi & Glowalla, 1991) das Durchführen von Demonstrationsexperimenten direkt aus dem Lernkurs heraus. SHOW_IT kann mit MEM Daten austauschen, so daß die Kursteilnehmer nach der Teilnahme an einem Experiment gleich an Hand ihre eigenen Ergebnisse lernen können.

Neben diesen unterschiedlichen Möglichkeiten und Formen der Informationsdarbietung und -aufbereitung unterstützt MEM eine Reihe von Studiertechniken, die zur aktiveren Verarbeitung des Lernstoffes beitragen.

2.3 Einsatz aktiver Studiertechniken in MEM

In MEM können ganze Absätze oder einzelne Textpassagen mit Hilfe der Maus markiert werden. Zudem gehört zu jedem Textabsatz ein Notizformular, das mit Hilfe eines einfachen Texteditors bearbeitet werden kann. Notizen werden gespeichert, können ausgedruckt und so etwa beim selbständigen Wiederholen des Lehrstoffs wieder verwendet werden.

An beliebiger Stelle im Lehrtext können offene Fragen vorgegeben werden, die die Kursteilnehmer wiederum mit dem erwähnten Texteditor beantworten können. Der Editor ist auch zum Bearbeiten von Lückentexten geeignet. Dem Kursteilnehmer kann sogar seine eigene, zuvor eingetippte Antwort nach erneuter Bearbeitung des relevanten Stoffes zum Korrigieren vorgegeben werden (Glowalla, 1991).

Darüber hinaus können JA-NEIN-Fragen und Mehrfachwahlantworten (multiple choice) als Aufgaben gestellt werden. Vom Kursleiter kann vorgegeben werden, wie oft eine Aufgabe richtig beantwortet werden soll, bevor sie nicht mehr dargeboten wird. Zu jeder Antwortalternative kann eine direkte Rückmeldung gegeben werden, ein Sprung an eine beliebige Karte im Hypertext erfolgen oder aber eine Auswahl relevanter Textstellen als Informationsangebot vorgegeben werden. Beim Studieren dieser Textstellen kann der Wortlaut der zuletzt bearbeiteten Aufgabe jederzeit über eine globale Zwischenablage nachgelesen werden.

Dem Lernenden stehen somit in MEM eine Reihe flexibler und leicht erlernbarer Informations- und Orientierungshilfen sowie verschiedene Möglichkeiten zur aktiven Bearbeitung des Lehrstoffes zur Verfügung. Damit auch Autoren alle Möglichkeiten der Informations- und Kursgestaltung nutzen können, unterstützt MEM das Erstellen und Ändern größerer Hypermedia-Applikationen.

2.4 Entwicklung und Evaluation von Hypermedia-Kursen mit MEM

Erzeugung eines Hyperdokuments. Zur Erstellung eines Hyperdokumentes werden lediglich Dateien benötigt, die den gesamten Lehrtext und ggf. eine Inhaltsübersicht, ein Glossar und Aufgaben enthalten. Der Lehrtext beinhaltet die Verweise auf Bild- und Tondaten. MEM verwaltet für jeden Kursteilnehmer eine eigene Materialliste, aus der auch der aktuelle Bearbeitungsstand ersichtlich ist. Vor Kursbeginn wird aus diesen Informationen automatisch der zugehörige Lernkurs generiert. Das Erstellen eines Kurses benötigt somit kaum mehr Zeit als das Verfassen eines Kursheftes oder Lehrbuches, für das ein bebilderter Text sowie ein Inhaltsverzeichnis, ein Glossar und Aufgaben erstellt werden. Die Dateien können mit geeigneten Editoren für Texte, Bilder/Graphiken bzw. Musik/Sprache erzeugt werden. Weitreichende Änderungen am Kursmaterial sind auf diese Weise viel schneller zu erreichen als in solchen Hypertext-Systemen, in denen jede Karte des Hypertextes einzeln bearbeitet werden muß (vgl. auch Hahn, Hammwöhner, Reimer & Thiel, 1990).

Robustheit und Fehlertoleranz. Ein Problem bei der interaktiven Erstellung von Hypertexten tritt insbesondere bei Autorenteams auf, die gemeinsam an einem Projekt arbeiten: Durch das Überarbeiten des Lehrstoffs kann es leicht zu Unstimmigkeiten oder gar Fehlern im Hypertext kommen. So können beispielsweise Erklärungen nicht mehr zum Text passen, Beispiele oder Aufgaben entfallen sein. MEM überprüft daher bei der Erzeugung eines Hypermedia-Kurses alle Angaben auf Vollständigkeit und Richtigkeit. Erst dann kann der Anwender mit der Bearbeitung des Kurses beginnen. Durch dieses rigorose Robustheitskonzept ist gewährleistet, daß nur vollständige und fehlerfreie Kurse durchgeführt werden können. Es können sogar während der Durchführung von Kursen Zugriffe auf Peripheriegeräte verhindert werden, damit Kursteilnehmer nie mit unerwarteten Fehlermeldungen konfrontiert werden. MEM garantiert somit eine hohe Sicherheit bei der Durchführung computerunterstützter Kurse.

Anpassung an Benutzergruppen. Ein weiteres Problem für die meisten Hypertext-Systeme stellt die Anpassung an bestimmte Benutzergruppen dar. MEM hingegen ist gerade auf diesen Einsatzbereich hin zugeschnitten: Beim Programmstart kann festgelegt werden, auf welche Weise der Kurs durchgeführt werden soll. So können, ohne Änderungen am Hypertext selbst, einfach durch Auswahl von Programmoptionen, globale Veränderungen vorgenommen werden: Dazu gehören das Ein- bzw. Ausschalten des Zurückblätterns, des Springens im Hypertext oder auch die Darbietung der On-Line-Hilfen in festen anstatt in dynamischen Textfenstern. So kann auf denkbar einfache Weise ein Kurs an den Kenntnisstand und Übungsgrad verschiedener Benutzergruppen angepaßt werden.

Kurssteuerung und "guided tours". Nach unserer Ansicht sollte ein Autor nicht nur das Layout des Hyperdokuments, sondern auch den Kursablauf beeinflussen können, ohne daß dazu große Änderungen in den zugrundeliegenden Hyperdokumenten erforderlich sind. MEM erlaubt aus diesem Grunde die Vorgabe eines Kursablaufs im Sinne einer "guided tour" (vgl. Birnbaum, 1991; Jonassen & Mandl, 1990). Die Ablaufsteuerung beruht auf einer einfachen virtuellen Maschine, so daß eine leichte Handhabung und eine vollständige und exakte Fehleranalyse durch MEM sichergestellt sind (Rechenberg & Mössenböck, 1988).

Protokoll des Studierverlaufs. MEM erstellt automatisch und ohne jede Einschränkung für den Benutzer ein vollständiges Protokoll des Studierverlaufs. Dieses Protokoll enthält alle Benutzeraktionen und die zugehörigen Bearbeitungszeiten in chronologischer Reihenfolge. Auch die Eingaben in das Fragen- und das Notizformular werden vollständig protokolliert. Das Protokoll ist zur sofortigen Weiterverarbeitung mit herkömmlichen Texteditoren und Statistikpaketen geeignet.

MEM bietet sicher nicht alle Möglichkeiten, die andere Hypertextsysteme, insbesondere Spezialapplikationen, anzubieten haben. Der Einsatz solcher Hypertext-Systeme, etwa bei technischen Einführungskursen, Reparaturanleitungen oder im mathematischen Bereich, ist an anderer Stelle ausführlich geschildert worden (z.B. Berk & Devlin, 1991; Dann, Irvine & Collis, 1991; Conklin, 1987). Für uns ist jedoch ein Vergleich der PC-Hypertextsysteme im Hinblick auf den Einsatz in der Evaluationsforschung und für instruktionspsychologische Zwecke besonders interessant. Hier zeichnet sich MEM durch Eigenschaften aus, die für den Einsatz in der Forschung, aber auch darüber hinaus von Bedeutung sind: (1) die flexible Informationsdarbietung, (2) die umfangreiche Unterstützung aktiver Studiertechniken und verschiedener Formen der Wissensdiagnose, (3) die schnelle Anpassung des Kursmaterials und des Kursablaufes an unterschiedliche Benutzergruppen, (4) das rigorose Robustheitskonzept bei der Durchführung von Kursen sowie (5) die automatische Protokollierung des Studierverlaufes.

Entwicklungsperspektiven. MEM liegt in unterschiedlichen Versionen für ATARI ST- und ATARI TT-Computer vor. Die TT-Programmversion ist auch auf dem neuen Multitasking-Betriebssystem MultiTOS von ATARI lauffähig. Derzeit wird eine neue Version von MEM erstellt, die die Darbietung von Farbbildern und unterschiedlichen Schriftarten am Bildschirm erlaubt. Dabei wird das Konzept der Informationsdarbietung in unabhängigen, dynamischen Fenstern erweitert, so daß nun unterschiedliche Stellen im Hyperdokument, beispielsweise unterschiedliche Fundstellen zu einem Stichwort, auch in unterschiedlichen Fenstern angezeigt werden können. In der weiteren Entwicklung wird MEM an verschiedene Rechnerplattformen angepaßt werden und Schnittstellen zur direkten Ansteuerung von externen Ressourcen wie CD-ROM und Video erhalten.

3   Zur Effizienz unterschiedlicher Wiederlernstrategien

Wir führen seit mehreren Jahren in unserem Lernlabor computerunterstützte Lern- und Wiederlernkurse zur Gedächtnispsychologie mit MEM durch. Mittlerweile haben über 1000 Studenten an diesen Kursen erfolgreich teilgenommen und uns eine kontinuierliche Evaluation und Optimierung der verwendeten Lernumgebung ermöglicht. Die Teilnehmer an unseren Kursen, zu einem überwiegenden Teil Computer-Laien, benötigen selbst für die umfangreichste und komplexeste Version unserer Software nur etwa 15 Minuten, um sich in die Bedienung des Programmes und die Bearbeitung der Lektionen einzuarbeiten.

Wir haben bisher vor allem Anforderungen an ein Lehr-/Lernsystem skizziert. Diese Anforderungen gelten jedoch nicht nur für Lernkurse, sondern in gleicher Weise für das Wiederlernen von Wissen. Um nun sagen zu können, ob die vielfältigen Bearbeitungsmöglichkeiten unter MEM das Auffrischen von Wissensbeständen tatsächlich unterstützen, muß man zunächst überprüfen, ob das Wiederlernen in einem Hypermedia-System dem traditionellen Vorgehen beim Wiederlernen von Wissen überlegen ist. Ein solcher Vergleich ist aber nur mit einer möglichst effektiven herkömmlichen Wiederlernstrategie wirklich sinnvoll: Die Informationsvermittlung durch Hypertextsysteme muß sich nicht etwa gegen veraltete, suboptimale Methoden behaupten, sondern vielmehr gegen die bislang effizientesten Wiederlerntechniken.

Wir haben daher zunächst die Effizienz zweier häufig angewendeter, traditioneller Wiederlerntechniken miteinander verglichen. Wir haben untersucht, ob es effizienter ist, sein gesamtes Lehrmaterial nochmals durchzuarbeiten oder ob man aufgabengeleitet an Hand von Lernkarten vorgehen sollte. Die Lernkarten sind so aufgebaut, daß zu einer Aufgabe jeweils nur eine Karte des Lehrtextes dargeboten wird, die die relevante Information zum Bearbeiten der Aufgabe enthält. Die Lernstrategie, die sich als effizienter erweist, wird dann als Vergleichsmaßstab für die Effizienz des Lernens mit dem Hypermedia-System MEM herangezogen.

Um die Effizienz einer Wiederlerntechnik angemessen beurteilen zu können, muß zunächst in einer Eingangsdiagnose das noch vorhandene Wissen erhoben werden. Dann muß der Studierverlauf und die aufgewendete Arbeitszeit während des Wiederlernens erfaßt und schließlich der Kenntnisstand nach dem Wiederlernen in einer abschließenden Wissensdiagnose gemessen werden (Glowalla & Schoop, 1992).

3.1 Ablauf eines Wiederlernkurses

Bis heute haben wir in insgesamt drei Wiederlernkursen die Effizienz unterschiedlicher Wiederlernstrategien überprüft. Die in unseren Wiederlernkursen verwendete Wissensbasis ist ein Lehrtext zur Gedächtnispsychologie. Er besteht aus fünf Kapiteln, die einen Umfang von insgesamt 60 Lehrbuchseiten haben (Glowalla, Rinck, Häfele, Fezzardi & Hasebrook, 1991). Unsere Wiederlernkurse sind so aufgebaut, daß am Vormittag in einer Eingangsdiagnose der Kenntnisstand der Studierenden erhoben wird. Diese Eingangsdiagnose besteht aus JA-NEIN-Fragen. Zur richtigen Beantwortung dieser Fragen müssen die Studenten alle wesentlichen Konzepte des Lehrmaterials und deren strukturelle Bezüge beherrschen. Neben der Antwortqualität wird auch erhoben, ob die Beantwortung einer Frage auf Wissen oder auf einer Vermutung beruhte. In der anschließenden Wiederlernphase, in der die Wissensbasis erneut auf unterschiedliche Weise studiert werden kann, bekommen die Studenten die Aufgaben aus der Eingangsdiagnose zur nochmaligen Bearbeitung vorgelegt und erhalten zu jeder Aufgabe eine Rückmeldung über die Qualität und Sicherheit bei ihrer Beantwortung dieser Frage in der Eingangsdiagnose. Nach einer längeren Mittagspause wird wiederum der Kenntnisstand der Studierenden erhoben. Diese Enddiagnose besteht aus JA-NEIN-Fragen und aus weiteren Tests, beispielsweise offenen Fragen, Mehrfachwahlantworten und Strukturlegeaufgaben.

3.2 Vergleich von umfassenden und selektiven Wiederlernstrategien

In den ersten beiden Wiederlernkursen haben wir das umfassende und das systemgesteuerte selektive Wiederlernen miteinander verglichen. An diesen Kursen nahmen insgesamt 76 Studenten der Universitäten Marburg und Gießen teil. Bei der umfassenden Wiederlernstrategie wurden zunächst der gesamte Text einer Lektion und danach die zugehörigen Aufgaben bearbeitet. Bei der selektiven Wiederlernstrategie bekamen die Teilnehmer sogleich die Aufgaben mit der Rückmeldung vorgelegt und konnten sich nun entscheiden, ob sie die Aufgabe unmittelbar beantworten oder aber zunächst eine erläuternde Textkarte studieren wollten. Dabei wurden die Fehlerraten, die Studierzeit während des Wiederlernens sowie die subjektive Beurteilung des Kurses an Hand einer Befragung erhoben.

In der ersten Studie haben wir untersucht, ob bei beiden Wiederlerntechniken Transfereffekte zu beobachten sind. Dazu erhielten die Teilnehmer jeweils nur die Hälfte aller Aufgaben aus der Eingangsdiagnose zum Wiederlernen vorgelegt. Es zeigte sich, daß mit der umfassenden und mit der selektiven Wiederlernstrategie vergleichbar gute Ergebnisse bei den Aufgaben erzielt wurden, die zum Wiederlernen vorgegeben worden waren. Bei den in der Wiederlernphase nicht dargebotenen Aufgaben zeigten sich nur für die umfassende Wiederlernstrategie geringe Transfereffekte. Ein weiteres zentrales Ergebnis lautet, daß bei der selektiven Wiederlernstrategie nur etwa ein Drittel der Gesamtarbeitszeit der umfassenden Strategie benötigt wurde.

Im zweiten Kurs untersuchten wir vor allem zwei Aspekte: den Arbeitsaufwand bei der Bearbeitung aller Aufgaben und den direkten Vergleich der Wiederlerntechniken durch die Teilnehmer. Die Kursteilnehmer erhielten daher stets alle Aufgaben zum

Wiederlernen vorgegeben. Zudem verwendeten die Teilnehmer in unterschiedlichen Lektionen eine der beiden Wiederlernstrategien, so daß sie am Ende des Kurses ein direktes Vergleichsurteil abgeben konnten. Die abschließende Wissensdiagnose ergab, daß mit Hilfe der selektiven Wiederlernstrategie annähernd gleich viel Wissen wie mit Hilfe der umfassenden Strategie in nur zwei Drittel der Zeit erworben wurde. In der subjektiven Beurteilung wurde die selektive Wiederlernstrategie der umfassenden deutlich vorgezogen. Eine ausführliche Beschreibung der Ergebnisse dieser beiden Untersuchungen sowie einige Aspekte zum effizienten Wiederlernen finden sich in Glowalla, Häfele, Hasebrook, Rinck und Fezzardi (1992).

3.3 Vergleich von selektiver Informationsvorgabe und Informationssuche im Hypertext

Wir werden nun ausführlicher unsere dritte Untersuchung schildern, in der wir der Frage nachgegangen sind, ob das Wiederlernen mit einem Hypertext effizienter ist als das Wiederlernen an Hand der bisher optimalen, selektiven Strategie. Wir erhofften uns Aufschluß über die Frage, ob die selbstgesteuerte Suche nach Informationen im Hypertext dazu führt, daß diese Wiederlerner mehr Wissen erwerben als solche Wiederlerner, die zu jeder Aufgabe lediglich eine einzige Lernkarte dargeboten bekommen.

Alle Wiederlerner bekamen in der Wiederlernphase sogleich die Aufgaben vorgelegt. Die selektiven Wiederlerner konnten diese Aufgaben wiederum direkt bearbeiten oder aber zunächst eine erläuternde Lernkarte lesen. Die Wiederlerner im Hypermedia-System MEM konnten die Aufgaben ebenfalls direkt beantworten oder aber zunächst die relevante Information im Hypertext suchen. Zwei Aspekte standen dabei im Vordergrund: (1) Führt das selbstgesteuerte Wiederlernen im Hypertext zu einem allgemein besseren Kenntnisstand? (2) Welche Wiederlernstrategie erzielt höhere Transfereffekte in der Enddiagnose?

Verfügbarkeit wiedergelernter Informationen. An dem Wiederlernkurs nahmen insgesamt 52 Studenten der Justus-Liebig-Universität Gießen teil. Eine Gruppe von Teilnehmern bearbeitete den Text an Hand der selektiven Methode, die andere

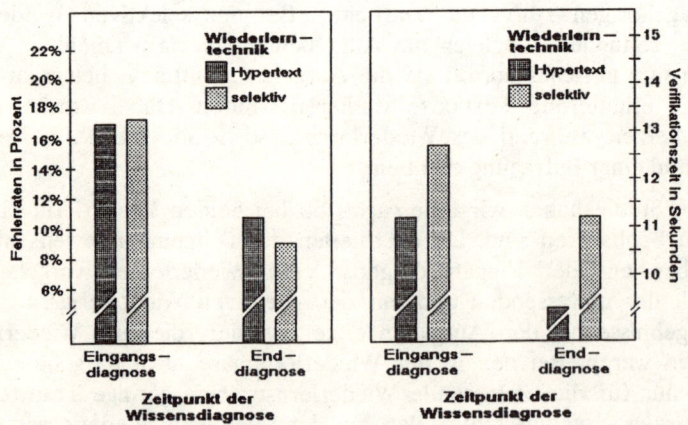

Abbildung 5: Fehlerraten in Prozent und Verifikationszeiten in Sekunden bei zum Wiederlernen vorgegebenen Aussagen in der Eingangs- und Enddiagnose

Gruppe studierte in der Hypertext-Lernumgebung MEM. Der Vergleich der Ergebnisse in der Eingangs- und Enddiagnose zeigt, daß beide Gruppen erfolgreich wiederlernten. Die Ergebnisse sind in Abbildung 5 dargestellt. So machten alle Teilnehmer in der Enddiagnose bedeutsam weniger Fehler als in der Eingangsdiagnose (9,9% vs. 17,2%; F[1,50] = 74.98, p<.001). Beide Gruppen machten vergleichbar wenig Fehler bei der Bearbeitung der Aussagen, bei denen sie wiederlernen konnten (9,2% vs. 10,7%). Zudem war der Zugriff auf das relevante Wissen in der Enddiagnose schneller als in der Eingangsdiagnose (10,3 Sek. vs. 12,0 Sek.; F[1,50] = 12.20; p<.001). In beiden Wissensdiagnosen beurteilte die Hypertext-Gruppe die Aufgaben schneller (10,3 Sek. vs. 12,0 Sek.; F[1,50] = 6.54; p<.05).

Verfügbarkeit nicht wiedergelernter Informationen. Die Tatsache, daß beide Gruppen bei den wiedergelernten Aufgaben vergleichbare Leistungen erzielten, spricht dafür, daß auch "Computer-Anfänger" in einer Hypertext-Umgebung effektiv arbeiten können. Interessant ist nun die Frage, ob das Wiederlernen im Hypertext dazu führt, daß stärkere Transfereffekte zu beobachten sind. In einer weiteren Analyse überprüften wir daher, ob das Wiederlernen in der Hypertext-Umgebung der selektiven Methode bei solchen Aufgaben überlegen ist, die weder in der Eingangsdiagnose überprüft, noch in der Lernphase zum Bearbeiten vorgelegt wurden. Die Ergebnisse dieser Analyse sind in Abbildung 6 zusammengefaßt.

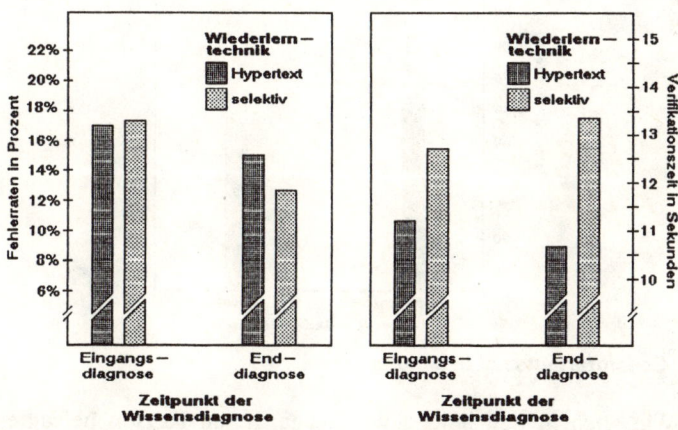

Abbildung 6: Fehlerraten in Prozent und Verifikationszeiten in Sekunden bei nicht zum Wiederlernen vorgegebenen Aussagen in der Eingangs- und Enddiagnose

Die Leistungen bei der Beurteilung dieser in der Enddiagnose neu dargebotenen Aussagen wurden mit den Leistungen in der Eingangsdiagnose verglichen. Es zeigte sich, daß alle Teilnehmer in der Eingangsdiagnose mehr Fehler machten als bei den neuen Aussagen in der Enddiagnose (17,2% vs. 13,8%; F[1,50] = 9.80, p<.01). Dies spricht dafür, daß Transfereffekte stattgefunden haben: Auch solche Aufgaben, die weder zuvor getestet noch wiedergelernt worden waren, wurden am Ende des Kurses besser bearbeitet als die Aufgaben in der Eingangsdiagnose. Während der Zugriff auf das relevante Wissen bei den wiedergelernten Aufgaben in der Enddiagnose beschleunigt war, war bei den nicht wiedergelernten Aufgaben kein solcher Effekt zu beobachten (12,1 Sek. vs. 12,0 Sek; F[1,50]<1; n.s.). Der Zugriff auf das relevante Wissen war bei der Hypertext-Gruppe wiederum insgesamt schneller (10,9 Sek. vs. 13,1 Sek; F[1,50] =9.48; p<.01). Auch in einem weiteren Test, in dem die Teilnehmer neue Aufgaben eines bis dahin noch nicht eingesetzten Aufgabentyps bearbeiten sollten, zeigten sich vergleichbare Ergebnisse: Beide Gruppen machten ähnlich viele Fehler, jedoch konnten die Teilnehmer, die an Hand des Hypertextes gelernt hatten, auch hier schneller auf das relevante Wissen zurückgreifen.

Arbeitsaufwand. Diese Ergebnisse müssen vor dem Hintergrund der insgesamt aufgewendeten Arbeitszeit gesehen werden. Hier weist die selektive Wiederlerntechnik Vorteile auf. Abbildung 7 zeigt den Zeitvorteil der selektiven Technik bei der Gesamtarbeitszeit. Während bei der Arbeit mit dem Hypertext im Mittel 84 Minuten zum Wiederlernen des Lehrstoffs benötigt wurden, war das Wiederlernen nach der selektiven Methode im Durchschnitt bereits nach 64 Minuten beendet (t[46] = 4,17; p<.001). In nur 76% der Studierzeit, die mit Hilfe des Hypertexts benötigt wurde, erreichten die Teilnehmer mit der selektiven Strategie ein vergleichbar hohes Wissensniveau. Die Arbeitszeit für die selektive Strategie liegt mit 64 Minuten deutlich unter der der umfassenden Strategie, die in dem ersten Wiederlernkurs erhoben wurde und 96 Minuten betrug (vgl. Glowalla, Häfele, Hasebrook, Rinck & Fezzardi, 1992). Die Arbeitszeit für die Hypertext-Variante liegt mit 84 Minuten zwischen umfassender und selektiver Wiederlernstrategie. Dies spricht dafür, daß die Informationssuche im Hypertext durchaus zeiteffizienter sein kann als das umfassende Studium des Lehrstoffs.

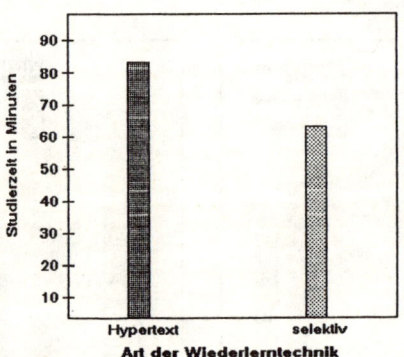

Abbildung 7: Gesamtarbeitszeit in Minuten

Akzeptanz. Wie auch in den beiden vorangegangenen Kursen befragten wir die Studenten am Ende des Wiederlernkurses an Hand von Fragebögen und Interviews ausführlich nach ihrer Beurteilung des Wiederlernkurses. Erfreulicherweise wurde der Hypertext von den Teilnehmern äußerst positiv beurteilt: Die Bedienung unseres Hypermedia-Systems war schnell erlernbar und die einzelnen Komponenten so einfach zu bedienen, daß auch "Computer-Anfänger" problemlos damit zurechtkamen.

Speziell wurden das aufgabengeleitete Vorgehen gelobt sowie die Möglichkeit, im Text zu springen und zu blättern. Die Teilnehmer in beiden Gruppen stimmten mehrheitlich der Frage zu, daß Wiederlernen am Computer effektiver sei, als das Wiederlernen an Hand ihrer eigenen Unterlagen. Etliche Teilnehmer regten an, daß zum Lernen und Wiederlernen von Prüfungswissen Rechnersysteme öffentlich zugänglich sein sollten, etwa in Fachbereichsbibliotheken oder CIP-Clustern.

4   Diskussion und Ausblick

Das Wiederlernen von Wissen in unserer Hypertext-Lernumgebung hat erfreulicherweise zu vergleichbar guten Leistungen geführt wie das Wiederlernen mittels der äußerst effizienten selektiven Methode. Die vergleichbar gute Leistung mußte aber mit einem erhöhten Zeitaufwand erkauft werden. Die Hoffnung, daß das Lernen in der Hypertext-Lernumgebung zu besseren Ergebnissen führt, hat sich nicht erfüllt, obwohl die selektive Methode weitaus restriktiver ist und dem Lernenden nur jeweils einen relevanten Textabsatz für die Bearbeitung einer bestimmten Aufgabe darbietet. Das Wiederlernen in der Hypertext-Lernumgebung, in der die Lernenden selbstgesteuert beliebig viele Textabschnitte studieren konnten, bewirkte zudem keine stärkeren Transfereffekte als das selektive Wiederlernen. Dieses Ergebnis widerspricht der von vielen Experten geäußerten Einschätzung und auch unserer Erwartung, daß das selbstgesteuerte Lernen im Hypertext restriktiveren, systemgesteuerten Lerntechniken überlegen sei.

Immerhin hinsichtlich der Akzeptanz bei den Benutzern kann MEM Vorteile für sich verbuchen: Die selektive Wiederlernmethode wird gelegentlich als zu starr und einengend empfunden. Die verschiedenen Informationsangebote und das freie Bewegen im Text wird von den MEM-Benutzern durchgängig gelobt. Trotz dieser positiven Einschätzung der Kursteilnehmer zeigen die Ergebnisse der durchgeführten Wissensdiagnose, daß die Bearbeitungsmöglichkeiten eines Hypertextes *alleine* noch nicht zu besseren Behaltensleistungen führen. Hier sind gezieltere Informationshilfen und Studiervorgaben durch die Autoren des Lehrtextes erforderlich.

Die Ergebnisse legen nahe, eine Verbindung von selbstgesteuerter Informationssuche und selektiver Informationsvorgabe anzustreben. Die selektive Informationsvorgabe führt zu sehr ökonomischem Wiederlernen und das umfassende Lesen des Lehrtextes zu vollständigerem Wissen. Das Wiederlernen mit Hilfe des Hypertextsystems ergab ein dem selektiven Wiederlernen vergleichbares Wissensniveau und einen gegenüber der umfassenden Strategie verringerten Arbeitsaufwand. Die gezielte Informationsvorgabe scheint somit vor allem für die effiziente Bearbeitung des Lehrstoffs von Bedeutung zu sein. In einer Folgeuntersuchung werden wir neben den bisher verwendeten Wiederlernstrategien, der umfassenden, der selektiven und der Hypertext-Strategie, eine vierte Wiederlerntechnik erproben. Der Lerner bekommt in dieser Variante sofort eine Aufgabe dargeboten, zu der er eine bestimmte Stelle im Hypertext als Erläuterung abrufen kann, genau wie bei der bereits untersuchten selektiven Wiederlernstrategie. Neu hinzu kommt, daß er von dieser Karte aus beliebig im Hypertext blättern und springen kann. Die direkte Informationsvorgabe sollte wie bisher eine effiziente Bearbeitung des Lehrtexts gewährleisten. Durch die zusätzliche Möglichkeit, sich bei Bedarf in der Wissensbasis frei zu bewegen, könnte ein Wissensniveau erreicht werden, das dem umfassenden Wiederlernen vergleichbar oder gar überlegen ist.

Danksagung

Diese Arbeit wurde von der Deutschen Forschungsgemeinschaft (DFG) im Rahmen des Schwerpunktprogramms *Wissenspsychologie* durch die Sachmittelbeihilfen GL123/2-2 bis /2-4 unterstützt. Die hier berichtete Untersuchung wurde im Wintersemester 1991/92 an der Justus-Liebig-Universität Gießen durchgeführt. Wir danken der Deutschen Forschungsgemeinschaft und der Universität Gießen für ihre Unterstützung unserer Forschungsarbeit. Ferner möchten wir Mirjam Moolenar und Sibyll Rodde für ihre Mitarbeit bei der Durchführung der Untersuchung danken.

Literatur

a.i.m. GmbH (1990). *Einsatz von Computerlernprogrammen in der betrieblichen Bildung*. München: Ausbildung mit interaktiven Medien, a.i.m. GmbH, München.

Ambron, S., & Hooper, K. (Eds.) (1988). *Interactive Multimedia: Visions of multimedia for developers, educators & information providers*. Seattle, WA.: Microsoft Press.

Anderson, J.R., & Bower, G.H. (1973). *Human Associative Memory*. New York: John Wiley & Sons.

Apple Computer GmbH (1987). *Macintosh HyperCard. Benutzerhandbuch*. München: Apple Computer GmbH.

Apple Computer GmbH (1989). *Apple Computer in Forschung und Lehre*. München: Apple Computer GmbH.

Berk, E., & Devlin, J. (eds.) (1991). *Hypertext/Hypermedia handbook*. New York: McGraw Hill.

Birnbaum, L. (ed.) (1991). *The international conference on learning sciences*. Proceedings of the 1991 Conference on the Learning Sciences. Evanstone, Ill.: The Institute for the Learning Sciences, Northwest University.

Bodendorf, F. (1990). *Computer in der fachlichen und universitären Ausbildung*. München: R. Oldenbourg.

Bush, V. (1945). As we may think. *Atlantic Monthly*, **1** (July), 101-103.

Conklin, J. (1987). Hypertext: An introduction and survey. *Computer*, **20**, 17-41.

Dann, P.L., Irvine, S.H., & Colis, J.M. (1991). *Advances in computer-based human assessment*. Dordrecht, Boston, London: Kluwer Academic Publishers.

Feldmann, P. (1974). *Lerntraining*. München: Heyne.

Fezzardi, G., Hasebrook, J., & Glowalla, U. (1992). *MEM - Ein Hypermediasystem zur Entwicklung, Evaluation und Durchführung computerunterstützter Aus- und Weiterbildung*. Handbuch, Gießen.

Gay, G., & Mazur, J. (1991). Navigating in Hypermedia. In E. Berk & J. Devlin (eds.), *Hypertext/Hypermedia handbook* (pp. 271-283). New York: McGraw Hill.

Gentner, D. & Stevens, A.L. (1983). *Mental models*. Hillsdale, NJ.: Lawrence Erlbaum.

Glowalla, U. (1991). *Using computers for learning and relearning of expository text*. Paper presented at the 4th European Conference for Research on Learning and Instruction (EARLI); Turku (Finnland).

Glowalla, U., Rinck, M., Häfele, G., Fezzardi, G. & Hasebrook, J. (1991). *Einführung in die Gedächtnispsychologie*. Gießen: Selbstverlag.

Glowalla, U., & Schoop, E. (1992). Entwicklung und Evaluation computerunterstützter Lehrsysteme. In U. Glowalla & E. Schoop (Hrsg.), *Hypertext und Multimedia. Neue Wege in der computerunterstützter Aus- und Weiterbildung*. Heidelberg: Springer Verlag.

Glowalla, U., Häfele, G., Hasebrook, J., Rinck, M., & Fezzardi, G. (1992). *Wiederlernen von Wissen*. In U. Glowalla & E. Schoop (Hrsg.), *Hypertext und Multimedia. Neue Wege in der computerunterstützter Aus- und Weiterbildung*. Heidelberg: Springer Verlag.

Hahn, U, Hammwöhner, R., Reimer, U., & Thiel, U. (1990). Inhaltsorientierte Navigation in automatisch generierten Hypertext-Basen. In P.A. Gloor & N.A. Streitz (Hrsg.), *Hypertext und Hypermedia. Von theoretischen Konzepten zur praktischen Anwendung*. Berlin u.a.: Springer.

Hasebrook, J., Fezzardi G., & Glowalla, U. (1991). SHOW_IT - Eine Experimentalsteuerung zur Darbietung von Text und Bild. *Software Kurier*, **4**, 151-156.

Johnson, P. (1991). *Human computer interaction. Psychology, task analysis and software engineering*. London, New York u.a.: McGraw Hill.

Jonassen, D.H., & Mandl, H. (eds.) (1990). *Designing hypermedia for learning*. NATO Asi Series. New York, Berlin, Heidelberg: Springer.

Kulik, C.-L., C., & Kulik, J.A. (1991). Effectiveness of computer-based instruction: An updated analysis. *Computers in Human Behavior*, **7**, 75-94.

Lindsay, P.H., & Norman, D.A., (1977). *Human information processing*. New York: Academic Press.

Mayer, R.E (1989). Models for understanding. *Review of Educational Research*, **59**(1), 43-64.

Oppenhorst, G. - LogiLex GmbH (1989). *1st Card - Volltextdatenbank, Grafikeinbindung, Hypertextsystem, Programmshell, Expertensystemshell. Benutzerhandbuch*. Bonn: LogiLex GmbH.

Oppenhorst, G. (1990). *Hypertextunterstützung bei Erstellung und Nutzung von Expertensystemen - mit der Shell '1stCard'.* Vortrag gehalten auf dem Workshop "Hypertext/Hypermedia" der Gesellschaft für Informatik (GI) und der Gesellschaft für Mathematik und Datentechnik (GMD), April 1990, Darmstadt.

Parsaye, K., Chignell, M., Khoshafian, S., & Wong, H. (1989). *Intelligent databases. Object-orientied, deductive hypermedia technologies.* New York u.a.: John Wiley.

Picher, O., Devlin, J., & Pugh, K. (1991). Hypermedia. In E. Berk & J. Devlin (eds.), *Hypertext/Hypermedia handbook* (pp. 23-52). New York: McGraw Hill.

Rechenberg, P., & Mössenböck, H. (1988). *Ein Compiler-Generator für Mikrocomputer. Grundlagen, Anwendung und Programmierung in Modula-2.* München, Wien: Hanser.

Seidel, C., & Lipsmeier, A. (1989). *Computer-unterstütztes Lernen, Entwicklungen - Möglichkeiten - Perspektiven.* Verlag für Angewandte Psychologie, Stuttgart

Shlechter, T.M. (ed.) (1991). *Problems and promises of computer-based training.* Norwood, New Jersey: Ablex Publishing.

Thimbledy, H. (1990). *User Interface design.* Reading, MA. u.a.: Addison Wesley/acm press.

Wright, P., & Likovich, A. (1989). An *empirical comparsion of two navigation systems for two hypertexts.* Proceedings of the Hypertext II conference in York (UK).

Zimmer, G. (Hrsg) (1990). *Interaktive Medien für die Aus- und Weiterbildung. Marktübersicht, Analysen, Anwendung.* Reihe "Multimediales Lernen in der Berufsbildung", Bd. 1. Nürnberg: BW Bildung.

The Individualized Electronic Newspaper: An Application Challenging Hypertext Technology

Christoph Hüser, Anja Weber
Integrated Publication and Information Systems Institute (IPSI)
Gesellschaft für Mathematik und Datenverarbeitung (GMD)
Dolivostraße 15, D - 6100 Darmstadt
e–mail: {hueser, weber} @darmstadt.gmd.de

1   Introduction

Publishing is a distributed process characterized by the cooperation of different experts involved in the publishing process. Today, these experts use dedicated systems and tools to fulfill their tasks. Incompatibility between these tools often restrains efficient cooperation. For improving today's publishing situation a key issue is to alleviate these incompatibility problems. In addition, the publication of electronic documents demands enhanced support from publishing tools and imposes new challenges on hypertext technology.

The approach of the department Publication and Visualization Environment (PaVE) in the division Cooperative Hypermedia Systems at the Integrated Publication and Information Systems Institute (IPSI) to improve electronic publishing is to build an integrated publishing environment. Taking the Individualized Electronic Newspaper (IEN) as an example of an innovative hypermedia publication, this paper discusses requirements on hypertext technology for the production of electronic publications and introduces the design of an integrated publication environment that matches these requirements. Section 2 describes the concept of the IEN. Section 3 discusses requirements imposed on hypertext technology by this kind of hypertext publication. In Section 4, we introduce our approach to satisfy the requirements, the application of structured documents to electronic publishing. This leads to the definition of an architecture for an integrated publication environment aimed at the production of hypermedia publications. We show how the facilities offered by an integrated publication environment are being applied to make the production of the IEN possible. Finally, Section 5 discusses differences to other work and Section 6 concludes on first experiences gained from our approach.

2   The Individualized Electronic Newspaper

The Individualized Electronic Newspaper (IEN) is part of the European RACE (Research and Development in Advanced Communications Technologies in Europe) project 1075 TELEPUBLISHING [16], [23] (headed by the DETECON GmbH (prime contractor)) which aims to investigate and illustrate the potential usefulness of broadband technology in Europe. In this project, the department PaVE at GMD-IPSI is mainly interested in concepts and techniques needed to realize electronic hypermedia publications, such as the IEN.

The Individualized Electronic Newspaper is an experimental publication which is individualized and composed on demand for a reader, and then delivered electronically. The content of the IEN is automatically selected according to a profile of the reader's particular interests from a continually developing pool of "up to the minute" articles and features. To fully exploit the possibilities for electronic delivery, the reader can receive the IEN both as a printable and as a hypermedia product. In this paper, we will focus on our contribution to the project, the hypermedia IEN.

We designed the customized IEN as a fully integrated hypermedia product for access on a multi-media computer terminal or notebook. In addition to enhancing articles with high quality images, animations, and video, the IEN increases the current newspaper functionality. It offers access to background material, to databases of classified advertisements, or enables the publisher to provide extended news related services.

Figure 1 shows an IEN front page composed for a reader with interest in current affairs and a special interest in science. The current prototype is implemented in HyperNeWS [20]. While the front page is made to look much like a traditional newspaper, its functionality is enhanced to provide access to the content of a hypermedia newspaper: e.g. its different multimedia contents (in the right lower corner left to the contents bar the reader can activate a news video clip), the background information, and the extended services.

Figure 1 Example of a Front Page of the Hypermedia IEN

According to his/her mood and information needs the reader can choose to flip pages by clicking on the arrows. He/she may reach sections of his/her interest directly or make use of the lexicon look-up by pressing the bullet buttons in the Contents bar.

The article on "Fusion Fraud" (containing new developments on the hot issue of cold fusion) provides the reader with different background material: clicking the buttons here will reveal a chronicle of events, i.e. a series of published articles dealing with this topic (Background); a transcript of an interview, which may eventually be shown as a video (Interview), a collection of bibliographic references (Literature), and a number of controversial contributions acquired directly by electronic mail (net news).

"A Cheap and Easy Second Shot" is an example of a scrollable text with embedded buttons. Clicking on a sensitized phrase will bring up a lexicon entry containing its translation (e.g. into German) and explaining its meaning.

3   Requirements on Hypertext Technology

The electronic newspaper issue described in the previous section is a complex, well prepared hyperdocument. The different kinds of constituents of the issue, i.e. articles, visual information, and the various kinds of documents needed for the news related services (background information, interviews, literature, net news, lexicon service etc.), the relationships between them, and the presentation of both to the user together make up the value of this electronic document. The automatic composing and delivery of such individualized publications from a continually developing pool of information imposes new requirements on the overall publishing process that raise new challenges for hypertext technology.

The individualization of content has to be performed automatically (Req. 1) and requires that the interests of the reader be mapped successfully onto the information contained in the pool. The resulting newspaper issue should meet the expectations of the reader as well as possible.

The delivery onto various systems, i.e. the individualization of the presentation of hypermedia publications, imposes the problem of automatic presentation of hyperdocuments (Req. 2). Previewing of hundreds of individual issues for different delivery systems is not possible. The hyperpublications have to be produced without manual corrections.

To compose such complex publications on demand from continually changing content, the content has to carry additional information needed for the production and delivery process. Such information comprises explicit modelling of relationships between the different kinds of content in general, the classification of content for the selection of content, and presentation information for the subsequent delivery to different hypertext systems. At any time, the information contained in the pool of articles has to be consistent with the expectations of the production and delivery tools. The information source has to maintain both the constraints and rules for all kinds of entities involved in the production of an individualized newspaper issue, and the constraints and rules on meaningful links between those different entities (Req. 3).

The creation of complex publications is a distributed process involving the cooperation of various experts. In publishing, cooperation is based on the exchange of documents. Usually the experts use specialized tools supporting their specific tasks. In general, these tools rely on different data formats and the problem of document exchange is hard to solve. As for the IEN, information provided by external sources such as news agencies or information used to realize the innovative news related services (e.g. net news information) as well as content prepared by several journalists and editors using different systems (PC at home, lap-top for live reports) have to be moved into the publisher's editorial system and format. To make the document exchange possible during the publishing process, a system- and device-independent data representation format for hyperdocuments (Req. 4) is required.

It is the task of the editorial staff to choose from the various information sources mentioned above and to turn this content into well prepared constituents carrying all information needed for the production and delivery tools. To do so, next to the tools for the editing of content (text, audio, video), the editorial office needs tools for editing and checking the document structure, for classifying content and creating meaningful links between the different newspaper constituents. To control the effect of the added classification and links, and to check the amount and quality of content actually contained in the pool of articles and features, the editors need adequate previewers. In general, tools supporting the creation of consistent hyperdocuments containing all information needed by the production and delivery tools (Req. 5) have to be developed.

In addition, the possibility to update the pool of articles continuously requires adequate version support for hyperdocuments (Req. 6). On the one hand, editors want to keep track of their incremental changes. On the other hand, an individualized newspaper makes it possible to prepare the same content at different levels of detail and abstraction in separate newspaper contributions for various groups of readers.

Considering the required tools for document creation (Req. 5) and the tools performing the automatic individualization and presentation (Req. 1 & 2) not only possibilities for document exchange (Req. 4) are required. All these tools supporting cooperating experts in the publishing process or performing the document delivery without human assistance share the same hyperdocuments and require general functionality to manipulate, retrieve, and navigate these hyperdocuments. Therefore, shared databases for hyperdocuments including meaningful access functionality are also required (Req. 7).

4 The Design of an Integrated Publication Environment for the Production of Hypermedia Publications

The key idea to satisfy the requirements raised in the previous section is to base the publishing process on a typed hypertext data model. To meet all requirements mentioned above, we propose to employ the concept of structured documents as a data model for typed hypertext. This approach leads to the definition of an integrated publication environment for the production of hypermedia publications.

Our notion of structured documents is based on the philosophy of SGML, the Structured Generalized Markup Language [1]. During the publishing process documents to be produced and published are marked up to identify the functional components of the publications, for example chapters, sections, headline, footnotes. These components serve as reference points during discussions and constitute the basic units for layout design of paper documents. The basic idea of SGML is to exploit the markup of hierarchically structured documents for the exchange of documents between different systems by standardizing the notation of markup. SGML defines a syntax to describe both document type definitions (DTDs) defining the legal structure of a certain kind of document and the concrete markup of the documents themselves. Therefore, SGML can be employed to express the constraints and rules of entities involved in the publishing process in a system- and device- independent representation format for document exchange and thus serves both requirements 3 and 4.

SGML defines document types by specifying compound and atomic components of a document in so-called elements. All elements can have attributes. Next to the scope of the attributes, compound elements specify the types of and relationships (sequence, alternative, repetition) between their subelements. Atomic elements define the type of their content. Compound and atomic elements correspond to hypertext composite and atomic nodes, respectively. SGML offers attributes of type ID (defining a unique identifier for an element) and IDREF (defining a reference to another element using the unique identifiers) to express unique references between the document elements. However, SGML has no explicit notion of links. Various extensions to SGML have been defined to express hypertext links, for example by the Text Encoding Initiative [3] or the HyTime [10], [18] standard. Section 4.1 describes our extensions to SGML expressing the constraints and rules on meaningful links (Req. 3) that have successfully been used to realize the IEN.

To realize shared databases for hyperdocuments including meaningful access functionality (Req. 7), we offer database management support for SGML-conformant hyperdocuments. The analysis of the production tools required for the IEN has shown that access functionality has to be provided at the level of structured documents.

It takes a considerable amount of work to define (and years to standardize) DTDs. The application tools should be programmed on the basis of this knowledge and should not be forced to deal with complex (relational) database schemas. Therefore, we built the Structured Document Base (SDB) [12], a database application offering SGML-conformant storage, manipulation, navigation and querying of hyperdocuments (cf. Figure 2).

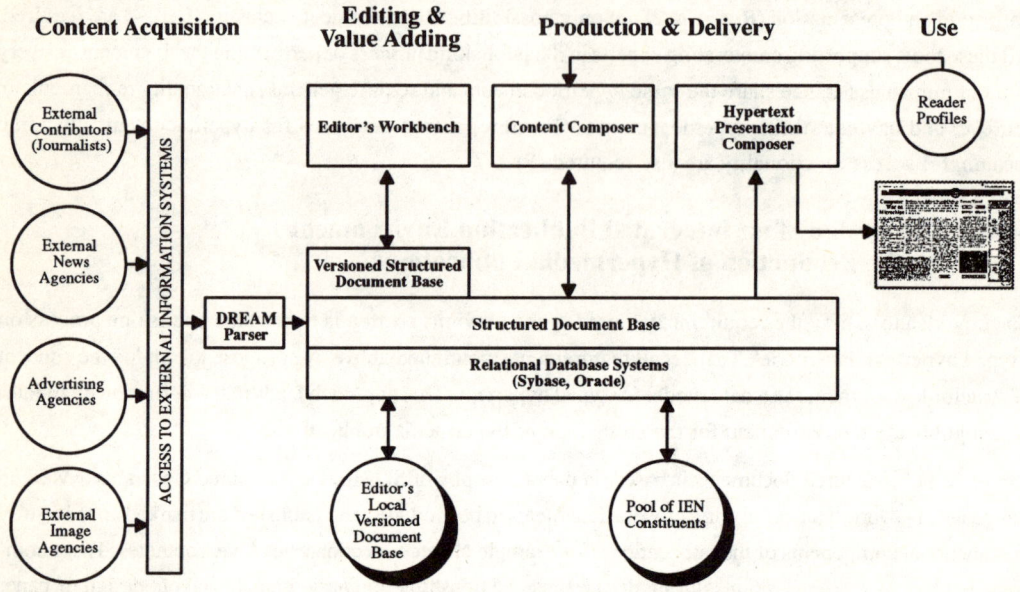

Figure 2 Publishing Process Oriented Architecture of an Integrated Publishing Environment

Requirement 4, version support for hyperdocuments, implies also the employment of general concepts that can be extracted from the application tools. We developed the versioned Structured Document Base (vSDB) [24], an extension of the SDB, offering version support for structured hyperdocuments.

To support the creation of consistent hyperdocuments (Req. 5) and the subsequent automatic individualization of content (Req. 1) as well as the automatic presentation of hyperdocuments (Req. 2), we have designed three task-specific tools, the Editor's Workbench, the Content Composer and the Hypermedia Presentation Composer, respectively. The three tools mentioned above incorporate knowledge about the specific document processing tasks they have been designed for. They are build on top of the SDB to share hyperdocuments.

In the following we explain the integrated publication environment for the publishing of the IEN shown in Figure 2. Circles indicate data repositories relevant in the production of the IEN, boxes represent publishing tools and components manipulating data. Arrows show the flow of data starting from content acquisition finally leading to the production and delivery of the electronic IEN to the user.

We discuss the components shown in the architecture starting with the central components, the SDB and the vSDB. Then, following the production process of the IEN, we describe the task-specific tools, explain their relationships to the SDB, and illustrate how they make the IEN possible.

4.1   The Structured Document Base

The Structured Document Base (SDB) [12] is a database application offering persistent storage, manipulation, navigation and querying of typed hyperdocuments modelled in SGML. The SDB implements the basic SGML standard and offers extensions conforming to the standard SGML syntax to cope with hypertext links.

SDB manages SGML-conformant documents in separate pools. The pool concept corresponds to the database concept of database management systems and allows applications to realize distinct data repositories.

SDB allows the user/application programmer to store any SGML-conformant document into any pool. To do so, the DTD contained in an external standard SGML file has to be declared to the respective pool. After this, any SGML document belonging to this type stored in an external file can be imported into the pool through an import operation.

Any document stored in the pool can be manipulated by the function interface of SDB. SDB considers each document as a document instance and knows about every document element and its attributes. This is attained by considering DTDs as object-oriented schema definitions. Each document instance and each element are considered objects, and the elements' attributes are considered the properties of the objects. Thus, SDB offers object-oriented operations to create and manipulate whole documents (e.g. rename), to create and manipulate new document elements, to navigate along the document structure (up, down, succ, pred), and to create and manipulate the elements' attributes. For all update operations SDB assures conformity of the document with the associated DTD. At any time, each document can be exported in standard SGML format to an external file by an export operation.

Moreover, SDB offers a path-oriented query language that allows to access each document and each element on the basis of the document structure and the associated attributes. The query language has been designed following the Document Style Semantics and Specification Language (DSSSL) [2], a companion standard of SGML specifying document processing. In SDB, queries can be posed against a whole pool, can be restricted to documents of a certain type, or to a single document. In any case, SDB returns a compound element, or a so-called query element that contains all result objects as subelements. In this sense, the query language of SDB is closed. The query element can be navigated, manipulated and interrogated like any other structured document maintained by SDB.

It is a basic design principle of SDB to handle all information necessary for document processing as structured documents. In particular, DTDs themselves are documents obeying certain rules and thus conform to a DTD. This DTD describing DTDs, the so-called super DTD, is the central concept of the realization of the SDB. So, DTDs are declared to pools of the SDB by an import operation and may be updated, navigated and queried like any other document. In addition, all information needed to implement the SDB functionality, as for example the query element, are considered structured documents and conform to specially designed DTDs. These DTDs are automatically contained in any of the SDB pools.

A difficulty in applying SGML to hyperdocument production is that SGML lacks an explicit notion of links. A common approach of SGML applications to overcome this problem is to define link types as explicit elements that carry two attributes of type IDREF to refer to the source and destination object of the link. Additional attributes may be defined depending on the type of link, for example an attribute containing the link label, or attributes modelling link anchors (starting point and offset). In this way, the Text Encoding Initiative [3] has defined a general reference link. This kind of link representation is inherent in SDB. Moreover, SDB generates globally unique object identifers for each element (internet address of the element creator plus name of the pool plus unique number). Since SDB offers full access and query functionality with respect to these identifiers, they may be used by the applications as consistent ID and IDREF attribute values.

Recently, the HyTime [10] standard extending SGML towards hypermedia applications has defined five standardized link types including their processing semantics. Aiming at maximum support of hypertext applications, we plan to implement these links and their semantics in SDB. In addition, HyTime proposes to implement a hypermedia document model by associating meta-interpretations to SGML element declarations. To support these HyTime facilities concepts proposed by object-oriented database management systems should be exploited for structured document database applications. For example VODAK [17] offers a homogeneous integration of the concept of metaclasses with a separation of types and classes.

Furthermore, reference support of shared objects is implemented in SDB. SDB interprets the reserved SGML word ANY (expressing that the subelement of an element may be any type of element declared in the DTD of the document) in the scope of whole pools. Consequently, the subelement may be any element declared in any DTD in the pool.

All this functionality is offered transparently from secondary storage management tasks. Document instances can be stored persistently by an explicit store operation. During navigation or access operations data is automatically loaded by the SDB from secondary storage.

SDB has been implemented in C++ on top of the relational database management system Sybase. SDB only depends on standard SQL. This modular internal architecture made it also possible to move SDB to Oracle. SDB makes use of the Amsterdam SGML Parser [21] to realize the import functionality.

Providing this functionality, SDB meets the requirements 3, 4, and 7. It supports requirements 1, 2 and 5 by offering consistent update, navigation and retrieval operations for typed hyperdocuments.

SDB has in particular been applied to implement the Pool of IEN Constituents which stores the information contained in and related to a daily newspaper as a set of structured documents. Eventually it will hold the current articles, pictures and advertisements, and background information for topics discussed in the newspaper, and reference documents like dictionaries and encyclopedias.

Considering the actual IEN demonstrator, GMD-IPSI has developed DTDs for different types of articles (e.g. report, interview, commentary), visual information (including their classification attributes), as well as for an overall newspaper issue [12]. Regarding the Hypermedia IEN, the links are also part of the documents and different types of links (e.g. reference link, explanation link) have been defined. Moreover, ipsiLex [8], a hypermedia lexicon implemented by PaVE on the basis of SDB is connected as a lexicon service to newspaper information.

4.2   The versioned Structured Document Base

The versioned Structured Document Base (vSDB) [24] has applied concepts of the version model introduced in [25] to structured documents. In this model all objects are marked with a time and author stamp and can be equipped with application-defined attributes for version identification. Moreover, the model distinguishes single-state objects (snobs) representing non-versioned hypertext objects from multi-state objects (mobs) representing versioned hypertext objects and introduces the descendancy relationship to model the reuse of information across document boundaries. These concepts have been successfully implemented on top of SDB. Since the model distinguishes snobs and mobs and defines a smooth transition between those concepts, vSDB can transparently be used for non-versioned applications. In addition, vSDB comprises an import and export facility for versioned structured documents on the basis of a specially designed DTD. As for the IEN, vSDB has been used to implement the Editor's Local Versioned Document Base containing images and structured documents the editor is working on (Req. 6).

4.3   The Dream Parser

The content acquisition implies the use and reuse of external material. IEN editors have access to a number of external sources that deliver electronic contents like external news services, image and advertising agencies, or information systems containing data related to the subject a journalists wants to report on. Information not conforming to the format of the publisher's editorial system have to be converted and restructured according to the requirements of their publishing environment.

In the IEN prototype, GMD-IPSI implemented the content acquisition of net news information. The Dream (Document Structure Recognition And Markup) Parser, a tool to automatically mark up documents that either contain only implicit or incomplete coding by executing specified, rule-based transformations, has been used to restructure net news articles into SGML documents conforming to the IEN newspaper article DTD. Using the import facility of SDB, these articles can directly be moved into the Editor's Local Versioned Document Base and are thus available for editing and value adding.

4.4   The Editor's Workbench

Content authoring and adding value to electronic publications demands qualitatively enhanced support during editing and value adding. The Editor's Workbench supports the different tasks to be performed for the creation of the IEN constituents (Req. 5) including text and image editing, translation for a multilingual edition, and managing versions of articles. It also supports linking parts of the newspaper by hypertext links, classifying articles by specifying article descriptions for retrieval and presentation purposes, and previewing the visual effects of the specifications and decisions.

The Editor's Workbench is linked to the Editor's Local Versioned Document Base containing images and structured documents the editor is working on, to external information systems for content acquisition, and to the Pool of IEN Constituents maintaining published material.

The central component of the actual Editor's Workbench being implemented for the IEN prototype is the versioned Structure Editor that supports the creation of SGML-conformant hyperdocuments by controlling the correctness of the edited document with respect to its DTD. Each document and document element can be maintained in several versions. Link, classification, and presentation information can be edited using this tool by manipulating the corresponding elements and attributes. An Editor Browser allows to navigate and check the content of all data repositories, i.e. the Editor's Local Versioned Document Base and the Pool of IEN Constituents. The Article Previewer shows the IEN constituents as they would appear in a newspaper issue and thus visualizes the effects of the performed edits.

All these components of the Editor's Workbench make use of the retrieval and navigation facilities offered by SDB. The versioned Structure Editor in addition profits from the whole functionality offered by vSDB including document manipulation and in particular the type checking performed by SDB.

The material ready for publication is stored in the Pool of IEN Constituents. This information is used by the production tools during production and delivery. The Content Composer uses the Pool to select the content of the individual newspaper issue according to the reader's profile. Depending on the choice of media either a Print Layout Composer delivers a printable newspaper issue following the publisher's layout style, or a Hypertext Presentation Composer generates a hypermedia IEN for electronic end systems. In the following, we discuss the tools relevant for the electronic IEN, the Content Composer and the Hypermedia Presentation Composer.

4.5   Content Composer

The individualization of the content of hypermedia publications is a central question for the IEN. In the profile, the reader may specify the degree of his/her interest in certain sections of the newspaper. The Content Composer (Req. 1) maps this information against the section structure, keywords and ratings attached to elements of newspaper articles stored in SDB. The result of this mapping will be assembled to an individualized newspaper issue, which is stored as another structured document in SDB.

The implementation of the Content Composer is technically based on the functionality provided by SDB. The keywords are part of the DTDs for IEN constituents and can therefore directly be attached to the concrete IEN constituents. So, the relevant newspaper content can be accessed directly via the query interface. The SDB function interface is used to build up the assembled newspaper issues according to the particular newspaper DTD.

4.6   The Hypermedia Presentation Composer

One key problem imposed by the IEN is the automatic presentation of documents. Since designing and previewing of hundreds of individual issues is not possible, the issues have to be produced without manual corrections.

The problem of automatic layout generation is aggravated by the presentation requirements of electronic publications. The presentation of information communicates its function to the reader. Such presentation forms for communicating knowledge have been developed within hundreds of years for conventional publications, but are still missing for hyperdocuments. Others [5], [7] have proposed to learn from paper documents to improve the presentation of hyperdocuments to remedy problems of disorientation and getting lost in hyperdocuments.

Our approach to diminish the problems of disorientation and getting lost in hyperdocuments is to apply document metaphors for the presentation of hyperdocuments in a consistent manner. Rather than defining the appearance of hyperdocuments on the basis of the system's technical capabilities, we try to exploit the technical features to realize the optimal presentation form for each publication. For example, employing the newspaper metaphor means that newspaper articles are not mapped straight forward onto single HyperNeWS cards, rather a set of articles is arranged on a card representing a newspaper page (cf. Figure 1). In contrast, background information or related publications such as the lexicon pops up and is presented according to the needs of the kind of publication. Nevertheless, these experimental designs are only a starting point and good design rules for electronic documents are still missing.

Moreover, it must be possible to present the hyperdocuments on various hypertext systems, depending on the reading software available at the reader's site. Therefore, the Hypermedia Presentation Composer is intended as a vehicle to experiment with the presentation of electronic documents. It must be possible to compose an issue for different hypermedia systems, or to experiment with different presentations of an issue in a single system.

To meet these requirements, the Hypermedia Presentation Composer is designed as a knowledge-based system. According to a set of restructuring rules [13] describing how a newspaper constituent has to be presented to the reader (for example such a rule could express if a link anchor may be mapped onto a button and/or onto a sensitized string) the Hypermedia Presentation Composer transforms each newspaper constituent into a corresponding layout object. Layout rules covered in a so-called presentation style describing the layout principles of a column-based electronic document then guide the design of the appearance of the newspaper issue. So, the restructuring rules map document constituents to objects of a certain hypertext system whereas the layout rules allow to experiment with different presentations of an issue in a single system.

The Hypermedia Presentation Composer uses the whole document manipulation, navigation and retrieval functionality of SDB. The set of created layout objects is stored as a Hypermedia Interim product in SDB and can then be accessed as needed during the calculation of the appearance of the newspaper issue.

5   Differences to Related Work

In this paper we have presented the IEN, a hypermedia application that induces new requirements on hypertext technology. The requirements are direct consequences of the hypermedia publication our project designed. Other newspaper projects such as NewsPeek of Bellcore [15] and the Apple/CNN project at EDUCOM [11] focus on delivering the issues to a single system. Thus, delivery on several systems and automatic composition is not necessary.

NewsPeek is not intended as a hypermedia publication. The focus rather is on an interactive database interface. NewsPeek scans several sources and editing, which is restricted to selecting the material, is done by software agents. Thus, NewsPeek focuses on information retrieval whereas the IEN is designed as a complete publishing product. The IEN has to provide tools for human editors demanding needs for database support including versioning concepts.

Similar to the IEN, the EDUCOM wants to deliver an electronic product. In contrast to the IEN, EDUCOM delivers to only one system and delivers only one newspaper issue per day. Thus, the project engaged a whole publishing team producing the HyperCard issue manually. The information is only published once (no reuse in several issues) and database support was no prior requirement.

The individualization of hypermedia publications is a central question in the IEN. We think that our first approach to explicitly classify information is not sufficient. In our opinion, it is necessary to extend information retrieval concepts towards information intake for hypertext systems. Information intake refers to information that impinges on users, e.g. users intake electronic mail and news. In information retrieval the user is actively searching while a user reacts to information intake.

The NewsPeek [15] system has incorporated several concepts for individualization based on content analysis and complex keyword filters as well as concepts for changing the newspaper content because of reading decisions by the reader. Baclace [4] has proposed a personal information intake filtering system exploring a hybrid learning algorithm. But none of these approaches takes into account the explicit structure provided by the hypertext network, as for example Stieger proposed in his work [9]. We think that new approaches to information intake combining all these concepts should be developed for the individualization of hypermedia publications. The data representation, access and manipulation facilities offered by SDB, including querying of links, are a good starting point to integrate such approaches into environments for the production of hyperdocuments.

A key requirement induced by the need to use and reuse information in several contexts as implied by the IEN is to support meaningful access functionality on a data representation that is system-, device-, application- and product- independent. On the one hand, hypermedia databases for application-independent storage such as HAM [6] and HyperBase [19] have been proposed to manage the application-independent storage, management and retrieval of hyperdocuments. But besides simple data integrity – for example prohibition of dangling links – they provide no consistency checks over the hypertext network and type checking facilities that may support and guide the applications. On the other hand, other database applications to maintain structured documents have been proposed, as for example the Helsinki Structured Text (HST) Database System [14]. Compared to SDB, HST does not conform to SGML and does not support the generation of unique identifiers for document references. Moreover, HST has no mechanisms to represent shared documents.

The versioning model implemented in vSDB is a first approach to support versioning for hypertext. The fine-grained, heavily interdependent object structure of the hypertext network in addition implies cognitive overhead problems during version creation and aggravates disorientation problems during version selection. Extensions to the initial model proposing to keep contextual information with the versions that guide version creation and help for version identification have been published in [22].

6   Conclusion

The deficiencies of the currently realized tools in the integrated publication environment discussed in the previous section suggest a lot of future work that has to be done to enhance hypertext technology for the production of electronic publications.

The main conclusion we can draw from the IEN experiment is that the application of the concept of structured documents to publishing of electronic hyperdocuments offers potential to build integrated publishing environments in general, also for the production of other hyperdocument products, as for example the hypermedia lexicon ipsiLex [8]. The central implementation of structured document manipulation, retrieval and navigation in SDB significantly speeds up the prototyping of task-specific publishing tools. Since SDB supports an import and export facility for hyperdocuments into and from shared data repositories controlled by a database management application existing tools can easily be integrated into the publishing environment.

Moreover, experiences gained with the IEN suggest to extend the use of logical markup towards more aspects of electronic publishing, as they appear for printed and for electronically delivered documents. Note, SGML only defines the logical structure of documents. Any semantics needed for further document processing has to be applied by the applications and is usually stored in attributes. Nevertheless, there are efforts to standardize the semantics of document processing, for example DSSSL [2] or HyTime [10].

We propose to separate the logical content structure from all kinds of semantics. This idea leads to the publishing model shown in Figure 3. The semantics beyond the logical structure are covered by declarative rules, so-called style definitions, that present knowledge about presentation or other task management in general and can be associated to the logical document structure. Thus, explicit structure and declarative styles defined during Publication Design and Planning will guide users and/or knowledge-based production tools during Publication Preparation and Production.

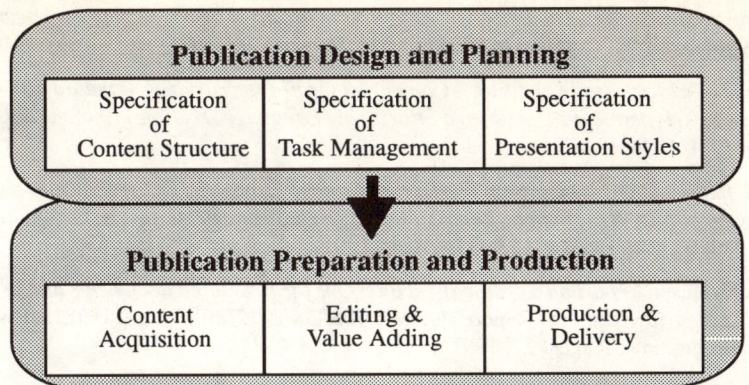

Figure 3 A General Publishing Model for the Production of Electronic Documents

Tools for the production of hyperdocuments then may be realized as knowledge-based systems or tunable shells, that adapt easily to the types of publications and preferences and restrictions on the use and exchange of these documents during the publishing process. The Hypermedia Presentation Composer is an example for such a tool. Moreover, we plan to adapt version support towards the needs of different publishing tools by the definition of declarative versioning styles.

Acknowledgements

Special thanks are given to Jörg M. Haake and Wiebke Möhr for fruitful discussions that lead to a significant improvement of this paper.

References

[1]   *Information Processing - Text and Office Systems - Standardized Generalized Markup Language (SGML), ISO 8879–1986 (E)*. International Organization for Standardization, 1986.

[2]   *Information Processing - Text and Office Systems - Document Style Semantics and Specification Language (DSSSL), ISO/IEC JTC 1/SC 18 (Draft Proposal)*. International Organization for Standardization, 1989.

[3]   *Guidelines for the Encoding and Interchange of Machine–Readable Texts*. Text Encoding Initiative, Document Number: TEI P1, July 1990.

[4]   Paul E. Baclace. *Personal Information Intake Filtering*. In Proceedings of the Bellcore "High–Performance Information Filtering Foundations, Architectures and Applications" Workshop, November 13 - 15, 1991.

[5]   Mark Bernstein. *The Bookmark and the Compass: Orientation Tools for Hypertext Users*. In SIGOIS Bulletin, Vol. 9, No. 4, pages 34-45, October 1988.

[6]   Brad Campbell and Joseph M. Goodman. *HAM: A General Purpose Hypertext Abstract Machine*. Communications of the ACM, 31(7): pages 856 - 861, July 1988.

[7]   Fred Cole and Heather Brown. *Standards: What Can Hypertext Learn From Paper Documents?* In Proceedings of the HT Standardization Workshop, January 16 - 18, National Inst. of Standards and Technology (NIST), Gaithersburg, MD, PB 90–215864, March 1990.

[8]   Dietrich Fischer and Wiebke Möhr. *Lexikon-Redaktion: eine Herausforderung für Computer-Assistenz beim Publizieren*. GMD-Spiegel. Informationen aus der wissenschaftlichen Arbeit der Gesellschaft für Mathematik und Datenverarbeitung, März 1991.

[9]   H.P. Frei and D. Stieger. *The Retrieval View, a Component of the Document Architecture*. In Hypertext/Hypermedia'91, Tagung der GI, SI und OCG, pages 99–108, Graz, Austria, May 1991.

[10]   Charles F. Goldfarb (project editor). *Committee Draft International Standard 10744 Information Technology - Hypermedia/Time-based Structuring Language (HyTime)*. Technical Report ISO/IEC CD 10744, ISO, April 1991.

[11]   Eric M. Hoffert and Greg Gretsch. *The Digital News System at EDUCOM: A Convergence Of Interactive Computing, Newspapers, Television and High-Speed Networks*. In Communications of the ACM, Vol. 34, No. 4, pages 113 - 116, April 1991.

[12]   Christoph Hüser. *Report on a prototypical interface for structured documents and its application to the IEN scenario*. Technical Report 75/GMD/IPS/DS/L/047/b0, TELEPUBLISHING Project, RACE-Programme, August 27, 1991.

[13]   Gerhard Ihnofeld. *Spezifikation eines Hypertext Composing Prozesses und Entwicklung der Regelsprache für die Transformation von strukturierten Dokumenten anhand einer beispielhaften Anwendung* (in German). Diploma Thesis, Technische Hochschule Darmstadt, Fachbereich Informatik, December 3, 1991.

[14]   Pekka Kilpeläinen, Greger Lindèn, Heikki Mannila, Erja Nikunen. *A structured document database system*. Proceedings of the International Conference on Electronic Publishing, Document Manipulation and Typography, University of Maryland, 1990.

[15]   Andrew Lipman and Walter Bender. *News and Movies in the 50 Megabit Living Room*. Paper presented at Globecom, IEEE, Tokyo, Japan, 1987.

[16]   Roberto Minio. *Publishing as a broadband application*. In IEE Conference Integrated Broadband Services and Netwoks, pages 153 – 159, London, October 1990.

[17]   Erich Neuhold and Volker Turau. *Database Research at IPSI*. SIGMOD RECORD, 21 (1): 133 – 138, March 1992.

[18]   Steven R. Newcomb, Neill A. Kipp and Victoria T. Newcomb. *The "HyTime" Hypermedia/Time-based Document Structuring Language*. In Communications of the ACM, Vol. 34, No. 11, pages 67 -83, November 1991.

[19]   Helge Schütt and N. Streitz. *Hyperbase: A Hypermedia Engine Based on a Relational Database Management System*. In A. Rizk, N. Streitz, and J. Andre, editors, Proceedings of the European Conference on Hypertext (ECHT 90): France, Cambridge Series on Electronic Publishing, November 27 - 30, 1990.

[20]   The Turing Institute. *HyperNeWS 1.4*. 36 North Hanover Street, Glasgow G1 2AD, UK.

[21]   Jos Warmer and Sylvia van Egmond. *The implementation of the Amsterdam SGML Parser*. Faculteit Wiskunde en Informatica, Department of Mathematics and Computer Science, Vrije Universiteit Amsterdam, 1987.

[22]   Anja Weber. *Publishing Tools Need Both: State-Oriented and Task-Oriented Version Support*. In Fifteenth Annual International Computer Software and Applications Conference 1991, Tokyo, Japan, September 1991.

[23]   Anja Weber and Erich J. Neuhold. *Distributed Publishing of Electronic Newspapers and Mailorder Catalogues*. Technical Report "Arbeitspapiere der GMD" 574, September 1991.

[24]   Anja Weber and Volker Schoepf. *Prototypical Application of a Version Model*. Technical Report 75/GMD/IPS/DS/L/051/b0, TELEPUBLISHING Project, RACE-Programme, January 15, 1992.

[25]   Anja Weber and Volker Schoepf. *Konzepte zur Versionenverwaltung für die Hyperdokumenterstellung in einer hypertextbasierten Publikationsumgebung* (in German). In H. Maurer, editor, *Hypertext/Hypermedia'91, Tagung der GI, SI und OCG*, pages 274–285, Graz, Austria, May 1991.

Issues and Limits of Dynamic Hypermedia Systems

The HyperScript System

K. Sandkuhl & V. Schoepf
TU Berlin, FG WiInf/AEDV
1000 Berlin 10, Franklinstraße 28/29
email: kurts@cs.tu-berlin.de, schoepf@cs.tu-berlin.de

Abstract

The article investigates concerns of dynamics in hypermedia systems including dynamic evaluation of links, dynamic typing and extensible, persistent architectures. It presents the HyperScript system's approach with respect to data model and architecture in order to achieve dynamics in system components and execution. The experiences with respect to architectural design alternatives, data model aspects, user interface issues, and performance limits are discussed.

1. Introduction

Hypertext and hypermedia systems as the interaction medium to non-linear electronic multimedia documents /Conk 87/ often have been understood as systems containing dynamics as an important element (already to be found in pioneering work as /Enge 68/). Dynamism covers a wide spectrum ranging from aspects of dynamically evaluated and/or executed links (cf. /Aks 88, App 88/) including virtual links /Hal 88/, filtering of information /Enge 84/, context switching /Schw 87/, predicate based access modes /Del 86/ up to extensible architectures /Trig 87, Hal 88/. Extensible architectures allow the user to extend the built-in types by new type definitions.

Essentially, dynamism is the key to consistency of documents with respect to growth of the overall database and to adaption of built-in facilities with regard to specific document needs. For example, concerning links as a basic model element of hypermedia, dynamism can be achieved by provision of some kind of high level programming facility, by facilities to attach some kind of query expression to a link or an interface to existing procedural languages including programming languages and page description languages. Concerning extensible architectures the approach to realize an object-oriented architecture including object-oriented persistency services /Smit 87/ thus allowing to introduce new classes and methods is a promising approach.

However, even if important work has been done in the area of dynamism in hypermedia systems several questions are open which is examplified by the fact that the whole data modelling area is a subject of discussion. For example, "What's in a link", a question discussed already twenty years ago in Artificial Intelligence /Wood 75/, can also be observed as a question of major concern for hypermedia systems (see /Kuhl 91/ for a comprehensive treatment of involved issues). However, recent efforts to develop extended document data format standards /Bor 91/, standardization work in the

MHEG group, and the Dexter Hypertext Reference Model may turn out to guide research and development in the future.

The article discusses aspects of data model and architecture in dynamic hypermedia systems based on experiences with the HyperScript system, a prototype hypermedia system of the TU Berlin, FG WiInf/AEDV, developed under direction of Prof. Dr. Pape. In order to keep the overall system maintainable, performant and easy to use, we put strong emphasis on few but powerful concepts allowing through appropriate combination and derivation to model more advanced concepts. From a data modelling point of view we argue for an integration of dynamic and static links, for extensible, dynamic typing and few standard facilities for deletion, insertion and update of documents (the power is intended to be in the type definitions and document data but not in the built-in, fixed standard operations).

From an architectural point of view we are in favour of an object-oriented architecture on top of a multitasking operating system which covers an object-oriented database /Atk 89/ as the provider of persistency services and tools as the providers of presentation services. A discussion of limits especially with respect to dynamic link evaluation forms a section at the end of this article.

2. Design Decisions for Dynamic Hypermedia Systems

The notion of hypermedia rests somehow upon the vision to map several heterogeneous sources of information including for example knowledge, experience or entertainment into an electronic equivalent. The underlying idea is to model information without unnecessary linearization steps thus reflecting the associative structure of human memory more appropriately (cf. /Str 90/). Since information is essentially heterogeneous (e.g. logic is not plain text), since information contained in a pool of hyperdocuments may grow (new chunks of information may be brought in by different authors), and since even different requirements for presentation of hyperdocuments may emerge, powerful facilities dealing with these characteristics are of essential importance.

From a data modelling point of view - the conceptual fundament for the presentation of a hyperdocument /Aks 88b/ - these characteristics have strong impacts to model elements and to extensibility and tailorability of them. As one primary example for the perspectives of dynamics, consider the creation and maintenance of links between different nodes as far as only an implicit understanding of affected nodes in the sense of some qualifying conditions is given (e.g. referential links from a keyword to nodes described by this keyword). In this case - which is crucial especially when large hyperdocuments are authored - it is quite reasonable to allow authors the establishment of dynamically evaluated, condition-based links independently of precise knowledge what nodes fulfilling the conditions do exist, how many they are, and how they can be navigated to. In this sense, dynamic links save manual work (as opposed to exploring the whole document for potential destinations), reflect the original intentions more appropriate, and provide independence of subsequent changes in the overall pool of data.

However, concerning static links and dynamic links there has often been made a distinction between static links pointing just to one node and dynamic links pointing to a dynamically evaluated set of several nodes. From the viewpoint of the hypergraph[1]

---

[1] Hypergraphs have been applied as a modelling fundament in database theory and problem solving /Pear 87/.

theory /Berg 73/ two different concepts - the static link as the arc of normal graphs and the dynamic link as the hyperarc of hypergraphs - have been mixed[2]. With regard to the example of the keyword link, such a distinction principally would mean to create either multiple, unorganized, static keyword links (thus not accessible as a whole and not reflecting overall intentions) or one, dynamic link (with undesired impacts to performance if the set of destinations is known). Regarding both static and dynamic links as associations to a set of destination nodes - more promising to us as a basic design decision - integrates both kinds of links, keeps the unary, static link as a special case, and may resolve the sketched problems.

As a case for dynamics of model elements, consider the attachment of different semantics to links in order to increase the overall coherence of the hyperdocument (cf. /Kuhl 91, Haak 91/) by defining for example aspects of exploration, structure, visibility or referential integrity. If one faces the vision, that hypermedia should integrate several, heterogeneous sources of information, it seems to be very ambitious to design a hypermedia system providing built-in facilities for modelling all types of link information (even if considerable work has been done in this area). Another promising approach is to provide a small set of built-in model elements but to allow dynamic, organized extension of them - in the best case interactively - by arbitrary combination of element properties and procedural attachment or by regarding them rather more in the sense of dynamically instantiated and modified templates than as fixed model elements. Thus, dynamics in model elements may be viewed to extend the application scope of a hypermedia system by making the model elements adaptable.

Consequently, the technical question arises how an extensible type system should be designed. There are many approaches possible ranging from provision of no type system at all, prototyping (as often is done in Artificial Intelligence) up to strict but extensible typing. In general, the advantage of typing is that types can serve as guide for the structure of hypermedia documents, that they allow reuse of once defined patterns, and that they provide means to check consistency of hyperdocuments. For these reasons we are in favour of typed hyperdocuments which are adaptable to specific needs by means of extending the type system in an object-oriented manner.

However, typing should be understood as a guide to authoring but not as a restriction. We had made good experiences by combining prototyping and typing in the sense that a temporary model element - not yet established in the type system - may be created and forced to initiate the creation of an appropriate type by built-in traversal of the temporary model element at the moment of storing. This implies that temporary, self-describing model elements are kept in core memory (or on a special disk section). However, it must be emphasized that these facilities, how desirable they may be, are rather difficult to provide. Experiences of the HyperScript developments have shown this.

From an architectural point of view there are several questions involved ranging from the choice of the persistency service component and the programming language up to the overall architecture of the system. A functional architecture separating presentation and functionality aspects, a general design guideline for dialogue systems, can serve as the basic step for easily extensible system components. The choice of an object-oriented programming language provides the implementor with natural facilities for extensibility and tailorability. The large number, complexity and heterogeneity of different objects in a hyperdocument makes the use of a high-level storage service important (cf. /Glo 90/,

---

[2] The *tocs* of Textnet /Trigg 86/ may be viewed as a node representation of hyperarcs. However, there is no integration in the sense of the hypergraph theory.

page 9). Owing to the multimedia character of a hypermedia system, the storage service must be prepared to store text, graphic and image objects as well as audio or video data.

As a general guideline may serve that the conceptual distance between the hypermedia presentation tools and the storage service should be reduced to a minimum in order not to burden hypermedia tools with complicated and inefficient mappings to lower level services. As neither file systems nor traditional databases provide any special mechanisms for data other than formatted records and longfields, an object-oriented database constructed for the special needs of multimedia applications seems to be a better choice /Smit 87/. Furthermore, special hypermedia engines like HAM /Cam 88/ or Hyperbase /Schü 90/ guaranteeing little conceptual distance may be employed successfully in a hypermedia system.

3.   The Data Model of the HyperScript System

The conceptual data model of the HyperScript System had been designed with the aim to incorporate as few as possible basic concepts in order to obtain a model which is easy to implement in a performant manner and powerful enough to serve extensions like cooperative work /Grei 88/. The intention had been to keep the basic concepts small and hence maintainable without complicated dependencies on each other which would make efficient realization and smooth extension impossible. Furthermore, few but powerful concepts are much easier to learn, apply, and remember for an end user than a bulk of bad fitting concepts causing an unmanageable set of operations at the user interface level.

One may classify the basic data model (of the HyperScript system) as medium-oriented in the sense that a node corresponds to a single medium, window-oriented in the sense that a node corresponds to a visible window on the screen, and node-oriented in the sense that links are rather more regarded as a property of nodes than as autonomous objects per se[3]. However, as a fundamental design decision we regard static connections between nodes rather more in the sense of hyperarcs than as pointers to single objects. In this sense the model is hypergraph-oriented.

The fundamental and overall object category is a *hyperscript*. A hyperscript is a collection of hyperscript *nodes* connected to each other by *hyperlinks*. A node may simultaneously belong to different hyperscripts. One or more *tours* forming a filter criterion for hyperlinks and nodes may be assigned to each hyperscript. If a user has selected a particular tour for exploration just those nodes and hyperlinks are visible which belong to the tour. Hence, depending on the selection of a particular tour, a view of a hyperscript is realized tailoring the entire hyperscript to the particular context of the selected tour (e.g. a novice may select a beginners tour providing access just to nodes relevant for an overview of the script's content).

A node is an aggregate consisting of a media specific contents (e.g. text, graphic, image, audio, video), a list of hyperlinks referring to the source node as a whole, and a list of hyperlinks referring to the contents of the source node. Hyperlinks may be *static* or *dynamic*. Each static hyperlink consists of a list of *static links* (pointers) to other nodes,

---

[3]   Another approach is to treat links as autonomous objects. As far as this is not regarded as an implementation issue (where this approach may be quite reasonable) it opens difficult questions for the semantics of such links (e.g. in straightforward consequence such a link must be allowed to exist even if neither source nor destination nodes exist). Regarding them as associations between chunks of information seems for us to be more appropriate (but does not prevent implementation by some special index structures improving performance of queries over all links of a given type).

each dynamic hyperlink consists of an *evaluation condition* allowing to reference null, one or several other nodes. Thus, a hyperlink is a collection of links rather than a single link (since dynamic evaluation of references will introduce per se pointers to several nodes). Referential integrity of static links is ensured.

Nodes, hyperlinks and static links are typed providing the basic guide for built-in behaviour with respect to aspects of interactive exploration, referential integrity, media manipulation facilities, and special consistency constraints. The set of basic types is predefined. There is a facility to extend built-in type definitions thus allowing e.g. to construct a reference type *refinement* basing on built-in type declaration facilities. Note further, that typing is flexible in the sense that for example static links of different types may be brought into a static hyperlink provided the type of the static hyperlink allows to do so.

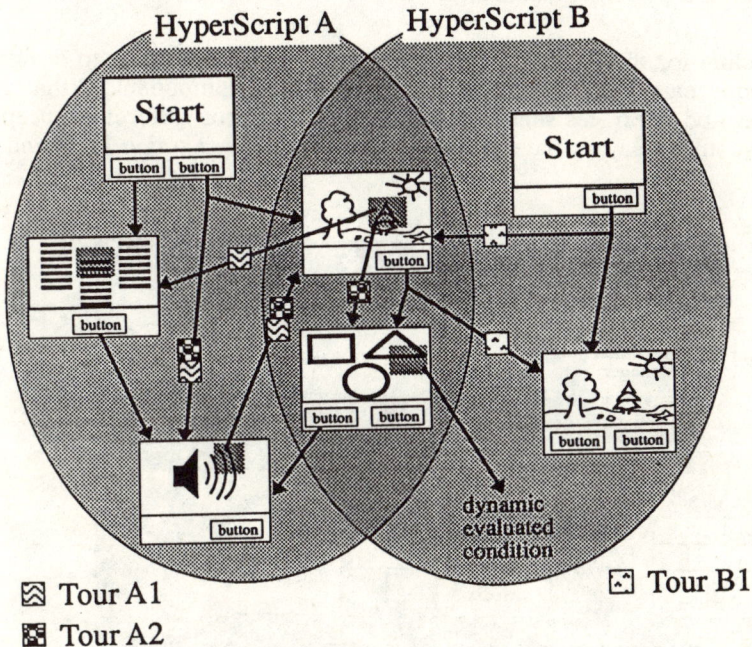

Figure 1: Data Modelling Concepts in HyperScript

The illustration above gives an impression how the overall structure of the basic model can be understood in terms of hyperscripts, tours, nodes, and hyperlinks.

Each data category - hyperscripts, tours, nodes, hyperlinks, and static links - has an extensible set of *attributes* attached. Some basic attributes like name or type are attached in a fixed manner, other attributes like description may be defined additionally at the type description level. These attributes are intended to serve as the basis for presentation at the user interface level, for stepwise exploration of an object, and for queries over hyperscripts. However, as a matter of consequence, a query is modelled in the sense that it establishes a dynamic hyperlink between a node (e.g. a query node collecting the set of all queries performed) and other nodes satisfying the query condition. Note, that a user both may decide to save a node containing queries or to erase it.

Insertion, deletion and update of attribute values is possible directly only for singles nodes. However, in order to model access to sets of nodes appropriately there is a set of attribute domains for hyperlinks available allowing e.g. to construct shared complex objects by attaching the value *composition* to a property attribute of a hyperlink. Thus, deletion of a hyperscript as a whole may be performed in two steps. At first, one has to establish a dynamic hyperlink with composition property and a selection condition for all nodes of the hyperscript. Afterwards the source node of this dynamic hyperlink has to be deleted thus triggering all affected nodes to get deleted too. The same working style may be applied for multiple insertions, multiple updates, and multiple imports.

4.   Architectural Issues within HyperScript

The general guideline for the design of the HyperScript system has been to design an architecture allowing easy mappings between the identified components - that is to design components and interfaces such that they do not rest upon different conceptual views of data. Two major layers have been designed - the *presentation layer* and the *functionality layer*.

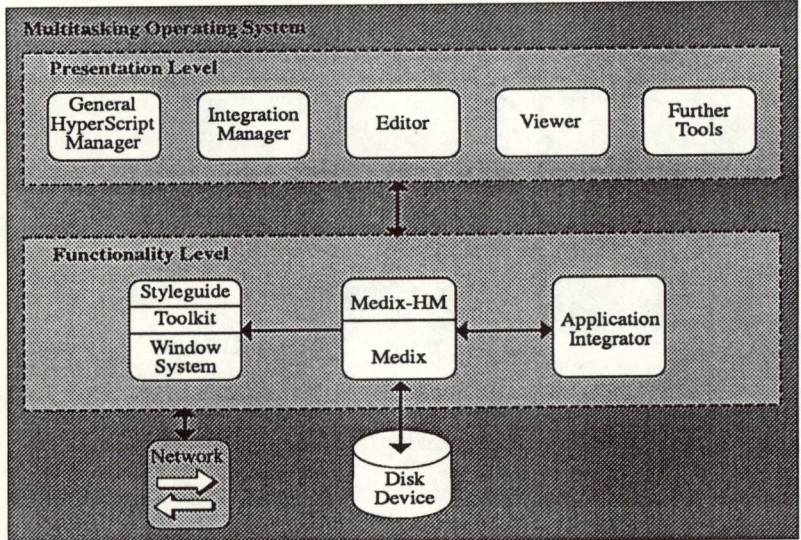

Figure 2: Architecture of the HyperScript System

The presentation layer is concerned with tool implementations which are intended to realize appropriate graphical user interfaces to underlying services of the functionality level. In the ideal case, only controlled combination of user interface and persistency services is required for realization of such tools (however, some compromises had been made). The functionality layer essentially provides services common for presentation purposes, persistency, extensible typing, query processing and consistency control.

The presentation level covers the *general hyperscript manager*, the *editors*, and the *viewers* (these components will be described in the next section) as major components. In addition, some media specific tools are part of the HyperScript environment like a sound utility and an application for image processing. These components use *Medix-HM*, an object-oriented multimedia repository developed at the TU, for manipulation of objects and the facilities of the *integration manager* to communicate with each other.

The integration manager administrates interface specifications affecting all applications available in the HyperScript environment. For each application an interface specification consists of its input parameters, the node types that can be processed by the application, and the return values. These specifications are stored in the database and used for inter-application-communication: Every application using this feature is able to start another tool, to give a specific object to the tool for processing purposes and to receive the results of the process.

Consider the recording of sounds for example. The image editor is able to play sound objects but not to record them. If a user of the image editor wants to record a new sound, the editor uses the application integrator to start the sound editor for recording purposes. When the user finishes his work with the sound editor, the sound object is returned to the image editor for further use. The necessary communication is implemented by the application integrator component as part of the functionality layer.

The functionality level covers three components serving as basic modules for the presentation layer: the already mentioned storage component Medix-HM, the user interface toolkits, and the already described application integrator. The multimedia database *Medix* is an object-oriented repository for all sorts of media like audio, video, graphic, image, or text data. It has a specific interface for hypermedia applications called Medix-HM that provides all functions essential for the HyperScript system. Its basic functionality is comparable to functionality provided by HAM /Cam 88/ or Hyperbase /Schü 90/.

Programming is performed by use of C++ since an object-oriented programming language is a premise for extensibility and reuse. Although C++ does not provide a mechanism for dynamic typing - a functionality being available for example in Smalltalk - we prefered C++ because of it's close relation to C. C allows efficient programming and guarantees the greatest possible portability. The user interface is based on X-Window. The toolkit used for the implementation of the user interface is InterViews /Lint 87/, a public domain product of MIT. InterViews is an object-oriented toolkit for X-Window that is implemented in C++.

The *operating system* forms the fundamental layer for the HyperScript system. It has to be a multitasking system because all modules mentioned above are separate applications and from the operating system's point of view are separate processes running simultaneously. Furthermore it has to provide a network interface with standard protocols.

5. The User Interface of the HyperScript System

From a user interface's point of view the HyperScript system is a window-oriented application that covers the general hyperscript management component, viewers and editors as major components. Each of them uses a separate window, being constructed in the same manner: a window includes a title bar with the windows' name, a status line displaying the active options, a menu bar with predefined and context specific pull-down menus, the work area, and buttons for specific facilities. The selection of menu items is done by using the mouse or shortcuts; menus respectively menu items that cannot be selected are invisible (e.g. due to tour selections).

The general hyperscript manager represents the starting point for sessions with the HyperScript system and encloses all functions essential to administrate nodes, types, and tours. The tours and nodes can be selected from a list and afterwards be deleted or changed. A new tour is created by choosing nodes for the new tour and defining their arrangement within the tour. Before creating a new node its type has to be determined. Afterwards the node editor is opened to create the contents of the node. New types of nodes may be defined with a type editor which is a subwindow of the base window. It provides predefined attributes and user defined parameters that can be selected by radio buttons while defining the type. In addition to this basic functionality there are several options as for example access control means.

After start of the hyperscript manager, a user can start the exploration of a hyperscript by opening a *viewer* (a viewer is an editor restricted to exploration) showing in particular the contents of a node and displaying his static and dynamic links to enable navigation between different nodes. Hence, a viewer is attached to each node and consists of some predefined menus, a media specific contents presentation facility, some media specific menus providing the operations to deal with the window's content, and some data specific facilities (e.g. buttons, inverse text segments) serving as the visual representation of hyperlinks. A contents hyperlink is represented by a visible sensitive area, a node hyperlink is presented as a button (like for example the *continue-on-tour* button). If a hyperlink is selected with the left mouse button a list of all its links is displayed; the default link of a hyperlink is activated by using the right mouse button.

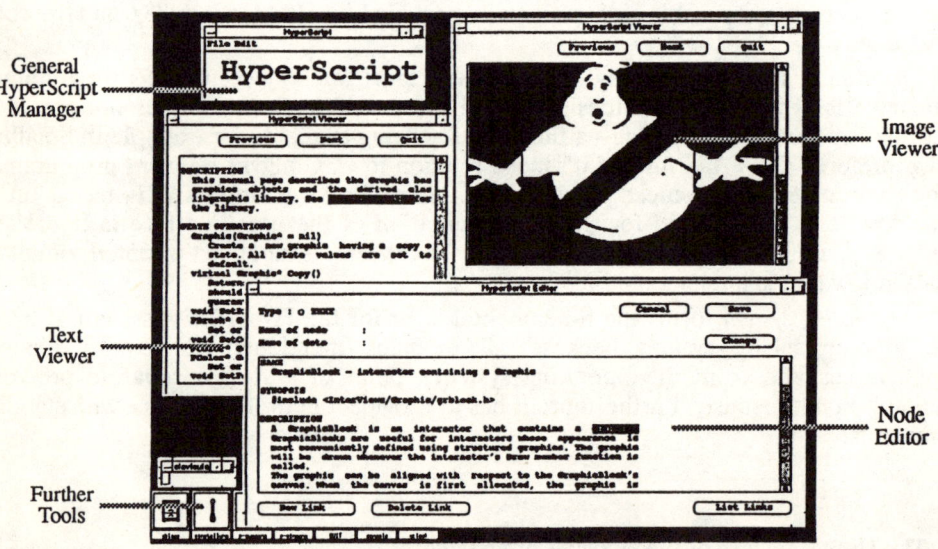

Figure 3: The User Interface of the HyperScript System

An editor contains the functionality of a viewer and additionally enables the manipulation of hyperlinks and the contents of a node. The administration of hyperlinks and links is analogous to the treatment of nodes and tours as described above: If a static hyperlink is selected all included links are displayed. Every link or even the hyperlink can be deleted or changed, new links can be created. To create dynamic hyperlinks, a built-in query editor is available. If a user is not permitted to change the contents of the node or to manipulate links, the corresponding menu items are not active.

Graphical browsers are not implemented yet. A implementation is planned in the near future.

6.   Limits in Dynamics

As sketched in the preceding section the HyperScript system in the current implementation is dealing with dynamic typing, dynamic links, and aspects of filtering according to the selection of a tour. The first two issues are realized within the functionality layer by the persistency component Medix-HM in order not to slow down performance of presentation level components (by forcing them to use several database calls and modelling facilities), the last is realized at presentation level (but planned to be put into Medix-HM).

Dynamic typing is a non-trivial design and performance problem especially if query processing facilities (used e.g. by dynamic links) with support by auxiliary search structures are intended to be realized in a hypermedia system. The problems mainly arise due to resource-intensive updates of these structures and stored objects. Standard solutions are to delay resource-intensive operations appropriately and/or to perform them concurrently to running applications. Since type definitions are not a very frequent operation these approaches seem reasonable in the context of hypermedia systems too and had been applied successfully in the Medix-HM system.

The realization of dynamic link facilities has strong impacts on the performance of the overall system and on built-in facilities of a storage server providing persistency services. In general, two approaches with respect to dynamics in link evaluation are possible: the programming approach by attaching functions written in terms of a programming facility and the somehow less general but principally more systematic approach to attach some declarative properties to a link especially including some kind of query expression. Provided one has access to all resources of concern and has a fairly complete programming facility the first approach is more powerful but has the major disadvantage that it is difficult to learn for non-programmer authors and not easily manageable due to procedural semantics of links. For these reasons we have decided not to supply a programming facility in the first implementation of HyperScript.

The design of links with dynamically evaluated query expressions has to deal both with aspects of contents related search (e.g. expressions affecting the textual contents of a node) and aspects of attribute related search. Contents related search in general is rather expensive even if it may be supported in a considerable manner by direct fitting search structures like for example signature files (medium text) or quadtrees (medium image). Facing the fact that thousands of node items may be affected by evaluation conditions the only chance to deal with large data volumes seems to be either to precompute the result set of dynamic links (by e.g. running a task on the database level just performing precomputation updates with respect to changes of the database objects) or to stick to techniques of document retrieval by implicit conversion of contents related information to descriptors.

In Medix-HM, contents related search is implemented only for the medium text by use of signatures and precomputations. Precomputation is done essentially by employing global lists of nodes not yet examined (this may happen due to creation of nodes or updates of them) and dynamic links not yet precomputed (this may happen due to creation of them). Experience shows that dynamic, contents-based link facilities can be used as a general facility provided dynamic links refer in general to node sets up to fivehundred. In most cases, this easily might be achieved by attaching additional attribute-based qualification criteria to the evaluation condition of dynamic links.

Attribute-based dynamic links (and combinations with contents related expressions) may be handled in a better way since a wide variety of search structures including extensible hashing, B*-trees or grid files is available providing reasonable access times. We have decided to stick to grid files as the basic search structure due to good performance for multidimensional direct attribute access including range queries. Queries along list attributes are not supported yet but planned for the near future. Other techniques are available in Medix but are discarded in Medix-HM for reasons of performance and space capacity. Precomputations are also performed in order to increase access performance.

It has turned out that dynamic display of visible links and nodes, as arising when tour-dependent access is performed, is not a major problem as far as stepwise exploration of a hyperscript is performed. In this case, dynamics reduces itself to scan the links of a node for tours and to display them appropriately. However, more advanced exploration guiding techniques /Fur 86/ are likely be more resource intensive.

7.   Discussion and Outlook

The emphasis in HyperScript on dynamics and integration of static and dynamic link facilities has its roots originally in shortcomings of available prototypes and commercial systems in dynamics. For example, Hypercard provides dynamics in the sense of programming facilities but makes it difficult to supply course material in terms of robustness and reuse. Dynamic links by use of query conditions has turned out to be of great importance in order to have consistent document behaviour especially in the authoring phase. The use of dynamic links makes complicated exchange of information whether new nodes have been established to some extent obsolete.

Extensible typing has turned out to be an important way to structure a hyperdocument systematically since only types with defined, declarative semantics can be part of a hyperdocument thus triggering a guide both for authoring and exploration (the system behaves in a predictable way). Finally, dynamic filtering on the basis of tours has emerged to be a prerequisite for information transfer to heterogeneous groups of users. However, the tour model is quite simple as compared to /Fur 86, Zell 89, Trig 88/. The current state of the user interface has some shortcomings too according to its prototype character

The architecture of the HyperScript system is presently only realized in parts. Medix and Medix-HM are implemented with restrictions to contents related search (only the medium text is available for contents related search) and transaction support. Editors and viewers are available for the node types text, image and audio. Work at further tools is in progress. However, practical experience has been collected with these prototypes for course material (two courses) thus causing the necessary feedback for improvements.

For the future it is planned to extend the facilities of Medix respectively Medix-HM to new media, reuse of linear information and contents related search with respect to image data. Furthermore enhancements in the direction of cooperative work including access control, annotation support and version control are planned. Strong emphasis will be put on the further development of the integration manager serving as the plug-in controller for future developments. Finally, the user interface of HyperScript is intended to be improved.

Acknowledgements

We thank all students contributing to the implementation of early prototype components in courses at the university. Furthermore, we thank our colleagues T. Rasmussen and A. Mühlhausen for several comments on the article.

Literature

/Aks 88a/ Akscyn, R.M.; Yoder, E.A.; McCracken, D.L.: "The Data Model is the Heart of Interface Design"; Communications of the ACM, Vol 31(7), pp 820-835; 1988.

/Aks 88b/ Akscyn, R.M.; McCracken, D.L.; Yoder, E.A.: "KMS: A Distributed Hypermedia System for Managing Knowledge in Organizations"; Communications of the ACM, Vol 31(7), pp 820-835; 1988.

/App 88/ Apple Computer, Inc.: "HyperCard Script Language Guide: The HyperTalk Language"; Addison-Wesley; 1988.

/Atk 89/ Atkinson, M.; Bancilhon, F.; DeWitt, D.; Dittrich, K.; Maier, D.; Zdonik, S.: "The Object-Oriented Database Manifesto", Proc. DOOD '89; 1989.

/Berg 73/ Berge, C.: "Graphs and Hypergraphs"; North Holland; 1973.

/Bor 91/ Bormann, U.; Bormann, C.: "Offene Bearbeitung multimedialer Dokumente - Normungsprojekte und Ergebnisse"; Informatik Spektrum, Vol 14(5), pp 270-280; 1991.

/Cam 88/ Campbell, W.; Goodman, J.M.: "HAM: A General Purpose Hypertext Abstract Machine"; Communications of the ACM, Vol 31(7), pp 856-861; 1988.

/Conk 87/ Conklin, J.: "Hypertext: An Introduction and Survey"; IEEE Computer, Vol 20(9), pp 17-41; 1987.

/Del 86/ Deslisle, N., Schwartz, M.: "Neptune: A Hypertext System for CAD Applications"; Proc. ACM SIGMOD Intern. Conf. Management of Data, pp 132-143; 1986.

/Enge 68/ Engelbart, D.; English, W.: "A Research Center for Augmenting Human Intellect"; Proc. FJCC 33 (1), pp 395-410; 1968.

/Enge 84/ Engelbart, D.: "Authorship Provisions in Augment"; Proc. IEEE Compcon Conf.; 1984.

/Fur 86/ Furnas, G.W.: "Generalized Fisheye Views"; Proc. CHI '86; 1986.

/Glo 90/ Gloor, P.A.: "Hypermedia - Anwendungsentwicklung"; Teubner Verlag Stuttgart; 1990.

/Grei 88/ Greif, I.: "Computer Supported Cooperative Work: A Book of Readings"; Morgan Kaufmann Publishers; 1988.

/Haak 91/ Haake, J.M.; Hannemann, J.; Thüring, M.: "Ein Ansatz zur Organisation von Hyperdokumenten"; Proc. Hypertext/Hypermedia '91; Springer Verlag; 1991.

/Hal 88/ Halasz, F.G.: "Reflections on Notecards: Seven Issues for the Next Generation of Hypermedia Systems"; Communications of the ACM, Vol 31(7), pp 836-852; 1988.

/Kuhl 91/ Kuhlen, R.: "Hypertext - Ein nicht-lineares Medium zwischen Buch und Wissensbank"; Springer Verlag; 1991.

/Lint 87/ Linton, M.A.; Calder, P.R.; Vlissides, J.M.: "InterViews: A C++ Graphical Interface Toolkit"; Proc. USENIX C++ Workshop, Santa Fe, New Mexico, 1987.

/Pear 87/ Pearl, J.: "And/Or Graphs"; in Shapiro, S.C.: "Encyclopedia of Artificial Intelligence", Vol 1, pp 7-8; Wiley; 1987.

/Schw 87/ Schwartz, M.; Delisle, N.: "Contexts - A Partitioning Concept for Hypertext"; ACM Transactions on Office Information Systems, Vol 5(2), pp 168-186; 1987.

/Schü 90/ Schütt, H.; Streitz, N.A.: "Hyperbase: A Hypermedia Engine Based on a Relational Database Management System"; Proc. ECHT 90; 1990.

/Smit 87/ Smith, K.E.; Zdonik, S.B.: "Intermedia: A Case Study of Differences Between Relational and Object-Oriented Database Systems"; Proc. OOPSLA '87; 1987.

/Str 90/   Streitz, N.A.: "Hypertext: Ein innovatives Medium zur Kommunikation von Wissen"; in Gloor, P.A.; Streitz, N.A.: "Hypertext und Hypermedia - Von theoretischen Konzepten zur praktischen Anwendung"; Springer Verlag; 1990.

/Trig 86/   Trigg, R.H.; Weiser, M.: "TEXTNET: A Network-Based Approach to Text Handling"; ACM Transactions on Office Information Systems, Vol 4, pp 1-23; 1986.

/Trig 87/   Trigg, R.H.; Moran, T.P.; Halasz, F.G.: "Tailorability in Notecards"; Proc. Interact '87, 2nd IFIP Conf. Human-Computer Interaction; 1987.

/Trig 88/   Trigg, R.H.; Irish, P.M.: "Guided Tours and Tabletops: Tools for Communicating in a Hypertext Environment"; ACM Transactions on Office Information Systems, Vol 6(4), pp 398-414; 1988.

/Wood 75/   Woods, W.A.: "What's in a Link: Foundations for Semantic Networks"; in Bobrow, D.G.; Collins, A.M. (eds): "Representation and Understanding: Studies in Cognitive Science", pp 35-82; Academic Press; 1975.

/Zell 89/   Zellweger, P.T.: "Scripted Documents: A Hypermedia Path Mechanism"; Proc. 2nd ACM Conf. Hypertext '89, pp 1-14; 1989.

Hyperdocuments as user interfaces: Exploring a browsing semantic for coherent hyperdocuments

Jörg Hannemann, Manfred Thüring & Norbert Friedrich
Integrated Publication and Information Systems Institute (IPSI)
Gesellschaft für Mathematik und Datenverarbeitung (GMD)
Dolivostraße 15, D–6100 Darmstadt

e–mail: hanneman@darmstadt.gmd.de

Abstract

For moving hypertext out of the labs into a wide–spread use, it is crucial to improve the quality of its on–line presentation. To reach this goal, it is not sufficient to concentrate on navigation and neglect support for better comprehension. Improving the understanding of a hyperdocument can be accomplished by imposing a coherent structure on the document and by conveying it to the reader. In this paper, we describe an approach which follows this idea: Based on a construction kit for coherent hyperdocuments, we have developed a user interface which combines the presentation of structure and content with additional orientation cues and facilities for comfortable navigation. Using a prototypical hyperdocument as an example, this browsing semantic is explained and its impact on comprehension and navigation is dicussed.

Keywords: Rhetorik of hypertext, coherence of hyperdocuments, user interface design, browsing semantic, comprehension and navigation

1   Introduction

Although hypertext and hypermedia applications have been attracting a lot of attention for the last five years it seems that they still have a strong academic flavor – at least if it comes to the taste of the average practitioner. For moving hypertext and hypermedia beyond the boundaries of the research lab, especially one issue seems to be crucial: How can we improve the quality of hyperdocuments by easing navigation and by increasing their comprehensibility?

The answer to this question might be the key which finally opens the door for this new technology into the domain of real world applications, like electronic publishing or technical documentation. Therefore, it is not surprising that Halasz, revising his 'seven issues' in the final keynote talk at Hypertext '91, declared the *rhetoric of hypertext* to be 'an issue of its own' and characterized it as a 'hot topic' (Halasz, 91).

Traditional rhetoric considers sentences and paragraphs as basic units of a document and focusses on their structuring and wording. Hypertext, on the other hand, shifts interests not only to new design units, like nodes and links, but also to the layout of the screen (Carlson, 1989; Marshall & Irish, 1989). For a hyperdocument, the computer screen is as crucial as the page is for a book. Therefore, many hypertext designers regard the interface of a hypertext system as its most important feature: Brown states that hypertext systems should be as 'simple to use as a television set' (1986, p. 176), and Shneiderman et al. (1991) predict a brighter future for hypertext applications if the user interface for browsing can be made more attractive and effective. According to Nielsen (1990), the classification of a system as a *hypertext* system should even depend more on the 'look and feel' of its user interface than on the commands and data structures that it provides. Hypermedia documents and interface tools are intimately bound up with each other. This tight coupling is found no where else in interface design, and it is this combination that is specific for hypermedia interfaces (Waterworth, 1990).

The relevance of interface design becomes even more apparent when we take a closer look at the difficulties that may arise for the readers of a hyperdocument. For once, it can be tough to find one's way through a hyperdocument, i.e., many readers experience a growing feeling of *disorientation* while navigating through the document. Beside of 'getting lost in hyperspace' (Conklin, 1987), they often have difficulties in *comprehending* a hyperdocument, i.e., they do not understand the relation between nodes which are connected by a link. Disorientation and deficient comprehension probably have the same cause: readers are impeded in forming a *coherent* mental representation of the document. Therefore, many hyperdocuments appear as chunks of loosely related information rather than as coherent entities.

Especially two factors contribute to this impression. First, hyperdocuments often do not provide an adequate overview of their structure. Therefore, the reader does neither recognize the main topics of the document nor their relationships. Second, many hyperdocuments do not appropriately represent the semantics of their links. Moreover, they do not preserve the context of the information in the node which is actually being presented. Therefore, the reader does not understand the proper relation between pieces of information that belong to different nodes.

As a consequence, many hyperdocuments are of low quality: 'This is not because authors are not creative or not talented but because, in a new discipline, it is inevitable that most authors are inexperienced and the tools they are using are crude. The present state–of–the–art of hypertext authorship can be equated to the state of programming in the fifties.' (Brown, 1990, pp.1).

To overcome this unsatisfying state, authors need support for the accomplishment of two tasks:

♦ the development of a coherent document *structure* and

♦ the design of a coherent document *presentation*.

For *structuring* a hyperdocument, several models have been advanced in the recent future[1], e.g., the Trellis Model (Stotts & Furuta, 1989), the Hypertext Design Model (Garzotto, Paolini & Schwabe, 1991), the MacWeb Hypertext Model (Nanard & Nanard, 1991), and the Hypermedia Templates (Smith Catlin & Garrett, 1991), but none of them explicitly addresses the problem of coherence. Therefore, a construction kit has been devised by Thüring, Haake and Hannemann (1991) which provides a set of design objects particularly dedicated to increase the coherence of hyperdocuments.

For *presenting* a hyperdocument in a coherent fashion, some interesting concepts have been proposed, like table tops and guided tours (Trigg 1988; Marshall & Irish, 1989). Although much can be learned from these approaches for the presentational part, they do not offer design objects which exclusively focus on the coherent *structuring* of a document. In order to combine the benefits of an adequate presentation with the advantages of a coherent document structure, a presentation style is needed which maps that structure onto a reader–oriented interface by preserving its coherence and by providing additional navigation facilities. Such

---

1. Another model is the Dexter Hypertext Reference Model (Halasz & Schwartz, 1990), but this approach does not aim at the authoring process. Instead, it provides a formalism to describe hyperdocuments for the purpose of interchanging information between different hypertext systems.

presentation styles as well as the construction kit proposed by Thüring, Haake and Hannemann (1991) are integral parts of the hypertext authoring environment SEPIA[2] (Streitz, Hannemann & Thüring, 1989), which is currently being developed at GMD–IPSI[3].

In the next section, we will introduce the basic elements of the construction kit. A presentation style which is based on that kit will be described in section 3. The impact of both facilities for comprehension and navigation will be discussed in section 4 at the end of this paper.

2   The construction kit

The construction kit (Thüring, Haake & Hannemann, 1991) has three components corresponding to the three traditional levels of rhetorical intervention: the content part, the organizational part, and the presentation part. Each of these components contains specific hypertext design objects.

The **content part** consists of design objects for the representation of facts. There are *atomic* content nodes and *composite* content nodes as well as typed content *links* that specify the relationships between nodes. Since composite content nodes can represent any combination of content nodes and links the resulting hypertext structure is a layered net. Authors can employ the design objects of the content part to represent all semantic relations between chunks of information which they consider as relevant. This is extremely important for supporting the initial phase of creating a hyperdocument during which authors gather different materials and relate them to each other on logical or domain specific grounds. When using the design objects of the content part, authors can solely concentrate on creating information and establishing semantically important relations. They do not need to bother about the needs of specific groups of readers because these are taken care of by the organizational part of the construction kit.

The **organizational part** contains design objects for structuring hyperdocuments under a reader-oriented perspective. Authors can select node link structures from the content part and attach them to these organizational objects in order to create reader specific versions. For this purpose, the organizational part provides *structure nodes* and *structure links* which enable authors to present segments of the content part either as a linear structure or as a net: *Sequencing nodes* and *sequencing links* make it possible to group content nodes into reading paths while *exploration nodes* represent node–link structures of the content part and are tied in with the hyperdocument by *exploration links*. Authors can use sequencing nodes and links whenever they feel that parts of their document should be presented in a specific order, i.e., as linear, branching or conditional paths (Zellweger, 1989). In addition, they can use exploration nodes and links when they want to allow their readers to break away from sequential reading. In this case, they can establish an exploration link that leads from the inside of a node in a path to an exploration node. Such an 'embedded link' takes the reader to a section of the content part which he can freely 'explore'. He can browse through this part without any organizational restrictions that might constrain his navigation.

Figure 1 gives an overview of the design objects that belong to the content and organizational part.

---

2.   SEPIA stands for Structured Elicitation and Processing of Ideas for Hypertext Authoring.

3.   IPSI is the Integrated Publication and Information Systems Institute of the German National Research Center for Computer Science (GMD).

When authors employ the organizational design objects of the construction kit, they do not need to care about details of presentation. Instead, they can choose a predefined style from the **presentation part** of the construction kit when they want to define the interface which is finally used by their readers. Three styles are distinguished:

◆ In the **textual** style, only the *content* of nodes is presented. There is no graphical browser and the reader navigates through the document by activating buttons which are embedded in the nodes.

◆ In the **graphical** style, the document structure is presented in a graphical browser and the reader moves through the document by traversing links. Only one node can be activated at a time and its content is displayed in another window.

◆ In the **combined** style, different parts of the document structure can be presented in dedicated graphical browsers and more than one node can be open at a time. The reader can use several facilities for navigation, e.g., browsers as well as buttons.

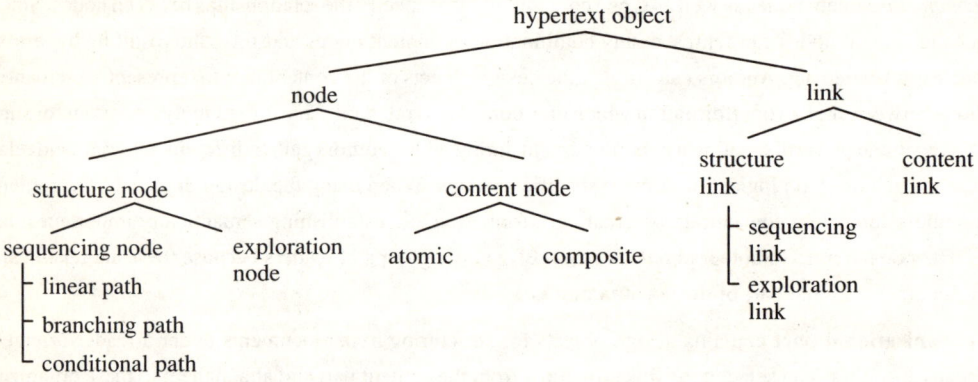

Figure 1: Hierarchy of design object classes

Since the content and the organizational part of the construction kit have already been extensively described elsewhere (Haake, Hannemann & Thüring, 1990; Thüring, Haake and Hannemann, 1991), we will now focus on its presentation part. The combination of presentation styles and structure nodes yields different classes of browsing semantics (Stotts & Furuta, 1989) which determine the dynamical properties and the actual visualization of the hyperdocument. In the next section, we will describe a user interface that provides a specific browsing semantic based on the combined style for presentation. According to our approach for designing *coherent* hyperdocuments, we will show how specific structuring objects of the construction kit can be connected to a specific screen layout, orientation cues and navigation facilities thus increasing coherence in non–linear structures.

3   A browsing semantic for coherent hyperdocuments

In order to illustrate our ideas about a reader–oriented interface design for hyperdocuments, we will use one specific hyperdocument as an example. This document represents the debate about the intelligence of computers caused by John Searle's article "Minds, Brains, and Programs" which addresses the question if computers can think in the same way as humans do. It was written in 1980 and since then has provocated many replies leading to a complex net of issues, subissues, contrary positions, and opposing arguments. A good part of this net of interrelated information is represented in a hyperdocument entitled "John R. Searle contra AI". The document belongs to one issue of the electronic magazine *is–News* (Individualized Science News) which is currently being developed as an experimental environment for electronic publishing at GMD–IPSI (see Putz & Neuhold, 1991).

3.1   The overall screen layout

A 'page' of the hyperdocument is illustrated by figure 2. Beside the document itself, the screendump shows several navigation and help facilities (i.e., the buttons 'Navigator' and 'System–Info' at the top, and the ar-row–shaped buttons at the right bottom). Their functionality will be described in section 3.5.

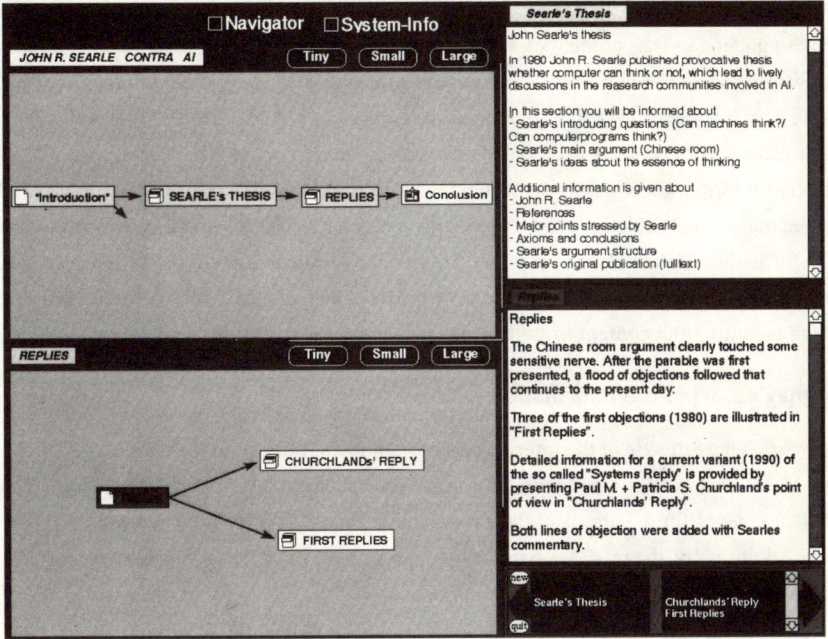

Figure 2: The screen layout

In our example, the document is presented in the *combined style* in which graphical information about the document structure is shown together with the content of several activated nodes in different windows. The windows are positioned according to a stable principle: the screen is divided into four distinct areas each dedi-cated to display a specific type of information. On its vertical dimension the screen is split into two halfs, i.e., *structural* information is given on the left side while *content* information appears on the right. On the horizon-tal dimension, the screen is split into a bottom area for currently *activated nodes* and a top area for their *prede-cessors*.

With respect to increasing the coherence of a hyperdocument, the partition of the screen along the two dimen-sions yields three advantages. First, it establishes a close correspondence between the structure of the docu-ment and its presentation. Second, it provides an overview of the part structure which is essential for compre-hension and navigation. Third, it reduces the impression of fragmentation because it temporally preserves the context of the actual node by displaying the content of its predecessor in another window. Moreover, the fixed format of the interface avoids an additional overhead which would result from opening, positioning, resizing, and closing windows manually.

3.2   Displaying the content of nodes

According to the vertical dimension, all content is displayed in the right half of the screen. Both windows in this half are scrollable and can therefore display texts of any length. The window at the bottom is reserved for the presentation of the currently activated node. When a new node is opened its content replaces the content of the former activated node in this window. At the same time, the content of the former node is moved to the window above where it replaces the information of its own predecessor. Additionally, its fontsize becomes smaller and thinner thus indicating a diminished actuality.

In attempting to understand the content of a new node, a reader basically has two goals in mind: he wants to extract its new information and he wants to relate this information to the content of other nodes which he has visited before. This strategy is called 'given–new–strategy' (Clark & Haviland, 1974) and is regarded as one of the basic processes in text comprehension. With respect to hyperdocuments, it leads to an integrated mental representation of information which is distributed over different nodes. Preserving the content of the predecessor of the actual node in a dedicated window efficiently supports this strategy. Since the reader can see the 'given' information of the old node in parallel to the 'new' information of the actual node he can quickly detect semantic relations between both sources. As a result, he can easily integrate the new information in his memory thus joining the content of both nodes in a coherent mental representation.

3.3   Displaying structural information

Figure 2 shows that the left side of the interface conveys information about the document structure. The two windows on this side are not equipped with a scrollbar. Instead, the reader can enlarge or reduce their internal scale by pressing one of three buttons at their top panel ("tiny","small","large") which provide a zooming functionality. Additionally, the reader can move the whole graph in any direction to make hidden parts of the structure visible.

In both windows on the left, specific icons are used to indicate different node types:

- ◆ a filer for composite nodes[4] which contain other nodes (e.g., 'SEARLE'S THESIS'),
- ◆ a paper sheet for atomic nodes representing text (e.g., 'Introduction'),
- ◆ a painting–icon for atomic nodes with graphics or photos (e.g., 'Conclusions'), and
- ◆ a loudspeaker or a small camera for atomic nodes containing audio resp. video sequences.

Additionally, if an atomic node contains embedded exploration links they are indicated by a short blue arrow at the lower right corner of the node rectangle. (e.g. 'Introduction').

As can be seen from figure 2, the upper window on the left displays the content of the composite node 'JOHN R. SEARLE CONTRA AI' which represents the top level of the document. This composite consists of a linear

---

4.   Additionally, composite nodes are labelled in capitals in contrast to atomic nodes which are labelled in small letters.

sequence of four nodes. The third node in this sequence is labelled 'REPLIES' and is another composite. The display of its content in the window below shows that it contains a branching path starting from an atomic node which carries the same name as the composite itself ('Replies'). This atomic node is the reader's actual location and its content is accordingly displayed in the right bottom window.

The example demonstrates that the interface offers the opportunity of visualizing hierarchically nested structures. While the upper window displays the context of the currently activated sequencing node ('REPLIES'), the lower window displays the internal structure of this node. The relation between both windows is analogous to the windows showing content information: While the bottom window presents the structure in which the reader is *actually located*, the top window presents its *predecessor* which belongs to a higher hierarchical level. This means, the reader has reached his current position by opening the composite 'REPLIES' in the linear sequence. As a consequence, the content of this node is displayed in the bottom window and its predecessor ('JOHN R. SEARLE CONTRA AI') is shown in the window above.

With respect to navigation and comprehension, several advantages arise from the visualization of structural information. First of all, it facilitates navigation. The reader has a clear impression of his current location and can easily decide where to go next. Since he still perceives the structure that has determined his recent moves he can reconstruct his last steps thus escaping the impression of getting lost. Moreover, he can see which alternative steps he has *not* taken lately and may go back to a former location in order to revise a decision.

With respect to comprehension, the visual presentation of structural information increases the global coherence (see van Dijk & Kintsch, 1983) of the document. The reader *directly sees* the different document levels and can quickly comprehend their relations. In figure 2 for example, he can easily find out that there are two kinds of replies to Searle's Thesis, i.e., 'FIRST REPLIES' and 'CHURCHLANDS' REPLIES'. Such information should lead to a deeper understanding because it supports the development of a mental macrostructure (van Dijk & Kintsch, 1983), which is the basis for comprehending the gist of a document.

As mentioned in section 2, SEPIA's construction kit offers two kinds of structural composites: sequencing nodes and exploration nodes. Each of them represents a specific part structure and entails a different type of browsing behavior. For their presentation, we distinguish between two graphical modes. Sequencing nodes are displayed in the *pathview* while exploration nodes are shown in the *netview*.

3.3.1 Pathview: The presentation of sequencing nodes

Sequencing nodes provide the opportunity to define different kinds of presentation sequences. Following Zellweger (1989), we distinguish between sequential, branching and conditional paths (see fig. 2). A sequential path is shown in the upper window, a branching path in the lower window of figure 2.

While sequential and branching paths are static, conditional paths are dynamic and depend on the reader's previous actions. At a specific point in the path, the reader cannot reach *all* next nodes any more, but only a subset which is automatically computed. Figure 3 shows such a conditional path. Starting from the node 'First Replies', the reader can choose between three alternatives for his next move: 'Robot Reply', 'Systems Reply' and 'Brain Simulator Reply'. If he follows the link to 'Robot Reply' for instance, the links between 'Searle's Rejections' on the one hand and 'Searle: System Reply' resp. 'Searle: Brain Simulator Reply' on the other hand are removed. The result is shown in figure 4. When the reader later reaches 'Searle's Rejection' only the node 'Searle: Robot Reply' will be accessible.

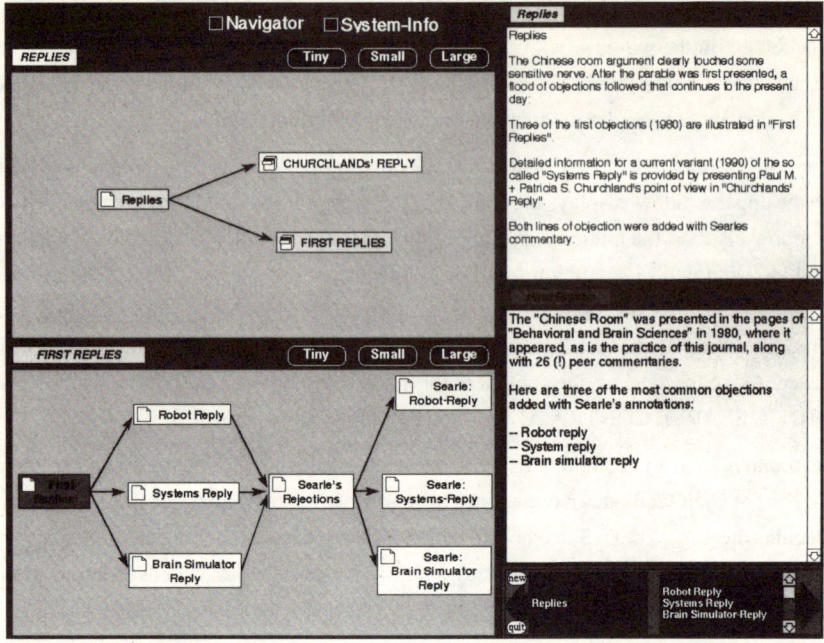

Figure 3: Dynamical Path (a)

Sequencing nodes and their presentation in the pathview enable the author to guide his readers the way he considers as best. He will use these concepts whenever he believes that parts of his document must be read

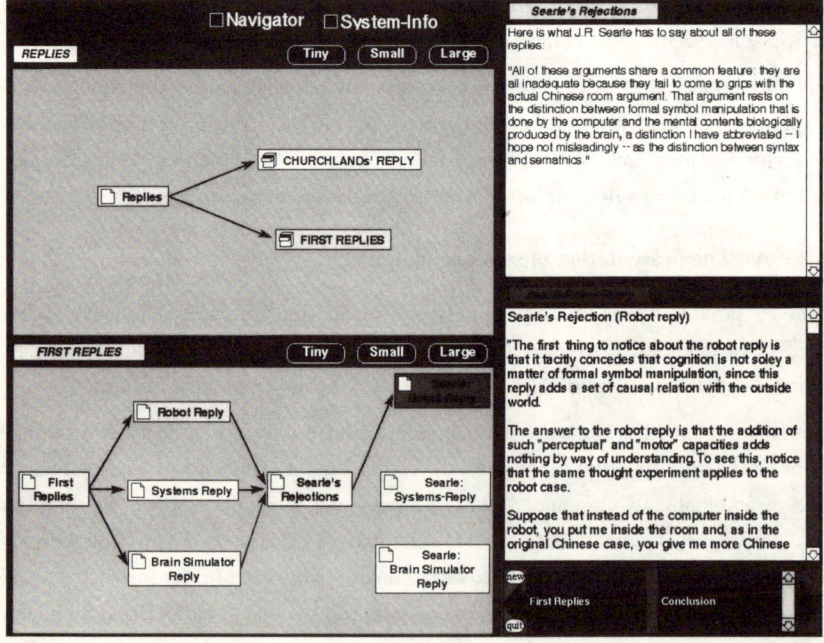

Figure 4: Dynamical Path (b)

in a specific sequence to be comprehensible. Compared to linear and branching paths, the concept of conditional paths provides additional support for tailoring information to the specific needs of a reader. Since a conditional path dynamically adapts to the actual navigation, it can be employed to construct comprehensible paths which are determined by prior information.

3.3.2 Netview: The presentation of exploration nodes

In contrast to sequencing nodes, exploration nodes do not present paths, but a net of nodes and links. An example is given in figure 5.

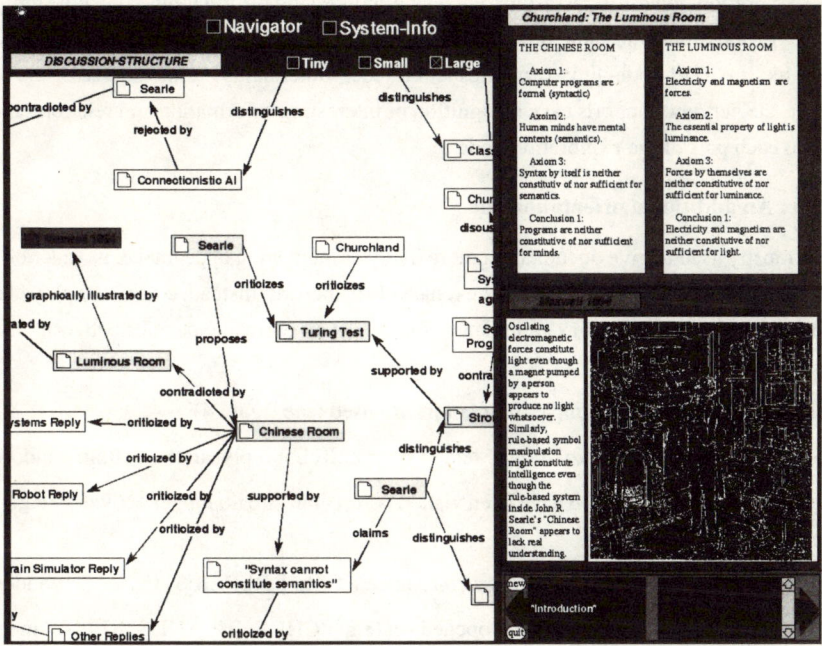

Figure 5: Exploration Node

An exploration node can only be reached by executing an exploration link which is embedded in a node on a path. When a reader has finished his browsing through an exploration node he is automatically taken back to that starting point.

The nodes of an exploration node can be visited in any order. Links have no impact on navigation, but are used to indicate semantic relations. Since readers should understand these relations without difficulties the labelling of nodes and links requires special care. Authors who use SEPIA's construction kit are therefore provided with a specific taxonomy of typed links (see Thüring, Haake & Hannemann, 1991) and are recommended to follow a simple guideline: The names of each 'source–link–destination' unit should constitute a simple sentence.

Since exploration nodes provide a completely unconstrained access to information the danger of getting lost is very high – especially if a net included nested structures. Therefore, the construction kit does not allow hierarchical nesting of exploration nodes. Consequently, the content of an exploration node is a flat net and the whole left half of the screen can be used for its presentation[5]. The right half again displays the content of nodes: the bottom window contains the information of the actual node while the top window shows the information of the node which has been visited before.

For an author, exploration nodes are a valuable supplement for structuring his document. He can use this kind of node when he feels that his readers do not require any guidance and will find it interesting to browse freely through a space of heterogeneous information. This might be the case when the exploration node offers more details about a specific concept mentioned in an atomic node or when it presents sophisticated background information.

For a reader, exploration nodes offer a fascinating way of processing information. They give him the utmost freedom of navigation and at the same time minimize the danger of getting lost since the netview provides a comprehensible 'map' of node–link–structures and a 'back functinality' to the source of the exploration link. Moreover, the netview supports easy recognition of interesting information and relations and provides direct access to each part of the exploration node.

3.4   Color: An additional orientation cue

While color is mostly used to give documents a more lively or interesting appearance, its function in the presentation part of SEPIA's construction kit is not exclusively esthetical. Instead, color is employed as an additional cue for orientation and serves as an indicator for important correspondencies between visual objects of the interface.

In the graphical browsers of our example, four colors are used (see figure 4)[6]:

♦ Red indicates the reader's *actual atomic* node ('Searle: Robot reply' in the bottom window).

♦ Pink is the color of nodes which have been visited before, but are no longer activated (e.g., 'Robot reply' in the bottom window).

♦ Orange is used for the reader's *actual structure* node ('FIRST REPLIES' in the top window).

♦ White are all nodes which have not been opened yet (e.g., 'CHURCHLANDS' REPLY' in the top window).

This consistent variation of colors helps readers to see where they are (red resp. orange), where they have been (pink), and where they can go for new information (white).

The identity of nodes which are displayed in different windows is indicated by the *same* color (and of course by identical names). In figure 4 for example, the actual structure node 'FIRST REPLIES' in the left top window and the label 'FIRST REPLIES' of the left bottom window are both orange thus pointing out that the bottom window displays the content of the orange node that is contained in the top window. Other correspondencies exist between graphical browsers and content windows. For example, the currently activated atomic node 'Searle: Robot–Reply' is represented by the red rectangle in the left bottom window and by the red label of the right bottom window.

---

5.   Future versions of the interface will also allow for displaying composite content nodes in the netview.

6.   Unfortunately, we cannot present colored figures here, but we hope that black, white and different shades of grey are sufficient to illustrate the real look of our interface.

The use of identical colors for identical objects helps readers to detect correspondencies at first glance and increases the coherence of a document at a *perceptual* or *visual* level. Therefore, color can be used as a valuable supplement to linguistic cues in order to point out relations which are crucial for comprehension and navigation.

3.5   Navigation facilities

The interface of our example supports several ways of moving through the document. Different facilities for navigation are provided by:

♦ the graphical browsers and content windows,

♦ a button panel, and

♦ a special tool, called 'Navigator'.

Navigation in a *graphical browser* is accomplished by clicking on nodes and depends on the kind of structure node that is presented: If the browser displays the content of a sequencing node, the reader can only follow predefined paths. For example in the situation given in figure 2, the reader could reach the node 'FIRST REPLIES' only after visiting its predecessor 'SEARLE'S THESIS'. A different situation arises for exploration nodes where the reader can reach any node at any time simply by clicking on it.

Besides its 'usual' content, an atomic node can contain embedded links, i.e., exploration links. In a *content window*, such links are shown as highlighted words. They can be activated by a mouse click and give access to the content of the referred destination, i.e., an exploration node is opened on the left side of the screen.

These possibilities for navigation are complemented by another facility which is not tied to graphical browsers or content windows and therefore allows for overall navigation independent from the current state of the windows on the screen: the *button panel* at the right bottom of the interface. The panel constists of two buttons, one for backward navigation on the left and another for forward navigation on the right. Each button contains the names of nodes which can be reached from the reader's current location. For navigating, the reader chooses a name from the list and activates it by a mouseclick.

Which nodes are listed in the buttons depends on the kind of structure node that is currently active. If the reader is moving through a *sequencing node* he is either following a linear path, a branching path or a conditional path.

♦ In a linear path, both buttons contain a single name. The forward button displays the name of the next node on the path while the back button shows the name of the predecessor of the actual node.

♦ In a branching or conditional path, both buttons can contain more than one name. If the reader *stands at* a branching point the *forward* button displays the names of all alternative next nodes (see figure 2). If the reader has already *passed* a branching point the back button displays the name of the latest node and the name of the branching point. Therefore, the reader can directly return to the latest point of decision where he has choosen his way from a set of alternative nodes. This is extremely useful if he wants to leave the current branch and take another choice.

When moving through an *exploration node*, readers usually prefer to use the graphical browser. Therefore, the button panel does not support forward or backward navigation in the net. Instead, it must be used to leave the exploration node: the back button of the panel contains the name of the atomic node from where the reader started his exploration. Figure 5 shows for example, that the exploration was started from the node 'Introduction'. When the reader clicks on that name in the panel, the exploration node disappears and he is taken back to his starting point.

The most sophisticated support for navigation and orientation is given by another tool called *'Navigator'*. It can be activated by clicking on its button in the top panel of the interface. When the tool opens, it completely overlaps the graphical browser in the left top window of the interface (see figure 6).

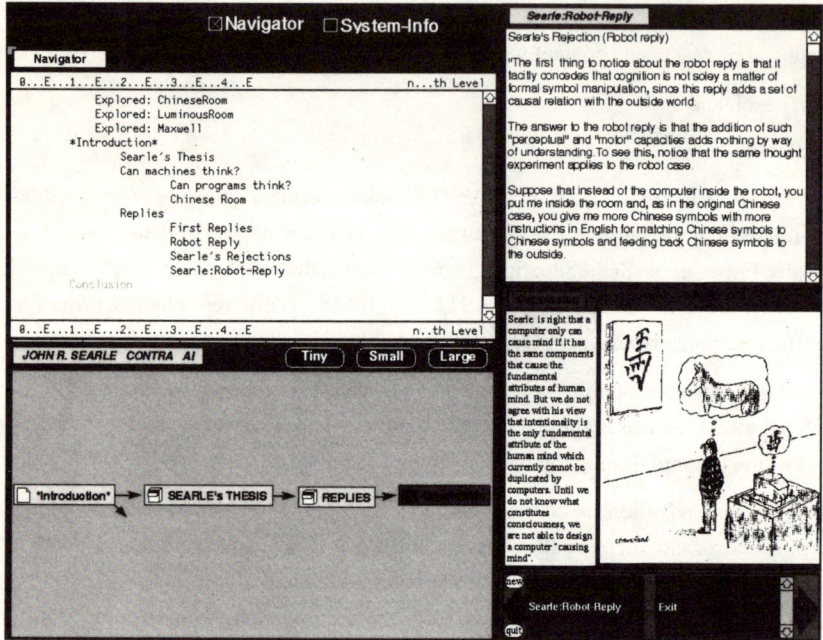

Figure 6: Navigator

The navigator provides three types of information which are very helpful for orientation and navigation:

1. It shows the history of a reading session by chronologically listing each node that has been visited during a session. Atomic nodes which have been opened while browsing through an exploration node are marked as 'explored' (e.g., 'Luminous Room' in figure 6).

2. It shows the currently activated atomic node which is simply denoted by the last name on the list.

3. It shows the number of hierarchical levels of the document and the reader's current position with respect to that hierarchy:

    (a) The number of levels is given by a scale at the top and the bottom of the navigator. In figure 6, this scale indicates that the presented document has four levels (due to the nesting of composite nodes).

    (b) In the list, the name of each node is indented in order to indicate to which level the node belongs. For example, 'Introduction' is at level 1 while 'Robot Reply' is at level 3 (see figure 6). With respect to his current location, the reader can therefore easily recognize his current position in the hierachy and can see how much deeper he can go.

The navigator does not only provide valuable information, but can also be used for navigation: It allows for direct backjumps to any location visited before simply by clicking on the desired node name.

Together, the navigation facilities of the interface offer a comfortable environment for moving through hyperdocuments. Since they are coupled with graphical information about the document structure, the danger of getting lost is minimized. First experiences with readers show that especially the navigator provides very valuable support: It not only indicates the reader's current location with respect to different levels of the document, but also tells him *how many* levels he has already traversed. Obviously, this information is important for recognizing the overall document structure and therefore greatly increases the comprehensibility of hyperdocuments.

4 Summary and conclusions

For improving the quality of hyperdocuments, it is not sufficient to concentrate on navigation and neglect support for better comprehension. Recent research has pointed out that the ability to navigate through a hyperdocument greatly depends on the reader's *understanding its content* (McKnight, Dillon & Richardson, 1991). A deeper understanding can be accomplished by imposing a coherent structure on the document and by conveying it to the reader. In this paper, we have described an approach which follows that idea: Based on a construction kit for coherent hyperdocuments, we have developed a user interface which combines the presentation of structure and content with additional orientation cues and facilities for easy navigation.

In order to increase coherence and to support navigation, we followed seven guidelines which we regard as crucial for the design of reader–oriented interfaces:

1. Visualize the structure of the document.
2. Reduce the impression of fragmentation.
3. Preserve the context of an information.
4. Ensure consistency.
5. Allow for guided reading as well as for unconstrained browsing.
6. Provide a reading history.
7. Reduce interaction overhead.

For the development of the user interface described in this paper, these guidelines led to:

- the employment of graphical browsers,
- the use of labelled links within exploration nodes,
- the preservation of preceeding information,
- the use of different colors, fonts and styles as additional cue for comprehension and navigation,
- the design of two different views (pathview and netview) with different constraints for browsing,
- the implementation of a tool (the navigator) which records the reading history and shows the reader's actual location in the hierarchal structure of the document,
- a stable screen layout and additional facilities for comfortable navigation (e.g., the button panel).

So far, we have not investigated the adequacy of our interface in a large empirical study, but first experiences with several readers support at least some of our design decisions. Especially, the graphical browsing facilities and the navigator seem to give valuable help. Although the employment of the navigator was optional, several people preferred to use it during their whole reading session.

More support for our ideas can be derived from results in cognitive science. For example, Johnson–Laird (1983) has pointed out that consistency of information is a mandatory precondition for constructing a coherent mental representation. Moreover, the results of several empirical studies provide evidence for the adequacy of our design decisions. Some experiments for instance have shown that readers perform better if a hyperdocument includes a graphical representation of its structure (Monk, Walsh & Dix, 1988; Simpson & McKnight, 1990; Dee–Lucas & Larkin, 1991). Like a map of a physical environment, graphical browsers seem to provide a valuable overview of an information space and help to clarify the relationships between linked information units. They can be regarded as a vital component of any hypertext environment since without them, it is difficult to form a mental representation of the hyperdocument and to navigate in a complex information space.

Other experiments revealed that navigation can be supported by providing a continuous record of information units which have already been read in an ongoing session. This agrees with studies about physical navigation which assume that knowledge of a current position is derived from knowledge of how you arrived there (Canter, 1984). With respect to hyperdocuments, Simpson and McKnight (1990) found that accuracy of performance improved as their subjects' ability to construct an accurate map of the information space increased. On the background of these results, the navigator of our interface appears as a very helpful tool since it combines information about the reading history and the reader's actual position with means for navigation.

Of course, evidence from related research is not sufficient for evaluating our design decisions. Therefore, one major part of our future work will consist of empirical studies about the interface that we described in this paper. These studies will investigate which of the interface components support the construction of a coherent mental representation and improve comprehension and navigation. We hope that this line of research will contribute to forming a 'new rhetoric' for hyperdocuments and will provide more guidelines for the design of reader–oriented interfaces.

Acknowledgements

We would like thank Christian Schuckmann and Boris Bokowski for their implementation work in Hyper-News and for their stimulating ideas about the graphical browsers and navigation facilities.

References

[Brown, 1986] P.J. Brown. Viewing documents on a screen. In S. Lambert & S. Ropiequet (eds.) *CD–ROM: the new papyrus,* pages 175–184. Redmond, WA: Microsoft Press, 1986.

[Brown, 1990] P.J. Brown. Assessing the Quality of Hypertext Documents. In A. Rizk, N.A. Streitz & J. André (Eds.), *Hypertext: Concepts, Systems and Applications, (Proceedings of the European Conference on Hypertext,* ECHT '90, Paris, France, November 1990), pages 1–12. Cambridge: University Press.

[Canter, 1984] D. Canter. Wayfinding and signposting: penance or prothesing? in R. Easterby & H. Zuruga (eds.) *Information Design,* pages 245–264. Chichester: John Wiley, 1984.

[Carlson, 1989] P.A. Carlson. Hypertext and intelligent interfaces for text retrieval. In E. Barrett (ed.) *The society of text,* pages 59–76. Cambridge, MA: The MIT Press, 1989.

[Clark & Haviland, 1974] H.H. Clark & S.E. Haviland. Psychological processes as linguistic explanation. In D. Cohen (ed.) *Explaining linguistic phenomena*. Washington: Hemisphere, 1974.

[Conklin, 1987] J. Conklin. Hypertext: An Introduction and Survey. *Computer Magazine*, 20(9): 17–41, 1987.

[Dee–Lucas & Larkin, 1991] D. Dee–Lucas & J.H. Larkin. *Content map design and knowledge structures with hypertext and traditional text*. Poster at the 3rd ACM Conference on Hypertext, San Antonio, Texas, December 15–18, 1991.

[Garzotto, Paolini & Schwabe, 1991] F. Garzotto, P. Paolini, D. Schwabe. HDM – A model for the design of hypertext applications. In *Proceedings of the 3nd ACM Conference on Hypertext (Hypertext '91)*, pages 313 – 328, San Antonio, Texas, December 15–18, 1991.

[Haake, Hannemann & Thüring, 1991] J. M. Haake, J. Hannemann & M. Thüring. Ein Ansatz zur Organisation von Hyperdokumenten. In H. Maurer, editor, *Proceedings of Hypertext/Hypermedia '91*, pages 119–134, Graz, Austria, May 27–28, 1991. Heidelberg: Springer, 1991.

[Halasz, 1991] F.G. Halasz. *"Seven issues": Revisited*. Final Keynote Talk at the 3rd ACM Conference on Hypertext, San Antonio, Texas, December 15–18, 1991.

[Johnson–Laird, 1983] P.N. Johnson–Laird. *Mental models*. Cambridge: Cambridge University Press, 1983.

[Marshall & Irish, 1989] C.C. Marshall & P.M. Irish. Guided Tours and On-Line Presentations: How Authors Make Existing Hypertext Intelligible for Readers. In *Proceedings of the 2nd ACM Conference on Hypertext (Hypertext '89)*, pages 15–26, Pittsburgh, PA, November 1989.

[McKnight, Dillon & Richardson, 1991] C. McKnight, A. Dillon & J. Richardson. *Hypertext in Context*. Cambridge University Press, 1991.

[Monk, Walsh & Dix , 1988] A. Monk, P. Walsh & A. Dix. A comparison of hypertext, scrolling, and folding as mechanisms for program browsing. In D. Jones & R. Winder (eds.) *People and Computers IV*. Cambridge: Cambridge University Press, 1988.

[Nanard & Nanard, 1991] J. Nanard & M. Nanard. Using structured types to incorporate knowledge in hypertext. In *Proceedings of the 3nd ACM Conference on Hypertext (Hypertext '91)*, pages 329–344, San Antonio, Texas, December 15–18, 1991.

[Nielsen, 1990] J. Nielsen. *Hypertext and Hypermedia*. San Diego: Academic Press, 1990

[Putz & Neuhold, 1991] W. Putz & E.J. Neuhold. is–News: A multimedia information system. *Data Engineering, 14(3): 16–25, 1991*

[Searle, 1980] J.R. Searle. Minds, brains, and programs. *The Behavioral and Brain Sciences*, (3):417–457, 1980.

[Shneiderman et al., 1991] B. Shneiderman, C. Plaisant, R. Botafago, D. Hopkins, & W. Weiland. Designing to facilitate browsing: A look back at the Hyperties workstation browser. *Hypermedia,* 3(2): 101–117, 1991.

[Simpson & Mc Knight, 1990] A. Simpson & C. McKnight. Navigation in hypertext: Structural cues and mental maps. In R. McAleese and C. Green (eds.) *Hypertext: State of the art,* pages 73–83. Oxford: Intellect, 1990.

[Smith Catlin & Garrett, 1991] K. Smith Catlin & L.N. Garrett. Hypermedia templates: An author's tool. In *Proceedings of the 3nd ACM Conference on Hypertext (Hypertext '91)*, pages 147–160, San Antonio, Texas, December 15–18, 1991.

[Stotts & Furuta, 1989] P.D. Stotts & R. Furuta. Petri–net–based hypertext: Document structures with browsing semantics. *ACM Transactions on Office Information Systems*, 7(1): 3–29, 1989.

[Streitz, Hannemann & Thüring, 1989] N.A. Streitz, J. Hannemann & M. Thüring. From Ideas and Arguments to Hyperdocuments: Travelling through Activity Spaces. In *Proceedings of the 2nd ACM Conference on Hypertext (Hypertext '89)*, pages 343–364, Pittsburgh, PA, November 5–8, 1989.

[Thüring, Haake & Hannemann, 1991] M. Thüring, J. M. Haake & J. Hannemann: What's ELIZA doing in the Chinese Room? Incoherent hyperdocuments - and how to avoid them. In *Proceedings of the 3nd ACM Conference on Hypertext (Hypertext '91)*, pages 161–177, San Antonio, Texas, December 15–18, 1991.

[Trigg, 1988] R.H. Trigg. Guided Tours and Tabletops: Tools for Communicating in a Hypertext Environment. *ACM Transactions on Office Information Systems*, 6(4): 398–414, 1988.

[van Dijk & Kintsch, 1983] T.A. van Dijk & W. Kintsch. *Strategies of Discourse Comprehension*. Orlando: Academic Press, 1983.

[Waterworth, 1990] J.A. Waterworth. Hypermedia interfaces for hypermedia documents. In A. Rizk, N. A. Streitz & J. André (Eds.), *Hypertext: Concepts, Systems and Applications, (Proceedings of the European Conference on Hypertext*, ECHT '90, Paris, France, November 1990), pages 356–358. Cambridge: University Press, 1990.

[Zellweger, 1989] P.T. Zellweger. Scripted Documents: A Hypermedia Path Mechanism. In *Proceedings of the 2nd ACM Conference on Hypertext (Hypertext '89)*, pages 1–14, Pittsburgh, PA, November 5–8, 1989.

HYDESIGN - Ein datenbankgestütztes Hypermediasystem für den modularen Entwurf komplex strukturierter Hypermedia-Dokumente

Michael Marmann, Gunter Schlageter

FernUniversität Hagen
Praktische Informatik I
Postfach 940
D-5800 Hagen 1

Abstract

HYDESIGN ist der Prototyp eines erweiterbaren Hypertext-/ Hypermediasystems, der an der FernUniversität Hagen entwickelt wurde. Die Datenmangementkomponente, die HYDESIGN-Engine, entstand auf der Basis des objektorientierten Datenbanksystems GemStone. Die erste Version einer graphischen Benutzeroberfläche, HYDESIGN-GUI, ist in Smalltalk-80 realisiert. Das Datenmodell von HYDESIGN wurde mit dem Ziel konzipiert, den Hypermedia-Designprozess durch mächtigere Strukturierungskonzepte und adäquate Modularisie-rungsmechanismen zu unterstützen. Gleichzeitig flexibilisiert HYDESIGN den Zugriff auf Hypermediaobjekte durch die Integration von Navigation und mengenorientiertem Zugriff. Einen weiteren Schwerpunkt bildete die Einführung von Konzepten für die Wiederverwendbarkeit von (strukturierten) Ressourcen.

Insgesamt zielt HYDESIGN auf einen strukturierteren Ansatz beim datenbankgestützten Entwurf komplexer Hypermedia-Dokumente ab, um auf diesem Wege unter anderem das vielzitierte Desorientierungsproblem ("getting lost in hyperspace") sowohl für Autoren als auch für Leser wirksam einzudämmen. Dieser Beitrag gibt einen Überblick über das HYDESIGN-Datenmodell, versucht dabei den integrativen Aspekt herauszuarbeiten und zeigt zukünftige Forschungsaktivitäten auf.

1. Einführung und Motivation

Die konzeptionelle Einfachheit des grundlegenden Hypermediaparadigmas[1] ist nicht ohne Probleme (Hypermedia wird im folgenden häufig durch HM abgekürzt). Ohne zusätzliche Strukturierungsmittel entstehen oft sehr große, globale und flache HM-Netzwerke (synonym verwenden wir auch HM-Dokument oder Hyperdokument), die letztlich sowohl für die Autoren als auch für die Leser schwer erfaßbar sind (vgl. [HHT91] [CaGa91]). Man verliert leicht die

---

[1] Für einen umfassenden Überblick über Hypermedia und verwandte Begriffe verweisen wir auf einführende Literatur zu diesem Thema, z.B. [Conk87] [Niel90].

Orientierung, und die gezielte Suche nach einer spezifischen Information wird erschwert. Für dieses *Desorientierungsproblem* [Conk87] sind bereits eine Reihe von Lösungsansätzen vorgestellt worden. Häufig wird versucht, diesem zentralen Problem mit graphischen Browsern, die zumeist Teilausschnitte des globalen Netzwerkes repräsentieren, entgegenzuwirken (z.B. Browserkarten in NoteCards [Hala88]). Aber auch graphische Browser können bei großen Teilnetzen recht unübersichtlich werden und unterstützen nur bedingt, was in [HHT91] mit *globaler Kohärenz* bezeichnet wird, nämlich die Schaffung übergeordneter semantischer Zusammenhänge. Aktuellere Ansätze verfolgen daher parallel dazu eine zweite Schiene, die Anreicherung des grundlegenden HM-Datenmodells mit flexibleren Strukturierungsmechanismen. Die zentrale Überlegung hierbei ist es, geeignete Zusammenfassungen von Knoten und Links vorzunehmen und diese als *höherwertige oder abstraktere HM-Objekte* aufzufassen, für die dann auch spezifische, höherwertige Operationen definiert werden können. Diese Entwicklung spiegelt sich auch in den Programmen großer Hypertextkonferenzen jüngeren Datums wider (z.B. [Casa91] [BoSh91] [CaGa91] in [HT91]).

HYDESIGN [MarSch92] [Lisk92] stellt eine Reihe erweiterter Strukturierungskonzepte für die Entwicklung komplexer Hypermedia-Netzwerke zur Verfügung. Dabei werden *verschiedene Typen von HM-Aggregaten und Kompositionsknoten* unterschieden. HM-Aggregate werden auf der Basis spezifischer *Aggregat-Linktypen* definiert. In dem nun folgenden zweiten Abschnitt werden die Grundzüge des HYDESIGN-Datenmodells vorgestellt. Wir folgen dabei einem objektorientierten Ansatz. Abschnitt 3 erläutert die Abfragesprache in HYDESIGN. In Abschnitt 4 werden verwandte Ansätze aufgezeigt, bevor in Abschnitt 5 wesentliche Ergebnisse zusammengetragen und zukünftige Entwicklungsrichtungen skizziert werden.

2. Übersicht über das Datenmodell von HYDESIGN

Abb.1 zeigt die dem HYDESIGN-Datenmodell zugrundeliegende Klassenhierarchie[2], die die Basis für die nun folgende Diskussion darstellt. Die Klasse `HypermediaObject` repräsentiert als Wurzel der Hierarchie das abstrakteste Konzept. Hier werden generelle Eigenschaften für *alle* Objekte in HYDESIGN festgelegt. Hierzu gehören zunächst strukturelle Merkmale, wie z.B. die Attribute `name`, `category` (ein zusätzliches Suchmerkmal), `creator` und `creationDate`. Diese Attribute gelten jeweils für alle Instanzen der Klasse `HypermediaObject` und ihrer Unterklassen. Darüber hinaus ist es in HYDESIGN möglich, HM-Objekte mit *individuellen Attributen* auszustatten. Dies ist in vielen Hypertextsystemen gängige Praxis und wird beispielsweise in der HAM [CaGo88] oder in der HM-Engine HyperBase [SchSt90] ähnlich gehandhabt. In der Klasse `HypermediaObject` werden auch einige operationale Eigenschaften (Methoden oder Operationen) definiert, z.B. Operationen, die

---

[2] Wir setzen elementare Kenntnisse aus dem Bereich objektorientierter Systeme voraus. Die von uns verwendete Terminologie ist an Smalltalk-80 angelehnt [GoRo83].

die oben angeführten (generellen und individuellen) Attribute einzelner HM-Objekte manipulieren.

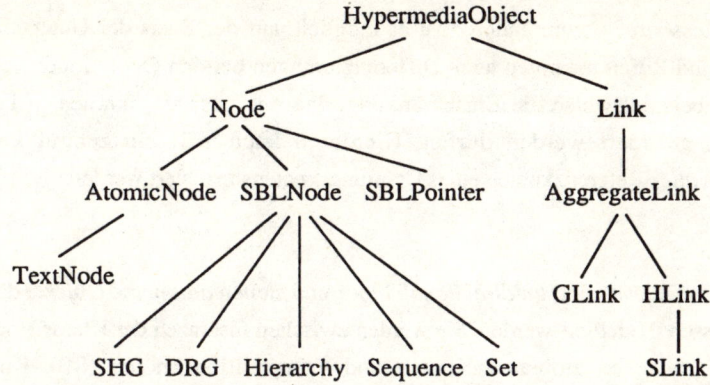

Abb. 1: Die HypermediaObject-Hierarchie in HYDESIGN

Aufgrund des begrenzten Raums, der für diesen Beitrag zur Verfügung steht, können nur einige ausgewählte Konzepte der Klassenhierarchie von HYDESIGN vorgestellt werden. Für eine ausführlichere Diskussion des Datenmodells sei auf [MarSch92] verwiesen. Im folgenden beschreiben wir grundlegende Eigenschaften der HYDESIGN-Basisobjekte *atomarer Knoten*, *Link*, und *SBL-Knoten*, die durch die Klassen `AtomicNode`, `Link` und `SBLNode` und ihren Unterklassen repräsentiert werden.

• *Atomare Knoten*

Atomare Knoten in HYDESIGN sind dadurch charakterisiert, daß sie (neben ererbten Attributen) ein zusätzliches Inhaltsattribut `content` besitzen. Dieses Attribut ist auf der Ebene des HYDESIGN-Modells atomar und wird auf der Anwendungsseite üblicherweise in einem separaten Fenster erscheinen. Die Klasse `AtomicNode` liefert die Grundlage für die Definition einer Reihe applikationsspezifischer Medientypen. In Abb.1 wurde als Beispiel die Klasse `TextNode` angeführt.

Als Unterklasse der Klasse `Node` erbt `AtomicNode` die HYDESIGN-spezifische Knotenfunktionalität. Knoten können kreiiert, referenziert (s.u.), kopiert, geändert und gelöscht werden. Nur Instanzen der Klasse `Node` werden als Quelle oder Ziel eines Links zugelassen. Beim Löschen eines Knotens werden, wie üblich, auch die eingehenden und ausgehenden Links gelöscht.

Eine Besonderheit, die HYDESIGN von der überwiegenden Mehrheit existierender Modelle und Systeme absetzt, ist eine explizite Operation für das *Sharing von Knoteninhalten* - die Referenzierungsoperation `createRefNode`. Diese Operation basiert auf dem Ansatz, daß in HYDESIGN *Knotenfunktion* und *Knoteninhalt* strikt voneinander getrennt sind. Die `createRefNode`-Operation erzeugt, angewendet auf einen existierenden Knoten

(*Ursprungsknoten*), einen neuen Knoten (*Referenzknoten*), der *dieselbe* content-Komponente wie der Ursprungsknoten besitzt. Hierdurch wird die Möglichkeit geschaffen, Knoten mit identischen Inhalten in unterschiedlichen Linkkontexten zu verwenden. Dies spart zum einen Ressourcen, zum anderen ist es möglich, auf der Basis der Unterscheidung von Ursprungs- und Referenzknoten auch Differenzierungen bei den Operationen vorzunehmen. Sinnvoll ist beispielsweise die Einschränkung, daß nur Ursprungsknoten in ihrer Inhalts-komponente geändert werden dürfen. Hierdurch kann z.B. ein zentral kontrolliertes Manipulieren *aller* Referenzknoten eines Ursprungsknotens realisiert werden.

- *Links*

Links in HYDESIGN sind *unidirektional, binär* und stellen *autonome Objekte* dar, die durch separate Klassen modelliert werden. Sie werden zwischen Instanzen der Klasse Node definiert, d.h. sowohl zwischen atomaren Knoten und Kompositionsknoten (SBL-Knoten, siehe nächsten Abschnitt). Derzeit werden nur Links unterstützt, die als Quelle oder Ziel ganze Knoten besitzen (sog. node-to-node-Links).

Die Klasse Link steht insgesamt für den Linktyp des *referentiellen Links*, der standardmäßig in den meisten Hypermediasystemen angeboten wird. Meistens bildet dieser Linktyp unter dem operationalen Aspekt zugleich den *einzigen* Linktyp in existierenden Systemen. Die Standardfunktionalität umfaßt das Kreieren, das Löschen, die Navigation und gelegentlich auch die Attributmanipulation. Beim Löschen eines referentiellen Links wird lediglich der Link aus dem Netzwerk entfernt, d.h. Knoten bleiben von dieser Linklöschopera-tion unberührt. Linktypen in HYDESIGN können optional festlegen, welche Knotentypen durch einen Link eines bestimmten Linktyps verknüpft werden dürfen. Standardmäßig sind die erlaubten Knotentypen jedoch nicht eingeschränkt.

In der Klassenhierarchie mit der Wurzel AggregateLink (siehe Abb.1) werden *erweiterte Linktypen* mit dem Ziel modelliert, abstraktere HM-Konstrukte zu erzeugen, die dann die Grundlage für höherwertige Kopier-, Lösch-, Referenzierungs-, Abfrage- oder Manipulationsoperationen liefern. Die grundlegende Strategie hierbei ist es, die Standardoperationen für das Kreieren und Löschen von Links zu redefinieren und in diese Operationen das gesamte Wissen über höherwertige HM-Konstrukte (z.B. spezifische Konstruktionsregeln, die nicht verletzt werden dürfen) einzubetten. Auf diesem Weg ist es möglich, wohldefinierte HM-Strukturen mit spezifischen (existentiellen) Abhängigkeiten zwischen Knoten einzuführen. Wir nennen ein Netzwerk, das auf der Basis eines Aggregatlinktyps erzeugt worden sind, *HM-Aggregat*.

In HYDESIGN gibt es drei wesentliche Aggregatlinktypen: die Klasse GLink, die Klasse HLink und die Klasse SLink. Links der Klasse GLink erzeugen ausschließlich gerichtete Graphen, die einen ausgezeichneten Wurzelknoten besitzen. Von dieser Wurzel aus sind alle Knoten dieses Teilnetzwerkes über einen gerichteten Navigationsweg *erreichbar*. Beim Löschen eines Knotens oder Links in einem derart strukturierten Teilnetzwerk bleibt diese Eigenschaft erhalten. Hierdurch kann es für das System erforderlich werden, *mehrere* Links und Knoten zu löschen, die ansonsten "abgehängt" werden würden, d.h. nicht mehr über die ausgezeichnete Wurzel zu erreichen sind.

Die Vorteile dieses Aggregattyps sind vielfältiger Natur:

❑ Es gibt einen definierten Einstiegspunkt (die Wurzel), von dem aus jeder Knoten erreichbar ist. Dies ist für die Orientierung förderlich.

❑ Man läuft nicht Gefahr, Netzwerke durch das Löschen von Links zu stark zu fragmentieren (Inselbildung). Auf der anderen Seite müssen Löschoperationen mit Bedacht ausgeführt werden.

❑ Die Graphstruktur ermöglicht eine Einführung spezifischer Operationen auf der Basis des Erreichbarkeitsbegriffes. In [MarSch92] wird eine Deaktivierungsfunktion (und eine Reaktivierungsfunktion) für Links eingeführt, die im Grunde ein *virtuelles Löschen* von Links realisiert. Hierdurch ist es möglich, Teilnetzwerke *temporär auszublenden*, um diese z.B. für einen bestimmten Benutzertypus zu konfigurieren. Auf der Basis dieser Operation läßt sich daher ein spezieller *Viewbegriff* für HM-Netzwerke definieren.

In ähnlicher Weise haben wir die Linktypen HLink und SLink definiert. Durch Links des ersten Typs (im Ansatz vergleichbar mit den *tree items* in KMS [AMY88]) werden ausschließlich hierarchische, durch Links vom zweiten Typ sequentielle Linkstrukturen aufgebaut. Auch in diesen Fällen wurden dazu die Linkkreierungs- sowie die Linklöschoperationen umdefiniert.

Es gibt in HYDESIGN noch eine Reihe von Restriktionen, die die *Koexistenz von Links* unterschiedlicher Linktypen betreffen [MarSch92]. Hierdurch soll erreicht werden, daß kein Knoten Bestandteil unterschiedlicher Aggregate sein kann.

• *SBL-Knoten*

Ein SBL-Knoten ist ein Konzept, das eine Erweiterung des Kompositionsknotenbegriffs von Halasz [Hala88] darstellt und leistet mithin einen Beitrag zu Halasz' Issue 2. Vereinfacht ausgedrückt ist ein SBL-Knoten ein Knoten, der wiederum Hypermedia-Netzwerke, d.h. atomare Knoten, Links (und mithin HM-Aggregate) sowie SBL-Knoten enthalten kann. Letzterer Aspekt verdeutlicht, daß nunmehr *geschachtelte Hypermedia-Netzwerke* realisiert werden können. Das Akronym "SBL" steht dabei für *structure, behaviour* und *locality*, und soll folgende Aspekte zum Ausdruck bringen:

❑ *Struktur:* Ein SBL-Knotentyp definiert, welche Knotenarten auf welche Weise verknüpft werden dürfen. Dies erfolgt durch die Festlegung erlaubter Link-, Knoten- und SBL-Knotentypen für einen SBL-Knotentyp.

❑   *Verhalten (behaviour):* Es besteht die Möglichkeit, spezifische übergreifende Operationen für alle in einem SBL-Knoten enthaltenen Knoten und Links festzulegen.

❑   *Lokalität:* Ein SBL-Knoten repräsentiert eine **lokale Umgebung**, in der unabhängig von anderen Umgebungen gearbeitet werden kann. Die Lokalitätseigenschaft ist zentral für ein **modulares Vorgehen** beim Entwurf komplexer Hyperdokumente.

In HYDESIGN ist *jedes* Hypermediaobjekt (d.h. jeder Knoten, Link, SBL-Knoten), von zwei Ausnahmen abgesehen, genau einem SBL-Knoten zugeordnet, wodurch gewährleistet ist, daß, ausgehend von einem beliebigen Hypermediaobjekt, immer auf eine eindeutige lokale Umgebung geschlossen werden kann. Die erste Ausnahme bildet der äußerste SBL-Knoten, der in keinem SBL-Knoten enthalten ist. Dieser Knoten stellt die Wurzel der SBL-Knoten-Hierarchie dar. Die zweite Ausnahme bilden spezielle referentielle Links, die *globalen Links*, deren Quelle und Ziel sich in unterschiedlichen SBL-Knoten befinden und daher eine besondere Behandlung erforderlich machen. Das Gegenstück zu globalen Links sind die *lokalen Links*, deren Quelle und Ziel sich grundsätzlich in demselben SBL-Knoten befinden.

Auch für SBL-Knoten ist eine spezifische *Referenzierungsoperation* (`createRefSBL`) konzipiert worden, die sich jedoch aufgrund der komplex strukturierten Inhalte weitaus diffe-renzierter darstellt als die Referenzierungsoperation für atomare Knoten. Die prinzipielle Idee hierbei ist es, einen rekursiven Referenzierungsprozeß zu starten, der alle im betreffenden SBL-Knoten enthaltenen Knoten auf der Basis der `createRefNode`-Methode *referenziert*, Links dagegen *neu generiert*. Hierbei muß berücksichtigt werden, daß auch HM-Aggregate nachzubilden sind, was systemseitig komplexere Operationen erfordert. Die Rekursion setzt ein, wenn SBL-Knoten wiederum SBL-Knoten enthalten. Der Vorteil dieser Referenzierungsoperation gegenüber einer vollständigen Referenzierung liegt darin, daß Netzwerkstrukturen im resultierenden SBL-Knoten (nicht die Knoteninhalte) z.B. durch das Entfernen oder Hinzufügen neuer Knoten und Links beliebig manipuliert werden können, ohne daß dadurch das Original in Mitleidenschaft gezogen wird. Eine vollständige Referenzierung von SBL-Knoten wird durch das Konzept der SBL-Pointer erreicht (siehe nächsten Abschnitt).

Zwei weitere zentrale Operationen bzgl. SBL-Knoten sind die folgenden: `emptyLinkSet` und `createSBLForm`. Die erste Operation löscht alle Links innerhalb eines SBL-Knotens (nicht rekursiv), allerdings werden dazu nicht die linktypspezifischen Löschoperationen benutzt. Dadurch bleiben alle Knoten erhalten. Zusammengenommen mit der `createRefSBL`-Operation wird durch die Operation `emptyLinkSet` ein sehr flexibles, *erweitertes Web-Konzept* definiert [YHMD88]. Die `createSBLForm`–Operation unterschei-det sich von der `createRefSBL`-Operation nur in einem Punkt: alle neu erzeugten Knoten haben eine leere Inhaltskomponente. Auf diese Art und Weise können auf der Basis existierender SBL-Knoten identisch strukturierte, geschachtelte Netzwerke mit leeren Knoten erzeugt werden, die dann geeignet auszufüllen sind (Formularcharakter). Halasz' *CaseCluster* bzw. *CaseComposite* [Hala88,S.843f.] repräsentiert ein einfaches, aber passendes Beispiel für die sinnvolle Anwendung dieser Operation.

Die Klasse SBLNode repräsentiert den allgemeinsten SBL-Knotentyp. Hier wurden keine Einschränkungen bzgl. erlaubter Link-, Knoten- oder SBL-Knotentypen vorgenommen, d.h. SBL-Knoten vom Typ SBLNode dürfen beliebige HYDESIGN-Objekte enthalten. Die Klasse SHG (für standard hypermedia graph) schränkt hingegen die Menge erlaubter Linktypen auf referentielle Links ein. SBL-Knoten vom Typ DRG (directed rooted graph) enthalten nur Links der Typen GLink und Link. Die Klassen Hierarchy und Sequence stellen ähnliche Spezialisierungen dar, SBL-Knoten von Typ Set enthalten überhaupt keine Links.

- *SBL-Pointer*

Ein *vollständiges Sharing* von SBL-Knoten wird durch das Konstrukt des SBL-Pointers erreicht. Die Klasse SBLPointer definiert einen speziellen Knotentyp, deren Instanzen - neben den Standardattributen für alle Knoten - einen Verweis auf einen beliebigen SBL-Knoten des Systems enthalten. Hierdurch können *vollständige* HM-Subdesigns in anderen lokalen Umgebungen benutzt werden. Änderungen in einem SBL-Knoten wirken sich dann natürlich auch überall dort aus, wo sie mittels SBL-Pointer referenziert werden. Dies betrifft - im Gegensatz zur *createRefSBL*-Methode - Knoten *und* Links. Bei diesem Konzept muß systemseitig sichergestellt werden, daß SBL-Knoten sich nicht selbst enthalten.

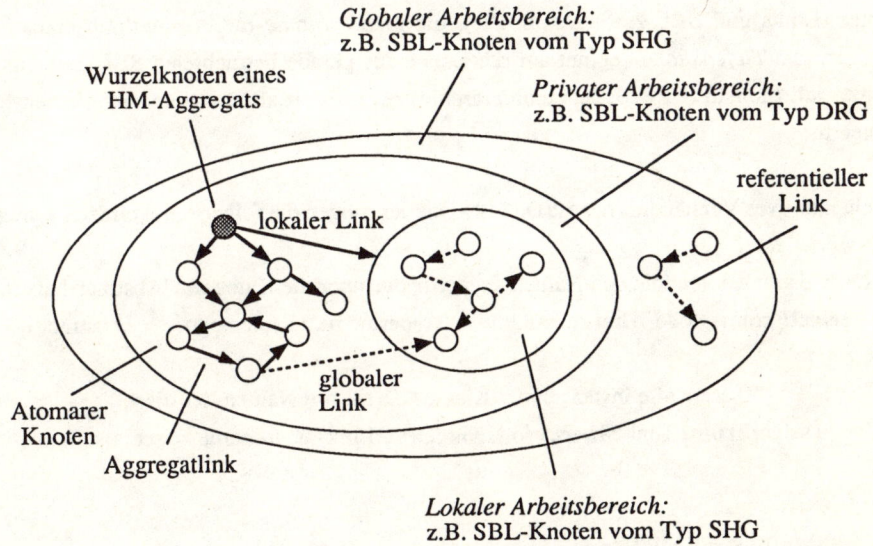

Abb.2: Ausschnitt aus einer HYDESIGN-Datenbank

Mit den in diesem Abschnitt eingeführten Konzepten lassen sich z.B. HM-Umgebungen kreieren, wie zusammenfassend in Abb.2 dargestellt. Der globale Arbeitsbereich stellt die Wurzel der SBL-Knotenhierarchie dar, die einer HYDESIGN-Datenbank entspricht. Innerhalb dieser Umgebung verfügen die HYDESIGN-Benutzer(-gruppen) über einen privaten Arbeitsbereich, der wiederum lokale Bereiche enthalten kann.

3. Queries in HYDESIGN

Das Gros existierender HM-Systeme verfügt nur über eingeschränkte Querymechanismen. Die gängigen Konzepte sind die Volltextsuche sowie die Keywordsuche. Eine regelrechte Abfragesprache für HM-Dokumente, wie es z.B. SQL für relationale Datenbanken darstellt, ist noch die Ausnahme. Dies verwundert angesicht der Tatsache, daß man häufig viel exakter beschreiben kann, welche Information gewünscht ist, anstatt sie über einen langen und mitunter wenig zielgerichteten Navigationswegsweg zu erreichen. Eine Integration von Navigation und geeigneten deskriptiven Abfragemechanismen kann helfen, den Zugriffsprozess auf multimediale Daten deutlich zu flexibilisieren. Auch hierdurch kann das Desorientierungsproblem reduziert werden (vgl. auch Halasz' issue 1, [Hala88]). Für HYDESIGN wurde hierzu ein Querykonzept ausgearbeitet, das auf der Datenbanksprache für das objektorientierte Datenbanksystem GemStone [MaSt90], OPAL [OPAL91], aufbaut. Es ist möglich, nach Mengen von Knoten, Links und SBL-Knoten bestimmter Typen zu suchen, die eine bestimmte Bedingung (=OPAL-Ausdruck) erfüllen oder auch nicht erfüllen. Zusätzlich wird die globale, die lokale und die Tiefensuche unterschieden: die *globale Suche* hat alle Knoten, Links und SBL-Knoten zum Ziel; die *lokale Suche* bleibt innerhalb eines SBL-Knotens; *die Tiefensuche* beginnt auf der Ebene des gerade betrachteten SBL-Knotens und pflanzt sich (gemäß der SBL-Knotenhierarchie) rekursiv in allen in ihm enthaltenen SBL-Knoten fort.

Für ein intuitives Verständnis der HYDESIGN-Queries mögen die folgenden Abfragen genügen:

"Liefere alle Knoten, die den Namen 'Hypermedia' oder die Kategorie 'Abstract' haben."
selectFrom: Node **where:** (o.name = 'Hypermedia') | (o.category = 'Abstract')

"Liefere alle Instanzen der Klasse GLink mit Namen 'see also'."
selectFrom: Link **where:** (o isKindOf: GLink) & (o.name = 'see also')

4. Verwandte Ansätze

Ein wesentliches Ziel bei der Entwicklung des HYDESIGN-Modells war die Berücksichtigung existierender Modellierungsansätze. Wesentliche Anstöße gingen dabei von den Systemen *Intermedia* [YHMD88], *KMS* [AMY88], *NoteCards* [Hala88], *HyperBase* [SchSt90] und *Concorde* [PHLT91] aus. Die von uns eingeführten Strukturierungskonzepte integrieren z.B. Merkmale von *webs* in Intermedia, *fileboxes* in NoteCards, *annotation und tree items* in KMS, *composites* in HyperBase und erweitern darüber hinaus die Funktionalität in einigen wesentlichen Punkten. Auch einige Ideen jüngster Entwicklungen, wie etwa die *templates* in Intermedia [CaGa91] oder das *nested context model* [Casa91] sind bereits fester Bestandteil des (implementierten) HYDESIGN-Modells. Wir können hier nur einige Unterschiede bzw. Gemeinsamkeiten bzgl. ausgewählter Konzepte herausarbeiten:

❑ Webs in *Intermedia* sind i.w. benutzerspezifische Linkmengen über einer globalen Menge von Dokumenten. In HYDESIGN wird eine *geschachtelte Webstruktur* eingeführt. HM-Aggregate können als *höherwertige Webs* aufgefaßt werden, da das System eine spezifische (operationale) Semantik mit diesen assoziiert.

❑ Composites in *HyperBase* sind im Ansatz vergleichbar mit dem SBL-Knoten-Konstrukt. Allerdings enthält diese spezielle Art von Kompositionsknoten ausschließlich *Referenzen* auf HM-Objekte eines global existierenden Netzwerks, wodurch ein echter Lokalitätsbegriff nicht gegeben ist. Weiterhin ähneln SBL-Pointer in HYDESIGN den Referenzen auf Composites in HyperBase. Der Hauptunterschied besteht jedoch darin, daß SBL-Pointer spezielle, neu attributierte Knotenobjekte darstellen und dementsprechend über die volle Knotenfunktionalität verfügen.

❑ Im Hypertextsystem *Concorde* gibt es den Begriff des *vordefinierten Verweises*. Auch hier stand die Idee im Vordergrund, z.B. das Kreieren von Links vom System kontrollieren zu lassen. Wir haben diese Funktionalität konsequent genutzt, um auf der Basis sogenannter Aggregatlinks abstraktere und weitgehend applikationsneutrale Hypermediaobjekte zu definieren.

5.   Zusammenfassung und Ausblick

In diesem Beitrag wurde das HYDESIGN-Datenmodell skizziert. Durch die Einführung verschiedener SBL-Knotentypen, Aggregatlinktypen und damit auch HM-Aggregaten wurde das grundlegende HM-Paradigma zugunsten einer flexibleren Modellierung/ Stukturierung von Hyperdokumenten ausgeweitet, wie es z.B. in [HHT91] oder in [CaGa91] gefordert wird. SBL-Knoten unterstützen dabei insbesondere das HM-Design auf mehreren Abstraktions-ebenen sowie ein modulares Vorgehen beim Entwurf (Lokalitätsbegriff). Auf der Basis von Aggregatlinktypen wurden spezifische Graphtypen (gerichteter Wurzelgraph, Hierarchie, Sequenz) definiert, für die gesonderte Konstruktionsregeln oder auch besondere Löschoperationen gelten. Weiterhin wurden spezifische Referenzierungskonzepte sowohl für atomare Knoten als auch für SBL-Knoten eingeführt. Hierbei stand die Idee im Vordergrund, neben dem Sharing multimedialer Knoteninformationen auch die Nutzung bereits existierender Navigationsstrukturen zu ermöglichen. Dadurch, daß neben der Navigation auch

Querykonzepte realisiert wurden, kann sehr flexibel auf alle Ressourcen in der Datenbank zugegriffen werden.

Zukünftige Arbeitsschwerpunkte bezüglich HYDESIGN sind u.a. die Erweiterung des Kooperationsaspektes (insbesondere die Vergabe von Zugriffsrechten), Entwicklung zusätzlicher Manipulations- und Zugriffsoperationen für HM-Aggregate (z.B. strukturorientierte Queries), die nahtlose Einbettung eines generellen Konzeptes für Links zwischen beliebigen Bereichen innerhalb atomarer Knoten (sog. span-to-span-Links) sowie die Implementierung weiterer Medientypen.

Literatur

[AMY88] Akscyn, R.; McCracken, D. L.; Yoder, E. A.: KMS: A Distributed Hypermedia System for Managing Knowledge in Organisations, in: Communications of the ACM, Vol. 31, No. 7, July 1988, pp. 820-835

[BoSh91] Botafogo, R. A.; Shneiderman, N.: Identifying Aggregates in Hypertext Structures, in: [HT91], pp.63-74

[CaGa91] Catlin, K. S.; Garett, L. N.: Hypermedia Templates: An Author's Tool, in: [HT91], pp. 147-160

[CaGo88] Campbell, B.; Goodman, J. M.: HAM: A General Purpose Hypertext Abstract Machine, in: Communications of the ACM, Vol. 31, No. 7, July 1988, pp. 856-861

[Casa91] Casanova, M.A et al.: The Nested Context Model for Hyperdocuments, in: [HT91], pp.193-201

[Conk87] Conklin, J.: Hypertext: An Introduction and Survey, in: Computer, September 1987, pp. 17-41.

[GoRo83] Goldberg, A.; Robson, D.: Smalltalk-80 - The Language and its Implementation, Addison-Wesley, Reading, Massachusetts, 1983.

[Hala88] Halasz, F. G.: Reflections on Notecards: Seven Issues for the Next Generation of Hypermedia Systems, in: Communication of the ACM, Vol. 31, No. 7, July 1988, pp. 836-852

[HHT91] Haake, J. M.; Hannemann, J.; Thüring, M.: Ein Ansatz zur Organisation von Hyperdokumenten, in: H. Maurer (Hrsg.): Hypertext/ Hypermedia '91, Springer Verlag, Berlin, Mai 1991, S.119-133.

[HT91] Proc. ACM Hypertext '91, San Antonio, Texas, December 1991

[Lisk92] Liska, A.: Entwicklung einer Hypermedia-Engine auf der Basis eines objektorientierten Datenbanksystems, Diplomarbeit an der FernUniversität Hagen, März 1992

[MarSch92] Marmann, M.; Schlageter, G.: Data Modeling for Hypermedia, Informatik-Berichte der FernUniversität Hagen, Nr. 121, Januar 1992

[MaSt90] Maier, D.; Stein, J.: Development and Implementation of an Object-Oriented DBMS, in: [ZdMa90], pp. 167-185.

[Niel90] Nielsen, J.: Hypertext & Hypermedia. Academic Press, Inc., San Diego, CA, 1990.

[OPAL91] Programming in OPAL, Version 2.0, Servio Corporation, 1991 (Teil der Dokumentation zum objektorientierten Datenbanksystem GemStone)

[PHLT91] Peyn, H.; Hofmann, M.; Langendörfer, H.; Töpperwien, T.: Allgemein zugängliche und private Objekte im Hypertextsystem CONCORDE, in: H. Maurer (Hrsg.): Hypertext/ Hypermedia '91, Springer Verlag, Berlin, Mai 1991, S.212-222.

[SchSt90] Schütt, H. A.; Streitz, N. A.: HyperBase: A Hypermedia Engine Based on a Relational Database Management System, in: Proc. of the ECHT '90, INRIA, France, November 1990, pp. 95-107.

[YHMD88] Yankelovich, N.; Haan, B. J.; Meyrowitz, N. K.; Drucker, S. M.: Intermedia: The Concept and the Construction of a Seamless Information Enviroment, in: IEEE Computer, Vol. 21, No. 1, January 1988, pp. 81-96

[ZdMa90] Zdonik, S.B.; Maier, D. (eds.): Readings in Object-Oriented Database Systems, Morgan Kaufmann, Sam Mateo, California, 1990.

HyperBase
eine Hypertext-Maschine im praktischen Einsatz

Helge Schütt
Institut für integrierte Publikations- und Informationssysteme (IPSI)
Gesellschaft für Mathematik und Datenverarbeitung (GMD)
Postfach 104326
6100 Darmstadt

e-mail: schuett@darmstadt.gmd.de

Zusammenfassung

Hypertextsysteme gewinnen eine immer größere Bedeutung im Bereich des elektronischen Publizierens. Für reale Anwendungen benötigt man dabei Systeme, die einerseits große Mengen von Dokumenten verwalten können, und andererseits viele Benutzer zulassen. Herkömmliche Hypertextsysteme erlauben dies im allgemeinen nicht. In der neueren Forschung wird jedoch diesem Problem jedoch mehr Aufmerksamkeit gewidmet. Dies hat zur Entwicklung sogenannter *Hypertext-Maschinen* geführt. Das sind Datenverwaltungssysteme, die die speziellen Anforderungen von Hypertextsystemen berücksichtigen. In diesem Papier beschreiben wir zunächst allgemein die Anforderungen an ein derartiges System und diskutieren dann die Erfahrungen, die wir bei der Entwicklung und beim Einsatz der Hypertext-Maschine *HyperBase* gemacht haben.

Schlüsselworte: Hypertextsysteme, Datenbanksysteme, CSCW, Elektronisches Publizieren

1   Einleitung

Hypertextsysteme sind Systeme, die Daten zusammen mit ihren Beziehungen untereinander verwalten [Bus45, Nel65, Con87, Nie90, Kuh91]. Analog zum Übergang von Filesystemen zu Datenbanken zeigt sich im Bereich der Hypertextsysteme, daß es wenig sinnvoll ist, für jede Applikation eine eigene Speicherverwaltung zu entwerfen. Stattdessen möchte man erreichen, daß viele Anwendungen eine gemeinsame Speicherstruktur für ihre jeweiligen Zwecke nutzen können. Diese soll von konkreten physischen Speicherstrukturen abstrahieren und eine möglichst große allgemein verfügbare Funktionalität wie zum Beispiel Mehrbenutzerzugriff bereitstellen. Programme, die diesen Zweck erfüllen, nennt man Hypertext-Maschinen (*Hypertext Abstract Machines* [CG88] oder *Hypermedia Engines*).

Eine derartige Maschine mit dem Namen *HyperBase* wurde in der Abteilung *wissensbasierte Hypertext- und Autorensysteme* (WiBAS) am *Institut für integrierte Publikations- und Informationssysteme* (IPSI) der *Gesellschaft für Mathematik und Datenverarbeitung* (GMD) in Darmstadt entwickelt und für verschiedene Anwendungen benutzt. In diesem Papier diskutieren wir zunächst allgemein die Anforderungen an eine Hypertext-Maschine, bevor wir die konkrete Realisierung von *HyperBase* und unsere Erfahrungen im praktischen Einsatz von *HyperBase* im Rahmen einer Anwendung beschreiben, die die computerunterstützte Zusammenarbeit mehrerer Autoren beim Prozeß des elektronischen Publizierens ermöglicht.

Das Papier ist wie folgt aufgebaut: Zunächst klassifizieren wir Hypertextsysteme nach verschiedenen Kriterien und definieren dann anhand dieser Klassifikation die Eigenschaften einer Hypertext-Maschine. Danach diskutieren wir das Datenmodell von *HyperBase*, beschreiben die Implementierung, und diskutieren unsere Erfahrungen mit *HyperBase*. In einem Ausblick erläutern wir schließlich die weitere Entwicklung.

2 Hypertext-Maschinen

Hypertextsysteme zeichnen sich dadurch aus, daß sie Informationseinheiten (Knoten, Karten, Frames o.ä.) durch explizite Verweise (*Links*) miteinander in Beziehung setzen sowie zusammengesetzte Objekte (*Composites*) zur Strukturierung der so entstehenden Netze zur Verfügung stellen (vgl. etwa die Beiträge in [MBB90], insbesondere [HS90b]). Allerdings gibt es darüberhinaus viele Funktionen und Architekturüberlegungen, die zu verschiedenen Klassen von Systemen führen. In den folgenden Abschnitten führen wir einige Dimensionen ein, gemäß derer Hypertextsysteme klassifiziert werden können und ordnen unseren Ansatz in diese Klassifikation ein.

2.1 Geschlossenes Hypertextsystem vs. Verweisdienst

In geschlossenen Hypertextsystemen geht man davon aus, daß alle Hyperdokumente in einer bestimmten Arbeitsumgebung erstellt und mit einem einheitlichen Mechanismus verwaltet werden. Diese Systeme stellen außer einer Speicherverwaltung auch eine Leseumgebung (*Browser*) sowie Editoren zur Verfügung. Außerdem ist es im allgemeinen möglich, Dokumente in das System zu laden bzw. aus ihm zu exportieren. Die meisten bekannten Hypertextsysteme (wie zum Beispiel HyperCard [Goo88, Wol88], KMS [AMY88], Guide, StorySpace, ToolBook usw.) fallen in diese Kategorie.

Im Gegensatz hierzu gehen Verweisdienste (*Link Services*) davon aus, daß viele verschiedene Applikationen (Spreadsheets, Editoren, Datenbanken, Electronic Mail Systeme, usw.) mit Dokumenten umgehen, zwischen denen Querverweise möglich sein sollen. Es ist dann z.B. möglich, im Mailtool eine Nachricht zu selektieren, und von dieser aus einen Verweis in eine Notiz im elektronischen Terminkalender zu erzeugen. Beispiele für solche Link-Services sind etwa das Programm *Link Service* der Firma Sun Microsystems [Pea89] oder das Programm *LinkWorks* [Sch91] der Digital Equipment Corporation.

Bei diesem Ansatz wird lediglich die Verweisinformation in einer gemeinsamen Datenbank gehalten, während die Dokumente so abgelegt werden, wie es die verschiedenen Applikationen benötigen. Im ersten Ansatz dagegen unterliegen auch die Dokumente selbst der Kontrolle des Hypertextsystems, so daß es hier möglich ist, weitere Funktionalitäten für alle Dokumente zur Verfügung zu stellen.

Bei dem in diesem Papier besprochenen System betrachten wir daher nur den ersten Ansatz. Unser Ziel ist es, Dokumente im Mehrbenutzerbetrieb zu verwalten und alle von einer Datenbank bekannten Eigenschaften (Mehrbenutzerbetrieb, Transaktionsverhalten, effizienter wahlfreier Zugriff auf Dokumente, effiziente Auswertung von Anfragen) für verschiedene Hypertextsysteme bereitzustellen.

2.2 Sich ändernde Informationen vs. archivierte Informationen

Es gibt verschiedene Ansätze, um Ideen des *Information Retrieval* für den Bereich der Hypertextsysteme zu nutzen [Fuh90]. Im wesentlichen geht es hier um die Möglichkeit, eine Volltextsuche auf vielen Dokumenten durchzuführen [Gon87, FLPS90, FKSD+91] oder darum, explizit formulierte Hypertext-Links um die Möglichkeit einer ähnlichkeitsbasierten Suche zu ergänzen [CT89].

Ein generelles Problem dieser Ansätze besteht darin, daß zusätzlich zu den gegebenen Dokumenten spezifische Indexstrukturen (z.B. Signaturen oder PAT Indizes [GBYS91]) benötigt werden. Es ist dabei sehr aufwendig, diese Indexstrukturen zu erzeugen. Insbesondere dann, wenn die ähnlichkeitsbasierte Suche auf dem spezifischen Bereichsvokabular basiert, muß die gesamte Datenbank bezüglich der Häufigkeit des Vorkommens einzelner Worte oder bestimmter Phrasen analysiert werden. Es ist daher völlig ausgeschlossen, daß diese Indizes parallel zur Änderung existierender Dokumente mitgeändert werden. Bei Faloutsos et al. [FLPS90] ist daher der Indizierungsprozeß ein eigenes Programm, das außerhalb des Hypertext-Autorenwerkzeugs benutzt wird; Fuller et al. [FKSD+91] schlagen dagegen die Trennung eines Hypertextes in verschiedene Datenbanken vor, die sich durch die Indizes, die jeweils in ihnen zur Verfügung stehen, unterscheiden.

Es lassen sich Techniken des Information Retrieval also nur auf archivierte Datenbestände anwenden, bei denen man davon ausgehen kann, daß keine Änderungen mehr stattfinden. Im Gegensatz hierzu gehen Datenbanksysteme davon aus, daß Objekte gleichzeitig von mehreren Benutzern geändert werden. Sie stellen daher Konzepte zur Verfügung, die für die Zusammenarbeit vieler Benutzer benötigt werden (z.B. Transaktionen), und stellen sicher, daß die benutzten Indexstrukturen den aktuellen Stand einer Datenbank widerspiegeln.

Unseres Wissens nach existiert kein System, das diese beiden Konzepte vereinigt (d.h. das mehrere Benutzer an derselben Datenbank Änderungen durchführen und *gleichzeitig* komplexe Indexstrukturen zur Volltextsuche bereitgestellt werden). Wir schlagen daher folgendes Szenario vor: Autoren schreiben mit Unterstützung durch ein Datenbanksystem Dokumente, definieren dann einen festen Zustand (einen *Release*) und bauen dann für diesen Release die komplexen Indexstrukturen zur Volltextsuche auf, die dann sowohl von den Autoren als auch von den Lesern benutzt werden können.

Im Sinne dieses Szenarios sollen Hypertext-Maschinen vor allem den ersten Schritt (d.h. die Erstellung von Hyperdokumenten durch Gruppen von Autoren) unterstützen und die hierzu nötige Funktionalität bereitstellen. Das Ziel besteht hier also darin, zu erlauben, daß Gruppen von Autoren wirklich *gleichzeitig* auf dieselben Datenbestände zugreifen können, ohne daß sie sich die Dokumente, die aktuell geändert werden, in eine eigene, lokale Datenbank kopieren und in der globalen Datenbank sperren. Lediglich zur Nachbearbeitung archivierter Hyperdokumente können dann die entsprechenden Werkzeuge aus dem Bereich des Information Retrieval eingesetzt werden.

3   HyperBase

In diesem Abschnitt diskutieren wir das Design und die Implementierung der Hypertext-Maschine *HyperBase*. Wir beschreiben zunächst die generellen Konzepte, die ihr zugrunde liegen, danach das Datenmodell und die Implementierung von *HyperBase*. Wir beschreiben dann den Einsatz von *HyperBase* im Hypertext-Autorensystem SEPIA (*Structured Elicitation and Processing of Ideas for Authoring*, [SHT89]) und die Erfahrungen, die dabei mit dem Prototyp gemacht wurden.

3.1   Die Hypertextmaschine HyperBase

In der Abteilung *wissenbasierte Hypertext- und Autorensysteme* (WiBAS) am *Institut für integrierte Publikations- und Informationssysteme* (IPSI) der *Gesellschaft für Mathematik und Datenverarbeitung* (GMD) in Darmstadt wurde die Hypertext-Maschine *HyperBase* entwickelt und für verschiedene Anwendungen benutzt. Diesen Anwendungen ist gemeinsam, daß sie die Erstellung von Hyperdokumenten durch Gruppen von Autoren unterstützen. Sie dienen damit dem computer-unterstützten kooperativen Arbeiten im Bereich des elektronischen Publizierens. Im Sinne der oben vorgestellten Klassifikation sind diese Anwendungen daher geschlossene Hypertextsysteme, deren Datenbestände sich ständig ändern. Eine Hypertext-Maschine, die derartige Anwendungen unterstützt, muß die folgenden Eigenschaften aufweisen:

♦ Sie soll die Speicherverwaltung von der Interpretation der gespeicherten Daten (insbesondere der Darstellung der Daten, die kontextabhängig erfolgen soll) trennen.

♦ Zu diesem Zweck muß ein anwendungsunabhängiges Datenmodell definiert werden. Dieses ist zweckmäßigerweise objektorientiert.

♦ Das Datenmodell muß von der physischen Speicherstruktur unabhängig sein.

♦ Die Maschine muß Transaktionskonzepte zur Verfügung stellen, die Mehrbenutzerzugriff (*Concurrency Control*) und Datensicherheit (*Recovery*) gewährleisten.

HyperBase wurde auf Grundlage dieser Anforderungen entwickelt und erfüllt sie. In den folgenden Abschnitten beschreiben wir genauer, wie das Datenmodell von *HyperBase* aussieht, wie es implementiert wurde, für welche Anwendungen *HyperBase* eingesetzt wird, und welche Erfahrungen dabei gemacht wurden.

3.2 Das Datenmodell von HyperBase

Das Datenmodell von *HyperBase* wurde bereits ausführlich in [SS90] diskutiert. Wir beschränken uns daher an dieser Stelle auf eine kurze informelle Einführung. Das Datenmodell beschreibt die folgenden Objekttypen:

♦ *Knoten* haben einen (nicht interpretierten und) nicht strukturierten Inhalt.

♦ *Kanten* (Links) verbinden Knoten, Kanten und zusammengesetzte Objekte miteinander.

♦ *Zusammengesetzte Objekte* sind partiell geordnete Sammlungen von Referenzen auf andere Objekte. Mit ihnen lassen sich Mengen, Listen, Bäume etc. darstellen.

♦ Alle diese Objekte können beliebig viele benutzerdefinierte Attribute tragen. Diese Attribute können Daten bestimmter primitiver Typen enthalten wie z.B. ganze Zahlen, Texte, nicht-interpretierte Bytefolgen, oder Referenzen auf *HyperBase*-Objekte[1].

♦ Alle diese Objekte haben eine bestimmte Menge systemdefinierter Eigenschaften, z.B. einen Autor und ein Erzeugungsdatum.

Im Rahmen dieses Datenmodells lassen sich bereits verschiedene Integritätsbedingungen formulieren, die von *HyperBase* abgeprüft werden. Hierzu gehören unter anderem die Wahrung der Objektidentität, und das Verhindern von Referenzen auf nicht (mehr) existierende Objekte. Solche Referenzen werden dabei sowohl bezüglich der Verweisstruktur der Kanten als auch bezüglich der zusammengesetzten Objekte konsistent gehalten.

3.3 Die Implementierung von HyperBase

In einem ersten Prototyp wurde *HyperBase* mit Hilfe des relationalen Datenbanksystems Sybase realisiert. Es handelt sich bei *HyperBase* um eine Bibliothek von 104 Funktionen, die in der Programmiersprache C implementiert wurden. Diese Funktionen dienen zum Erzeugen, Lesen, Schreiben und Ändern der verschie-

1. Es war bei dem in [SS90] beschriebenen Datenmodell noch nicht möglich, Referenzen auf Objekte in Attributen zu speichern. Im praktischen Einsatz von *HyperBase* stellte sich jedoch heraus, daß es sehr umständlich sein kann, immer zusammengesetzte Objekte zu benutzen, um derartige Referenzen zu speichern.

denen Hypertext-Objekte. Ein großer Teil dieser Funktionen beschäftigt sich hierbei mit der Ordnungsrelation auf zusammengesetzten Objekten, die ja (im objektorientierten Sinne) das Verhalten von unstrukturierten Sammlungen (*Bags*), Mengen, Listen, und Bäumen erben.

Von Sybase wird als DDL/DML die Sprache *Transact-SQL* [Syb89] zur Verfügung gestellt. Bei der Implementierung von *HyperBase* wurden die Erweiterungen, die Transact-SQL gegenüber dem SQL Standard aufweist, stark ausgenutzt. Zum Beispiel ist es in Transact-SQL möglich, *Trigger* zu definieren, die Änderungen, die an einer Relation vorgenommen werden, an weitere Relationen propagieren. Mit Hilfe geeigneter Trigger wird unter anderem der Mechanismus, der die Änderungsgeschichte von Objekten verwaltet, vom Datenbanksystem selbst (d.h. innerhalb des SQL-Server) durchgeführt. *Update Trigger* an den verschiedenen Relationen, die zur darstellung von Knoten, Links oder zusammengesetzten Objekten dienen, sorgen hier für eine automatische Ergänzung der Relation, die die Änderungen protokolliert. Durch die Verwendung von Triggern wurde die Implementierung von *HyperBase* wesentlich vereinfacht.

HyperBase berücksichtigt den Zugriff mehrerer Benutzer auf gemeinsame Daten und benutzt das Transaktionskonzept von Sybase, um die Transaktionen für Hypertext-Objekte zu realisieren und damit den Zugriff mehrerer Benutzer zu synchronisieren. Sybase erlaubt geschlossen geschachtelte Transaktionen, so daß ein Anwenderprogramm aufbauend auf den bereits atomaren Operationen, die *HyperBase* zur Verfügung stellt, beliebige Schachtelungen zusätzlich definieren kann. Dadurch können dann neben den atomaren Hypertext-Objekten auch von einer Applikation definierte komplexe Strukturen (z.B. *Templates* [SGL91] oder *Toulmin Schemata* [SHT89]) atomar erzeugt werden.

Gegenwärtig wird *HyperBase* auf Basis des bei GMD-IPSI entwickelten Datenbanksystems VODAK [KNF+92] reimplementiert. Wir erwarten hiervon, daß einerseits die Modellierungsmächtigkeit steigt [KNS89] und damit ein großer Teil der Applikationsschicht direkt in der Datenbank implementiert werden kann, und daß andererseits eine erweiterte Funktionalität (z.B. bessere Unterstützung multimedialer Objekte [KNS90], Zugriff auf verteilte Datenbanken) bereitgestellt werden kann. Ebenso sollte aufgrund des verbesserten Transaktionskonzepts [MRKN91] der Durchsatz des Systems steigen. Da die Schnittstelle zu den Applikationen unverändert bleibt, können diese ohne Änderungen weiter betrieben werden.

3.4   HyperBase und SEPIA

SEPIA ist ein Autorensystem, das den Prozeß der Erstellung von Hyperdokumenten in kognitiv adäquater Weise unterstützt [SHT89, THH91]. Dieses Hypertextsytem ist die erste größere Anwendung von *HyperBase* und soll daher im folgenden genauer diskutiert werden. Wir beschreiben zunächst die Architektur des Systems und gehen dann auf die Implementierung ein.

Eine ausführliche Beschreibung der Architektur von SEPIA wurde bereits in [HS90a] veröffentlicht. Von den dort beschriebenen Stufen bei der Entwicklung von SEPIA wurde bis jetzt die erste Stufe vollständig realisiert. Darüberhinaus wurde SEPIA um Konzepte zur Unterstützung kooperativen Arbeitens erweitert [HW92]. Dieses System besteht aus den folgenden Komponenten (vgl. Abbildung 1):

♦ einer Ein/Ausgabe-Verwaltung.

♦ den *Activity Spaces* [SHT89].

♦ der Objektverwaltung zur gemeinsamen Datenhaltung. Die Objektverwaltung wiederum besteht aus einer Applikationsschnittstelle, in der die für diese Anwendung spezifischen Objektklassen definiert

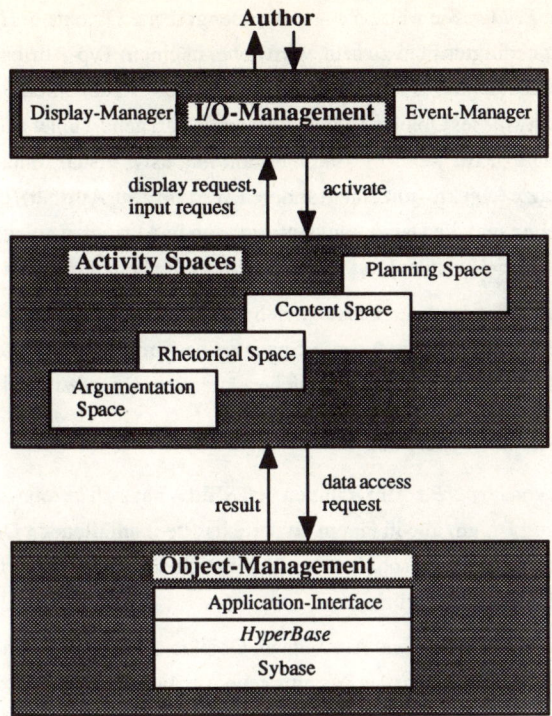

Abbildung 1: Architektur von SEPIA

werden. Diese Applikationsschnittstelle basiert auf der Hypertext-Maschine *HyperBase*. Diese wiederum ist mit Hilfe eines Datenbanksystems (in diesem Falle Sybase) realisiert.

Die oberen beiden Schichten wurden in Smalltalk-80, Release 4 implementiert. Von der Objektverwaltung wurde die Applikationsschnittstelle ebenfalls in Smalltalk realisiert, während *HyperBase* als Anbindung an das Datenbanksystem in C programmiert wurde.

Diese Architektur nutzt dabei das Client/Server Konzept von Sybase, so daß verschiedene Installationen von SEPIA über ein *Local Area Network* auf gemeinsame Datenbanken zugreifen können. Hierbei können kooperierende Autoren nicht nur auf gemeinsame Daten zugreifen, sondern die gemeinsame Datenverwaltung wird auch dazu benutzt, Sperren auf Objekte zu verwalten. Hierdurch werden kritische Bereiche gegeneinander geschützt, und die Zugriffe der Benutzer werden synchronisiert. Der genaue Mechanismus dieses Konzepts ist in [HW92] beschrieben.

3.5 Erfahrungen mit HyperBase

In diesem Abschnitt fassen wir unsere Erfahrungen zusammen, die wir beim praktischen Einsatz von *HyperBase* im Rahmen von SEPIA gemacht haben. Nach einem Beispiel diskutieren wir zunächst das Datenmodell, danach das Interaktionsverhalten und schließlich die Performance von *HyperBase*.

3.5.1 Ein Beispiel

SEPIA bietet gemäß seinem Dokumentmodell [HHT91, THH91] zur Strukturierung von Hyperdokumenten lineare, verzweigte und bedingte Pfade sowie (unstrukturierte) Explorationsknoten an. Alle diese Objekte sind in SEPIA sogenannte *Folder*. Sie werden auf zusammengesetzte Objekte in *HyperBase* abgebildet. Die Eigenschaft, linearer oder bedingter Pfad zu sein, wird dabei in einem Typ-Attribut festgehalten. Zusätzlich zu seinem Inhalt besitzt jedes Objekt in SEPIA einen oder mehrere *VisualContainer*, die alle Informationen enthalten, die zur Darstellung dieses Objekts notwendig sind[2]. Dazu gehört unter anderem ein Eintrag, in welchem *Activity Space* es sichtbar ist, welche Position es dort hat, usw. VisualContainer sind daher in *Hyper-Base* auch zusammengesetzte Objekte (mit einem anderen Wert im Typ-Attribut), die das darzustellende Objekt als Unterobjekt enthalten und die Darstellungsinformation in Attributen ablegen. Dabei entspricht jeder Eigenschaft (d.h. jeder Instanz-Variablen) auf der Smalltalk-Seite genau ein Attribut in *HyperBase*.

Daten dagegen, die für alle Instanzen einer Klasse gleich sind, werden nicht in *HyperBase* abgelegt, sondern nur in Smalltalk gehalten. So ist z.B. jedem Activity Space ein bestimmter Browser zugeordnet. Dieser Browser wird in einer Smalltalk-Klassenvariablen gespeichert, die von *HyperBase* nicht berücksichtigt wird.

3.5.2 Das Datenmodell von HyperBase

Beim praktischen Einsatz von *HyperBase* im Rahmen von SEPIA hat sich gezeigt, daß das Datenmodell von *HyperBase* allgemein genug ist, um alle in einem Hypertextsystem anfallenden Daten zu verwalten. Dabei zeigte sich insbesondere, daß zwei Eigenschaften von *HyperBase* die Implementierung einer komplexen Hypertextanwendung wie SEPIA sehr vereinfachen:

♦ *HyperBase* erlaubt, daß beliebig viele Attribute an Objekte angefügt werden können. Hierdurch ist es möglich, daß auch noch zur Laufzeit des Systems neue Attribute definiert werden können, die die Funktionalität von Objekten erweitern.

♦ Zusammengesetzte Objekte sind zur Strukturierung von Hyperdokumenten unerläßlich. Ohne diese Klasse von Objekten wäre es zum Beispiel nur sehr schwer möglich gewesen, das Dokumentmodell von SEPIA (vgl. [HHT91, THH91]) nach *HyperBase* abzubilden.

Wir möchten an dieser Stelle darauf hinweisen, daß die meisten kommerziellen Systeme wie etwa HyperCard [Goo88, Wol88] oder KMS [AMY88] keins dieser beiden Konzepte unterstützen und daher für den Einsatz durch kooperierende Autoren ungeeignet sind. Unsere Erfahrung ist also, daß es absolut notwendig ist, ein allgemeines Datenmodell zu unterstützen, um komplexe Anwendungen wie SEPIA realisieren zu können.

In einem weiteren Schritt soll ein Versionsmechanismus bereitgestellt werden, der auf *HyperBase* basiert [WS91]. Hierdurch wird dann die im Datenmodell von *HyperBase* vorgesehene Verwaltung der Änderungsgeschichte von Objekten durch *HyperBase* überflüssig. Wir haben daher auch eine abgemagerte Version von *HyperBase* entwickelt, die die Änderungsgeschichte von Objekten nicht mehr mitführt. Wie oben bereits beschrieben, wird die Änderungsgeschichte innerhalb des Datenbankservers verwaltet. In der abgemagerten Version von *HyperBase* hat daher der SQL-Server weniger Arbeit zu leisten, so daß der Durchsatz um ca. 20 Prozent gesteigert wird.

3.5.3 Das Interaktionsverhalten von HyperBase

Bei der Integration von *HyperBase* in den in Smalltalk implementierten Teil von SEPIA wurde deutlich, daß hier zwei unterschiedliche Konzepte der Interaktion gegenüberstehen: Einerseits geht Smalltalk davon aus, daß alle Objekte im Hauptspeicher vorliegen, und diese dann in einem sogenannten *Image-File* persistent

---

2. In SEPIA kann dasselbe Objekt in verschiedenen Kontexten benutzt werden. Durch die Verwendung von *VisualContainers* werden die verschiedenen Darstellungen eines Objektes persistent gespeichert.

abgelegt werden können. Dieser File kann zwar nacheinander von verschiedenen Benutzern verwendet werden, aber es ist nicht möglich, daß mehrere Benutzer gleichzeitig auf denselben File zugreifen. Andererseits gehen unsere Anforderungen an SEPIA von mehreren kooperierenden Autoren aus, die möglichst schnell auf (von ihnen selbst oder von anderen) geänderte gemeinsame Datenbestände zugreifen wollen.

In diesem Fall macht es dann keinen Sinn, Daten in einem privaten Image abzulegen und bei der nächsten Sitzung wieder neu zu laden: alle Daten können sich geändert haben. Wir haben daher das folgende Interaktionsverhalten realisiert: Wenn eine Sitzung mit SEPIA beginnt, dann enthält das Image keinerlei Objekte. Beim Aufruf werden dann aus *HyperBase* alle Objekte geladen, die einem Projekt-Objekt in SEPIA entsprechen[3]. Deren Unterobjekte (d.h. die zugehörigen Activity Spaces) werden jedoch nicht geladen. Ein Autor selektiert dann eins der Projekte und navigiert anschließend durch verschiedene Browser, die jeweils dann geladen werden, wenn sie benutzt werden. Durch diese *Loading-on-Demand* Strategie ist gewährleistet, daß ein Autor immer den aktuellen Datenbankzustand vor Augen hat. Dabei werden beim Laden von Objekten natürlich die möglicherweise vorhandenen Sperren berücksichtigt.

Wenn ein Autor nun Daten ändert, werden diese Änderungen sofort persistent in *HyperBase* abgelegt. Hierdurch wird sichergestellt, daß jeder lesende Ko-Autor wiederum auf den aktuellen Zustand der Datenbank zugreift. Wenn ein Autor nun eine Sitzung mit SEPIA verläßt, dann brauchen keinerlei Objekte mehr auf das Image-File gerettet zu werden, weil sie ohnehin in der Datenbank persistent gespeichert wurden.

Durch dieses Interaktionsverhalten wird erreicht, daß nie ganze Hyperdokumente geladen oder abgespeichert werden. Die Granularität ist vielmehr so, daß Schreiboperationen meistens nur einzelne Attribute von Objekten betreffen bzw. einzelne neue Objekte angelegt werden. Leseoperationen dagegen betreffen meistens mehrere Attribute eines Objektes (z.B. muß zur Darstellung eines Knotens in einer Netzwerk-Übersicht sein Name, sein Typ, seine Position und seine Farbe bekannt sein), oder sogar viele Attribute von vielen Objekten, falls ein neuer Netzwerk-Browser geöffnet wird.

3.5.4 Die Performance von HyperBase

Beim Einsatz von *HyperBase* im interaktiven System SEPIA hat sich gezeigt, daß sich für die meisten Fälle akzeptable Antwortzeiten erreichen lassen. Wir haben bei der Definition des Datenbankschemas lediglich Standard-Verfahren zum Optimieren der Datenbankzugriffe eingesetzt (z.B. durch die Definition geeigneter Indizes), haben aber keine Optimierungen eingeführt, die speziell auf SEPIA zugeschnitten wurden.

Wir hatten leider noch nicht die Zeit, eine ausführliche Messung wie z.B. den HyperModel Benchmark [ABM+90] durchzuführen. Für unsere vorläufigen Tests benutzten wir einerseits künstlich erzeugte Graphen (z.B. Wälder mit bis zu 7000 Knoten, die aus Bäumen mit verschiedenem Fan-out bestehen) und andererseits ein komplexes Hyperdokument, das bei GMD-IPSI erstellt wurde. Dieses Dokument umfaßt 228 Knoten, 74 Links und 13 zusammengesetzte Objekte. Hinzu kommen noch die VisualContainer für alle diese Objekte. Insgesamt wurden dabei also in *HyperBase* mehr als 600 Objekte mit mehr als 500 kB Daten abgelegt. Dieses Dokument liegt damit in der gleichen Größenordnung wie das bekannteste Hyperdokument *Hypertext on Hypertext*, in der die Artikel der Sonderausgabe zum thema Hypertext der *Communications of the ACM*, Juli 1988, als Hypertext aufbereitet wurden. Es handelt sich also hier um ein Dokument in einer Größe, wie sie in der Praxis vorkommt.

---

3. Ein Projekt ist in SEPIA die größte zur Verfügung stehende Organisationseinheit und entspricht in der Papierwelt etwa einem Buch mit allen Hintergrund-Materialien. Jedes Projekt enthält die bekannten vier Activity Spaces.

In diesen Fällen benötigen lesende Zugriffe auf Objekte bzw. einzelne Attribute im Durchschnitt weniger als 50 msec. Werden viele Attribute auf einmal gelesen, so ergeben sich z.B. Zugriffszeiten von 400 msec bei einem Objekt mit 20 Attributen. Schreibende Zugriffe bewegen sich zwischen 100 und 200 msec. Da ein Benutzer Antwortzeiten von weniger als 250 msec als "sofort" empfindet [AMY88], reicht diese Leistung für die oben beschriebenen Interaktionen im allgemeinen aus.

In SEPIA wird zum Beispiel ein *Folder* durch einen einfachen Mausklick selektiert und durch einen doppelten Mausklick geöffnet. Dabei wird zwischen diesen beiden Mausklicks zunächst die Datenbank nach möglicherweise vorhandenen Sperren durchsucht. Falls der Folder gesperrt ist, bleibt der zweite Mausklick ohne Wirkung. Sind dagegen keine Sperren vorhanden, so wird von SEPIA eine Sperre erzeugt und persistent in Form eines Attributs in *HyperBase* abgelegt. Zwischen den beiden Mausklicks wird also einmal lesend und einmal schreibend auf die Datenbank zugegriffen. Dies geschieht in *HyperBase* so schnell, daß ein Benutzer keine merkliche Verzögerung wahrnimmt.

Probleme treten lediglich dann auf, wenn viele Objekte auf einmal geladen werden müssen. Dieser Fall tritt zum Beispiel dann ein, wenn ein zusammengesetztes Objekt angezeigt werden soll, das aus Dutzenden, wenn nicht hunderten von Unterobjekten besteht. Bei der eben beschriebenen Interaktion tritt also nach dem zweiten Mausklick eine kurze Pause ein, bevor der geöffnete Folder am Bildschirm angezeigt wird. Hier lassen sich Leistungsverbesserungen nur durch geeignete Pre-Fetching Strategien erreichen, die jedoch beachten müssen, daß der dem Benutzer angezeigte Zustand auch noch der aktuelle Zustand der Datenbank ist. Wir werden hier keine eigenen Optimierungen versuchen, sondern nach der Re-Implementierung von *HyperBase* die von dem objektorientierten Datenbanksystem VODAK benutzte Caching-Strategie verwenden.

4 Zusammenfassung und Ausblick

Im Bereich des elektronischen Publizierens arbeiten normalerweise mehrere kooperierende Autoren an gemeinsamen Dokumenten. Sollen hierfür Hypertextsysteme benutzt werden, so reichen die zur Zeit im Bereich der Hypertextsysteme üblichen Ansätze der Speicherverwaltung nicht aus. Es müssen vielmehr schon auf der Ebene der Datenhaltung Systeme eingesetzt werden, die einerseits die Funktionalität eines Datenbanksystems (Transaktionsverhalten, schnelle wahlfreie Zugriffe auf Daten, usw.) bereitstellen, und es andererseits erlauben, Hypertextstrukturen einfach zu modellieren. Zu diesem Zweck wurde in der Abteilung WiBAS am GMD-IPSI die Hypertext-Maschine *HyperBase* entwickelt. Es handelt sich hierbei um ein System, welches Hyperdokumente mit Hilfe eines Datenbanksystems verwaltet und hierbei die Funktionalität bereitstellt, die von kooperierenden Autoren benötigt wird. In diesem Papier beschreiben wir den Aufbau des Systems und unsere Erfahrungen im praktischen Einsatz von *HyperBase* im Rahmen des Hypertext-Autorensystems SEPIA.

Nachdem der erste Prototyp von *HyperBase* implementiert und im Rahmen des Hypertext-Autorensystems SEPIA erfolgreich getestet wurde, sollen nun mit Hilfe des objektorientierten Datenbanksystems VODAK Erweiterungen von *HyperBase* bezüglich seiner Modellierungsmächtigkeit realisiert werden. Hierbei spielt insbesondere die einfachere Erweiterbarkeit der zur Zeit noch sehr starren Modellierung sowie die Integration multimedialer Daten eine entscheidende Rolle. Gleichzeitig sollen ausführlichere Messungen der Performance von *HyperBase* durchgeführt werden.

Danksagung

Ich möchte an dieser Stelle meinen Kollegen Norbert Streitz, Anja Weber, Jörg Haake und Peter Muth für ihre anregenden Kommentare danken.

Literatur

[ABM+90] T. L. Anderson, A. J. Berre, M. Mallison, H. H. Porter, III, and B. Schneider. The HyperModel Benchmark. In F. Bancilhon, C. Thanos, and D. Tsichritzis, editors, *Proceedings of the International Conference on Extending Database Technology (EDBT '90)*, pages 317 – 331, Venice, March 26 – 30, 1990. Springer Verlag, Lecture Notes in Computer Science, Volume 416.

[AMY88] R. M. Akscyn, D. L. McCracken, and E. A. Yoder. KMS: A Distributed Hypermedia System for Managing Knowledge in Organizations. *Communications of the ACM*, 31(7):820 – 835, July 1988.

[Bus45] V. Bush. As We May Think. *Atlantic Monthly*, 176(1):101 – 108, June 1945.

[CG88] B. Campbell and J. M. Goodman. HAM: A General Purpose Hypertext Abstract Machine. *Communications of the ACM*, 31(7):856 – 861, July 1988.

[Con87] J. Conklin. Hypertext: An Introduction and Survey. *IEEE Computer*, 20(9):17 – 41, September 1987.

[CT89] W. B. Croft and H. Turtle. A Retrieval Model Incorporating Hypertext Links. In *Proceedings of the 2nd ACM Conference on Hypertext (Hypertext '89)*, pages 213 – 224, Pittsburgh, PA, November 5 – 8, 1989.

[FKSD+91] M. Fuller, A. Kent, R. Sacks-Davis, J. Thom, R. Wilkinson, and J. Zobel. Querying in a Large Hyperbase. In D. Karagiannis, editor, *Proceedings of the International Conference on Database and Expert Systems Applications (DEXA 91)*, pages 455 – 458, Berlin, Germany, August 21 – 23, 1991.

[FLPS90] C. Faloutsos, R. Lee, C. Plaisant, and B. Shneiderman. Incorporating String Search in a Hypertext System: User Interface and Signature File Design Issues. *Hypermedia*, 2(3):183 – 200, 1990.

[Fuh90] N. Fuhr. Hypertext und Information Retrieval. In P. A. Gloor and N. A. Streitz, editors, *Hypertext und Hypermedia: Von theoretischen Konzepten zu praktischen Anwendungen*, pages 101 – 111. Springer Verlag, Informatik Fachberichte 249, 1990.

[GBYS91] G. H. Gonnet, R. A. Baeza-Yates, and T. Snider. Lexicographical Indices for Text: Inverted Files vs. PAT trees. Technical Report OED-91-01, The University of Waterloo Centre for the New Oxford English Dictionary, February 1991.

[Gon87] G. H. Gonnet. Examples of PAT Applied to the Oxford English Dictionary. Technical Report OED-87-02, The University of Waterloo Centre for the New Oxford English Dictionary, July 1987.

[Goo88] D. Goodman. *The Complete HyperCard Handbook*. Bantam Books, 1988.

[HHT91] J. M. Haake, J. Hannemann, and M. Thüring. Ein Ansatz zur Organisation von Hyperdokumenten. In H. Maurer, editor, *Proceedings of Hypertext/Hypermedia '91*, pages 119 – 134, Graz, Austria, May 27 – 28, 1991. Springer Verlag, Informatik Fachberichte 276.

[HS90a] J. Haake and H. Schütt. Eine Systemarchitektur für ein wissensbasiertes Hypertext-Autorensystem. In P. A. Gloor and N. A. Streitz, editors, *Hypertext und Hypermedia: Von theoretischen Konzepten zu praktischen Anwendungen*, pages 65 – 78. Springer Verlag, Informatik Fachberichte 249, 1990.

[HS90b] F. Halasz and M. Schwartz. The Dexter Hypertext Reference Model. In J. Moline, D. Benigni, and J. Baronas, editors, *Proceedings of the Hypertext Standardization Workshop*, pages 95 – 133, Gaithersburg, MD, January 16 – 18, 1990. National Institute of Standards and Technology.

[HW92] J. M. Haake and B. Wilson. Supporting Cooperative Writing of Hyperdocuments in SEPIA. Technical report, GMD-IPSI, March 1992.

[KNF+92]   W. Klas, E. J. Neuhold, P. Fankhauser, M. Kaul, P. Muth, T. Rakow, and V. Turau. VML —
            The VODAK Model Language, Version 2.0. Working Paper, 1992.

[KNS89]   W. Klas, E. J. Neuhold, and M. Schrefl. Tailoring Object-Oriented Data Models through Meta-
            classes. In *Proceedings of the Advanced Database System Symposium '89*, pages 169 – 178,
            Kyoto Research Park, Kyoto, Japan, December 7 – 8, 1989.

[KNS90]   W. Klas, E. J. Neuhold, and M. Schrefl. Using an Object-Oriented Approach to Model Multi-
            media Data. *Computer Communications* 13(4), 204–216, May 1990.

[Kuh91]   R. Kuhlen. *Hypertext — Ein nicht-lineares Medium zwischen Buch und Wissensbank*. Edition
            SEL-Stiftung. Springer-Verlag, 1991.

[MBB90]   J. Moline, D. Benigni, and J. Baronas, editors. *Proceedings of the Hypertext Standardization
            Workshop*, Gaithersburg, Maryland, January 16 – 18, 1990. National Institute of Standards and
            Technology.

[MRKN91]   P. Muth, T. C. Rakow, W. Klas, and E. J. Neuhold. A Transaction Model for an Open Publica-
            tion Environment. In A. K. Elmagarmid, editor, *Database Transaction Models for Advanced
            Applications*. Morgan Kaufmann, 1991.

[Nel65]   T. H. Nelson. A File Structure of the Complex, the Changing, and the Indeterminate. In *Pro-
            ceedings of the 20-th National ACM Conference*, pages 84 – 100, Cleveland, OH, August 24 –
            26, 1965.

[Nie90]   J. Nielsen. *Hypertext and Hypermedia*. Academic Press, 1990.

[Pea89]   A. Pearl. Sun's Link Service: A Protocol for Open Linking. In *Proceedings of the 2nd ACM
            Conference on Hypertext (Hypertext '89)*, pages 137 – 146, Pittsburgh, PA, November 5 – 8,
            1989.

[Sch91]   J. Schaper. LinkWorks — Connecting Application Information Together. In H. Maurer, editor,
            Proceedings of Hypertext/Hypermedia '91, pages 257 – 265, Graz, Austria, May 27 – 28, 1991.
            Springer Verlag, Informatik Fachberichte 276.

[SGL91]   K. Smith Catlin, L. N. Garrett, and J. A. Launhardt. Hypermedia Templates: An Author's Tool.
            In *Proceedings of the 3rd ACM Conference on Hypertext (Hypertext '91)*, pages 147 – 160, San
            Antonio, TX, December 15 – 18, 1991.

[SHT89]   N. A. Streitz, J. Hannemann, and M. Thüring. From Ideas and Arguments to Hyperdocuments:
            Travelling through Activity Spaces. In *Proceedings of the 2nd ACM Conference on Hypertext
            (Hypertext '89)*, pages 343 – 364, Pittsburgh, PA, November 5 – 8, 1989.

[SS90]   H. Schütt and N. Streitz. *HyperBase*: A Hypermedia Engine Based on a Relational Database
            Management System. In A. Rizk, N. Streitz, and J. André, editors, *Hypertext: Concepts, Sys-
            tems, and Applications*, pages 95 – 108, Versailles, France, November 28 – 30, 1990. Cam-
            bridge University Press, The Cambridge Series on Electronic Publishing.

[Syb89]   Sybase, Inc., 6475 Christie Avenue, Emeryville, CA 94608. *Transact SQL User's Guide, Re-
            lease 4.0*, May 1989.

[THH91]   M. Thüring, J. Haake, and J. Hannemann. What's ELIZA doing in the Chinese Room — Inco-
            herent Hyperdocuments and how to Avoid them. In *Proceedings of the 3rd ACM Conference
            on Hypertext (Hypertext '91)*, pages 161 – 177, San Antonio, TX, December 15 – 18, 1991.

[Wol88]   P. Wollschläger. *Macintosh HyperCard: Anwendung und Programmierung des multimedialen
            Informationssystems*. Markt und Technik Verlag, 1988.

[WS91]   A. Weber and V. Schoepf. Konzepte zur Versionsverwaltung für die Hyperdokumenterstellung
            in einer hypertextbasierten Publikationsumgebung. In H. Maurer, editor, *Proceedings of Hy-
            pertext/Hypermedia '91*, pages 274 – 285, Graz, Austria, May 27 – 28, 1991. Springer Verlag,
            Informatik Fachberichte 276.

Integration und Konvertierung von Bildinformationen in offene Hypermediasysteme

Th. Weidenfeller, R. Cordes

TELENORMA GmbH (Bosch Telecom)
Kleyerstraße 94
6000 Frankfurt am Main 1

Tel.: 069/266-{3042, 3761}
Fax: 069/266-3315
E-Mail: {weidenfeller, cordes}@esy.telenorma.de

1. Einleitung

Dieser Beitrag beschreibt Arbeiten zur Untersuchung und Entwicklung von Komponenten für zukünftige Multimedia-Kommunikationssysteme. Dabei werden im Rahmen von Machbarkeitsstudien auch Hypermedia-Techniken zur Integration unterschiedlicher Medien betrachtet, die zu diversen Telekommunikationsdiensten korrespondieren. Um sicherzustellen, daß entwickelte Komponenten nicht nur mit heute bereits verfügbaren Telekommunikationsdiensten zusammenarbeiten, sondern, daß auch zukünftige oder sich in der Entwicklung befindliche Dienste zugänglich sein werden, ist ein Baukasten-Konzept sinnvoll, welches die einfache Austauschbarkeit einzelner Komponenten ermöglicht. Zentrale Komponente dieses Konzeptes ist ein Open Link Server, der einerseits unterschiedliche Informationsschichten verwaltet und zuordnet, andererseits aber den Zugriff auf weitere Dienste ermöglicht. Dieser Open Link Server ist in Abbildung 1 dargestellt ([1], [2], [3]).

Zur Realisierung dieses Konzepts und der Integration unterschiedlicher Dienste unter Verwendung von Hypermedia-Techniken wird eine objektorientierte Systemumgebung benutzt. Im Rahmen dieser Umgebung sind dann u.a. folgende Punkte abzudecken ([4], [5]):

— Netzwerkprotokolle für unterschiedliche Bandbreiten und Reichweiten,

— Dienste, Dienstelemente und Datentransferprotokolle für hypermediale Dokumente und

— Im- und Exportmechanismen zur Anbindung der klassischen Telekommunikationsdienste (Fax, Telex, Telefon usw.) und gängiger Datenformate (Text-, Graphik-, Audiodaten).

Gerade die Im- und Exportmechanismen stellen eine entscheidende Verbindung eines Hypermediasystems zur realen Welt dar, auch wenn bei der Beschreibung von Hypermediasystemen im allgemeinen davon ausgegangen wird, daß die entsprechenden Daten bereits in einem für das System geeigneten Format vorliegen und schon im System gespeichert sind. Ebenso liegt es außerhalb der Sichtweise von Modellen für Hypertextsystemen, wie speziell Bilddaten für ein solches System akquiriert werden ([4], [6], [8], [9], [10]).

In diesem Beitrag wird eine entsprechende Im- und Exportfunktion für das gängiges Bildformat TIFF (Tag Image File Format) vorgestellt, die exemplarisch das entsprechende

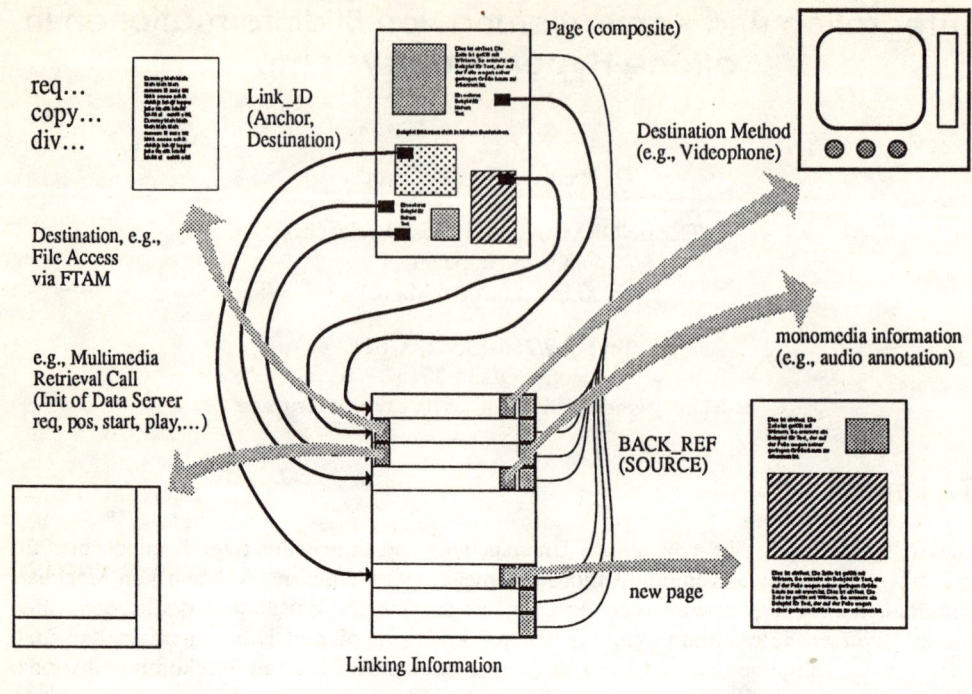

req...
copy...
div...

Link_ID
(Anchor,
Destination)

Page (composite)

Destination Method
(e.g., Videophone)

Destination, e.g.,
File Access
via FTAM

monomedia information
(e.g., audio annotation)

e.g., Multimedia
Retrieval Call
(Init of Data Server
req, pos, start, play,...)

BACK_REF
(SOURCE)

new page

Linking Information

Abb. 1: Open Link Server

Vorgehen und die Komponentenstruktur des Konzeptes zeigt. Ähnliche Komponenten für andere Bildformate und auch für andere Medien sind z.Z. in Arbeit bzw. bereits vorhanden.

Für Standbilder existieren unzählige – zum Teil proprietäre – Bildformate, die von unterschiedlichsten Firmen oder Gremien definiert worden sind. Einige de facto Standards haben größere Verbreitung gefunden, plattformübergreifende Formate sind selten. Ein solches plattformübergreifendes Format ist jedoch TIFF. Auch wenn derzeit entsprechende Normungsbestrebungen im Gang sind, ein universell zu verwendendes Bildaustauschformat (IIF-DF) zu definieren ([14], [15]) kann man die Verbreitung von TIFF nicht ignorieren.

Nach der Vorstellung des Entwicklungsumfeldes und der grundsätzlichen Vorgehensweise in Abschnitt 2 folgt die nähere Beschreibung der Integration von Standbildern (Abschnitt 3). Anschließend wird die Conversion Engine vorgestellt. Abschnitt 5 enthält eine kurze Zusammenfassung.

2. Umfeld und Vorgehensweise

Im hier vorgestellten Ansatz dient ein sog. Open Link Server (Abbildung 1) als Kernstück der Informations-, Dienste- und Anwendungsverwaltung. Dieser beruht auf Strukturierungsansätzen aus unterschiedlichen Standardisierungsgremien wie NIST[1] (das DEXTER Modell [6]) und der ISO, insbesondere den Überlegungen zum MHEG-Standard ([7]).

Es leitet sich für den internen Aufbau des Systems eine Schichtenarchitektur mit drei Ebenen ab:

1. Presentation Layer,

2. Storage Layer,

3. Physical Layer[2],

sowie eine Strukturierung in Informationseinheiten (*Pages*, *Particles*) und Link-Informationen (*Destination*, *Anchor*).

Als Schlüsselkomponente dieser Link-Informationen dient ein Profil, welches für jede Informationseinheit im System angelegt wird. Die Menge aller Profile (für Pages, Particles, Links, Telekommunikationsobjekte, Geräteobjekte, Diensteobjekte, Applikation oder Werkzeuge) bilden den sog. Link Service (Informations Pool).

Als Beispiel sei eine Informationsseite (Page) genannt. Diese ist mit einem Page-Profil versehen. Über das Profil können auf dieser Page verschiedene Ankerinformationen zu unterschiedlichen Zielen führen (z.B. zu einer anderen Page, einem monomedialen Particle, einer Bildtelefon-Verbindung usw.). Die einzelnen Particle, aus denen sich diese Page zusammensetzt, und zugehörige Anker sind ebenfalls mit einem Profil versehen und gespeichert.

Jeder instanziierte Link trägt die Quelle sowie das Ziel des Links. Darüberhinaus kann dieser Link eine Methode aufnehmen, die auszuführen ist, wenn er aktiviert wird. Eine solche Methode kann z.B. zum Aufbau einer Bildtelefon-Verbindung, dem Zugriff auf einen Filetransfer-Service wie FTAM oder zum Aufruf einer neuen Page dienen.

In diesem Konzept werden ebenfalls die Informationseinheiten als Composite bzw. monomediale Objekte dargestellt. Speziell für den Im- und Export von monomedialen Objekten wird ein dedizierter Ansatz verfolgt. Dabei wurde, entsprechend dem Grundsatz, austauschbare Komponenten in einem objektorientierten Kontext zu entwickeln, der gesamte Im- und Exportmechanismus – nicht nur für Standbilder – prinzipiell in zwei Teile gespalten:

1. Low-Level Objekte zum Zugriff auf die externen Daten und

2. eine *Conversion Engine* zur Formatkonvertierung.

Aufgabe der Zugriffsobjekte ist es, die Interna eines entsprechenden Datenformates vor dem Rest des Systems, insbesondere vor der Conversion Engine, zu verbergen. Dazu stellt ein entsprechendes Objekt für ein Datenformat eine Reihe von standardisierten Methoden zur Verfügung, die es der Conversion Engine ermöglichen, alle benötigten Informationen über dieses Objekt zu erhalten. Die zur Verfügung gestellten Informationen sind bei Standbildern beispielsweise:

---

1. National Institute of Standards and Technology

2. Nicht zu verwechseln mit dem Layer 1 des OSI-Modells.

- Zeilenzahl

- Spaltenzahl

- Farbtiefe

- Kodierung eines Bildpunktes

- Werte der einzelnen Bildpunkte

Ein Zugriffsobjekt ist in der jetzigen Implementierung auch dafür zuständig, die Bilddaten – wenn nötig – zu komprimieren oder zu dekomprimieren. Dies kann nicht der Conversion Engine überlassen werden, da zwar in unterschiedlichen Bildformaten gelegentlich gleiche Komprimierungstechniken verwendet werden, die Implementationsdetails aber teilweise erheblich von einander abweichen.

Die Conversion Engine kann also in allen Fällen von unkomprimierten Bilddaten ausgehen, die "nur noch" in das benötigte Zielformat umgesetzt werden müssen. Hauptaufgabe ist es dabei, die Kodierung eines jeden Bildpunktes umsetzen. So kann zum Beispiel die Farbe eines Bildpunktes im Ausgangsformat in 24 Bit kodiert sein, wobei jeweils 8 Bit den Rot-, Grün- und Blauanteil des Bildpunktes direkt wiedergeben. Im Zielformat wird aber erwartet, daß ein Bildpunkt mit einem 8 Bit Wert kodiert wird, der einen Index in eine Farbpalette darstellt, die dann die entsprechenden Rot-, Grün- und Blauanteile enthält.

Eine solche Konvertierung ist eventuell mit einem Informationsverlust, d.h. mit einer Reduzierung der Bildinformation verbunden. Dies zeigt sich deutlich am vorgesehenen möglichen Extremfall, der Umwandlung eines 24 Bit tiefen Farbbildes in ein bi-level Monochromebild. Jeder Bildpunkt in einem 24 Bit tiefen Farbbild kann eine von über 16 Millionen Farbeninformationen besitzen, die auf die Farben Schwarz oder Weiß reduziert werden muß. Aus der Bildverarbeitung sind eine Reihe von Techniken bekannt, um den auftretenden Informationsverlust (bzw. häufig nur den mittleren Fehler) zu verkleinern ([11], [12]). Auf Details dieser Konvertierungsalgorithmen wird hier nicht näher eingegangen.

3. Integration von externen Standbildern – am Beispiel TIFF

3.1 Kurzbeschreibung von TIFF

Das Dateiformat TIFF wurde von Aldus und Microsoft zum Speichern von Rasterbildern definiert [13]. Ziel war es, die Austauschbarkeit von digitalen Bilddaten zwischen unterschiedlichen Systemen zu verbessern bzw. zu ermöglichen. Dabei hat man sich nicht auf einige wenige Bildattributen und Kodierungen festgelegt, sondern einen Maximal-Ansatz verfolgt. D.h., es sollten möglichst viele unterschiedliche Bilddaten gespeichert werden können. So ist es möglich, in einer TIFF-Datei Bi-Level Monochromebilder bis hin zu 24 Bit True-Color Bildern zu speichern, die auch noch mit diversen Algorithmen komprimiert werden können.

Des weiteren kann eine TIFF-Datei mehrere Einzelbilder enthalten, die jeweils durch ein zugehöriges Directory in der TIFF-Datei beschrieben werden. Ein solches Directory enthält die sog. Tags für das entsprechende Bild und Verweise auf die eigentlichen Bilddaten. Diese

Name	Typ	Länge	Def.	S/W	Graust	Index	RGB	Mask	Fax	Bemerkung
Artist	ASCII	bel.		opt.	opt.	opt.	opt.	opt.	opt.	
BadFaxLines	Sh/Lg	1							opt.	
BitsPerSample	Short	1	1	1	4,8	1-8	8	1	1	
CellLength	Short	1			opt.					
CellWidth	Short	1			opt.					
CleanFaxData	Short	1							0,1,2	
ColorMap	Short	3×2^{BS}				ja				
ColorRes.Curve	Short	3×2^{BS}				opt.	empf.			
Compression	Short	1	1	ja*	1,5	1,5	1,5	ja	1,3,4	Werte von 1-5 und 32773
Con.BadFaxData	Sh/Lg	1							ja	
DateTime	ASCII	bel.		opt.	opt.	opt.	opt.	opt.	ja	
DocumentName	ASCII	bel.							opt.	
FillOrder	Short	1	1	opt.	opt.	opt.	opt.	opt.	ja	
FreeBytesCounts	Long	1		opt.	opt.	opt.	opt.	opt.	opt.	
GrayResp.Curve	Short	2^{BS}			opt.					
GrayResp.Unit	Short	1	2		opt.					Wenn GrayResp.Curve def.
Group3	Long	1	1						ja	
Group4	Long	1	1						opt.	
HostComputer	ASCII	bel.		opt.	opt.	opt.	opt.	opt.	opt.	
ImageDesc.	ASCII	bel.		opt.	opt.	opt.	opt.	opt.	ja	
ImageLength	Sh/Lg	1		ja	ja	ja	ja	ja	ja	
ImageWidth	Sh/Lg	1		ja	ja	ja	ja	ja	ja	
Make	ASCII	bel.		opt.	opt.	opt.	opt.	opt.	opt.	
MaxSampVal.	Short	2	$2^{BS}-1$	opt.	opt.	opt.	opt.	opt.	opt.	
MinSampVal.	Short	2	0	opt.	opt.	opt.	opt.	opt.	opt.	
Modell	ASCII	bel.		opt.	opt.	opt.	opt.	opt.	opt.	
NewSubfileType	Long	1	0	opt.	opt.	opt.	opt.	opt.	opt.	Bitweise Werte 0,1,2,4
Pagenumber	Short	2		opt.	opt.	opt.	opt.	opt.	ja	
PhotometricInt.	Short	1		0,1	0,1	3	2	4	0,1	
PlanarConfig.	Short	1	1							SamplesPerPixel ungleich 1
Predictor	Short	1	1	1,2	1,2	1,2	1,2	1,2	1,2	Compression = 5
PrimaryChorm.	Rat	6	s. Spez.			opt.	empf.			
ResolutionUnit	Short	1	2	ja	ja	ja	ja	ja	ja	
RowsPerStrip	Sh/Lg	1	$2^{32}-1$	ja	ja	ja	ja	ja	ja	
SamplesPerPixel	Short	1	1	1	1	1	3	1	1	
Software	ASCII	bel.		opt.	opt.	opt.	opt.	opt.	opt.	
StripByteCounts	Sh/Lg	s.Bem.		ja	ja	ja	ja	ja	ja	Länge v. PlanarConfig. abh.
StripOffsets	Sh/Lg	s.Bem.		ja	ja	ja	ja	ja	ja	Länge v. PlanarConfig. abh.
SubfileTyp	Short	1		opt.	opt.	opt.	opt.	opt.	opt.	
Thresholding	Short	1	1	opt.	opt.	opt.	opt.	opt.	opt.	Werte von 1-3
WhitePoint	Rat.	2				opt.	empf.			
X-Position	Rat.	1		opt.	opt.	opt.	opt.	opt.	opt.	
X-Resolution	Rat.	1		ja	ja	ja	ja	ja	ja	
Y-Position	Rat.	1		opt.	opt.	opt.	opt.	opt.	opt.	
Y-Resoluition	Rat.	1		ja	ja	ja	ja	ja	ja	

* Werte 1, 2 und 32773 zugelassen

Tabelle 1: Liste der Standard-Tags

Tags sind Beschreibungen der Eigenschaften der entsprechenden Bilddaten. Ihre Skala reicht von Tags zur Angabe der Spalten- und Zeilenzahl bis hin zu Tags, welche die Farbfilter-/Lichtquellenverhältnisse bei der Generierung der Bilddaten – z.B. durch einen Scanner – beschreiben. Die Tabelle 1 gibt einen Überblick über die 45 standardmäßig definierten Tags, wobei nicht jeder Tag bei jedem Bild vorhanden sein muß bzw. darf. Darüber hinaus existieren diverse firmenspezifische Tags, die bei Aldus bzw. Microsoft ohne Angaben zu ihrer Funktion registriert sind.

Zwar wurde TIFF so definiert, daß relativ einfach aus den von vielen Eingabesystemen wie Scannern oder Frame-Grabbern gelieferten Daten TIFF-Dateien erzeugt werden können (sog. TIFF Writer), bei der Verarbeitung von TIFF-Dateien (durch sog. TIFF Reader) steht man aber vor dem Problem, die Vielfalt möglicher auftretender Tags und ihrer Kombinationen abdecken zu müssen. Dadurch verbietet es sich insbesondere, TIFF als internes Format

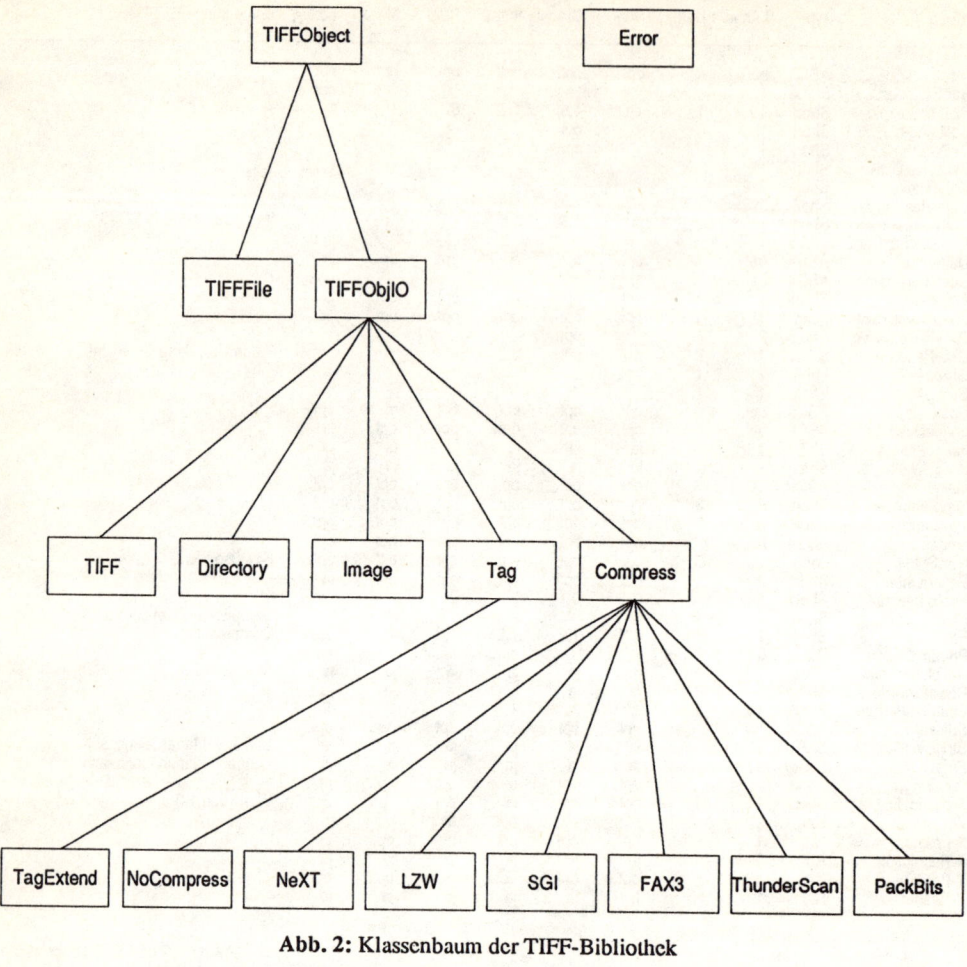

Abb. 2: Klassenbaum der TIFF-Bibliothek

---

innerhalb der Applikation zu verwenden. Der bei der Bearbeitung jedesmal notwendige zusätzliche Aufwand zur Interpretation des vorliegenden Formats wäre zu groß. Eine Konvertierung in ein internes Format der Applikation ist daher notwendig; die "rauhe Wirklichkeit" (TIFF) muß in eine "heile Welt" (Applikationsformat) übersetzt werden.

3.2 Die TIFF-Klasse

Zum Zugriff auf Dateien im Tag Image File Format wurde eine C++ Klassenbibliothek entwickelt und in das offene Hypermedia-System integriert. Sie ist so aufgebaut, daß sie sich, wie in Abschnitt 1 dargestellt, gegebenenfalls austauschen läßt. Ebenso sollte die Klassenbibliothek einfach erweiterbar sein, wenn z.B. neue Kompressionsalgorithmen zu den bereits spezifizierten hinzukommen oder sich das Interface zur Conversion Engine ändert.

Ausgangspunkt für den Entwurf der Klassenstruktur war die Abbildung des Formates einer TIFF-Datei auf Objekte, die durch Klassen beschrieben werden. Dies ist die klassische Vorgehensweise nach [16]. Insgesamt wurde für die Bibliothek ein sog. Tree-Ansatz gewählt, d.h. alle Klassen sind Teil eines einzigen Klassenbaums, im Gegensatz zu einem Forest-Ansatz, wo mehrere unabhängige Klassenbäume existieren. Der entwickelte Klassenbaum ist in Abbildung 2 wiedergegeben.

Die dort angegebene Klasse *Error* besitzt nur eine Instanz, ein zentrales Objekt an das alle Fehlermeldungen des Systems gehen. *Error* ist nicht in der TIFF-Bibliothek implementiert, sondern befindet sich sehr weit oben im Klassenbaum des Gesamtsystems, da diese Klasse die Fehlerbehandlung des gesammten Systems übernimmt.

Die Klasse *TIFFObject* ist eine reine Basisklasse, es gibt keine Instanzen dieser Klasse. *TIFFObject* dient dazu, von allen abgeleiteten Klassen gemeinsam benötigte Methoden bereitzustellen. Dies ist insbesondere eine Kanalisierung eventueller Fehlermeldungen, so daß diese nach außen hin (zum *Error* Objekt) eindeutig der TIFF-Bibliothek und der entsprechend geöffneten TIFF-Datei zuzuordnen sind.

TIFFFile ist eine Klasse, die die Schnittstelle zum UNIX-Dateisystem bildet. Zusätzlich wird – wenn nötig – eine Vertauschung der Bit- und Byte-Reihenfolge der aus einer Datei gelesenen bzw. in eine Datei zu schreibenden Daten durchgeführt. Dies ist notwendig, da die TIFF-Spezifikation unterschiedliche Reihenfolgen erlaubt.

Um die Konsistenz beim Zugriff auf eine TIFF-Datei zu sichern, wird eine Klasse *TIFFObjIO* verwendet. Sie koordiniert alle Zugriffe von Instanzen der von ihr abgeleiteten Klassen auf eine Datei.

Die einzige für den Anwender der Bibliothek zugängige Klasse ist die Klasse *TIFF*. Für jede TIFF-Datei, auf die zugegriffen werden soll, muß ein *TIFF*-Objekt instanziiert werden. Dabei wird automatisch ein zugehöriges *TIFFFile*-Objekt erzeugt. Auf dieser Basis erfolgt dann für jedes in der zu bearbeitenden TIFF-Datei enthaltenes Bild die Generierung eines Objekts vom Typ *Directory*.

Die Klasse *Directory* dient dazu, für jeweils ein Bild einer TIFF-Datei die zugehörigen Tags zusammenzufassen. Tags werden natürlich auch durch entsprechende Objekte beschrieben, wobei es zwei Tag-Klassen gibt: *Tag* und *TagExtend*. Diese unterscheiden sich nur dadurch, daß die TIFF-Spezifikation für einige Tags ein erweitertes Zugriffsverfahren in der Datei vorsieht.

Die Klasse *Directory* ist ebenfalls für die Verwaltung der eigentlichen Bilddaten über ein Objekt der Klasse *Image* zuständig. Dies entspricht dem Aufbau der Directory-Daten, wie sie in einer TIFF-Datei gespeichert sind.

Eine Instanz der Klasse *Image* verwaltet neben den Bilddaten auch noch ein Objekt vom Typ *Compress*. Die Klasse *Compress* stellt eine gemeinsame Schnittstelle zu den verschiedenen implementierten Kompressions- und Dekompressionsalgorithmen dar. In *Compress* sind die entsprechenden Methoden nur virtuell definiert. Dies wird dazu benutzt, daß zur Laufzeit die entsprechende richtigen Kompressions- und Dekompressionsmethoden aus den abgeleiteten Klassen (*NoCompress*, *NeXT*, *LZW*, *SGI*, *FAX3*, *ThunderScan* oder *PackBits*) gewählt werden.

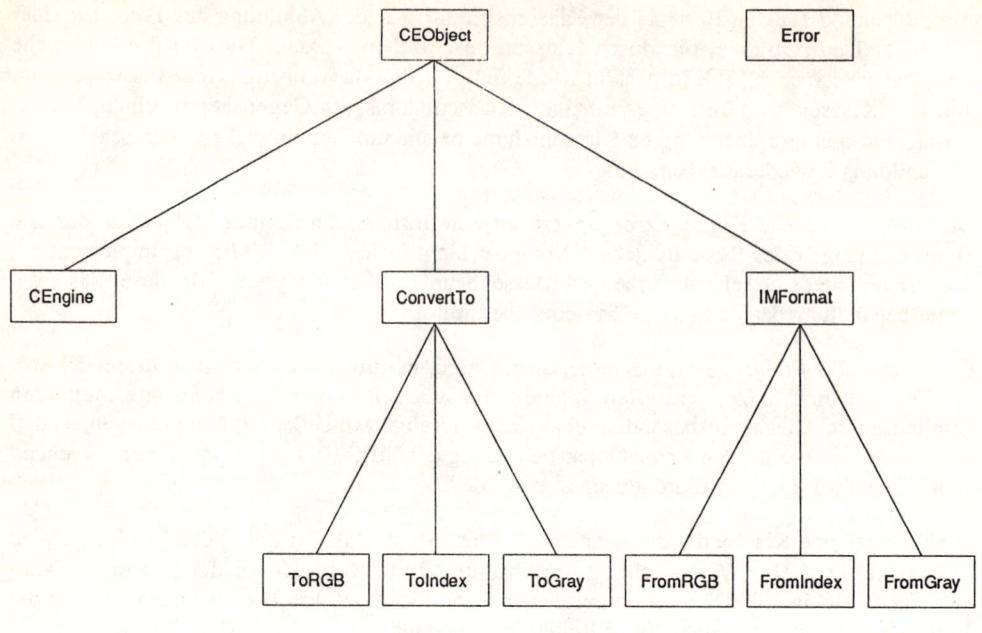

Abb. 3: Klassenbaum der *Conversion Engine*

---

4. Die Conversion Engine

Grundsätzlich ist für jede Informationsart eine eigene Conversion Engine notwendig. Um die Informationen aus Abschnitt 3.2 zu vervollständigen, wird hier die Conversion Engine für die Wandlung von Bildformaten vorgestellt. Diese soll im Endausbau nicht nur die entsprechenden Bildpunkt-Kodierungen umrechnen (Abbildung 3 zeigt den Klassenbaum), sondern auch noch Geometrieveränderungen, Ausschnittvergrößerungen u.ä. vornehmen können.

Die Conversion Engine arbeitet mit einem Zwischenformat, das von allen *From*...-Klassen generiert und von allen *To*...-Klassen verarbeitet werden kann. Zuständig für die Generierung dieses Zwischenformats ist die Klasse *IMFormat*, bzw. ihre abgeleiteten Klassen *FromRGB*, *FromIndex* und *FromGrey*. Mit diesen *From*...-Klassen lassen sich z.Z. drei unterschiedliche Bildpunkt-Kodierungen in das Zwischenformat übersetzen:

FromRGB   Bilddaten, in denen die Rot-, Grün- und Blaukomponenten der Farbe eines Bildpunktes direkt gespeichert sind.

FromIndex   Bilddaten, die einen Index in eine Farbtabelle enthalten.

FromGray   Bilddaten, die nur Graustufen enthalten

Entsprechend existiert ein Satz von Klassen für die Generierung des gewünschten Zielformates: *ToRGB*, *ToIndex* und *ToGray*. Welche dieser Klassen verwendet wird, bestimmt der Benutzer über die Instanziierung eines Objektes der *CEngine*.

Der Konstruktor von *CEngine* erhält zwei Objekte:

1. Das Ausgangsobjekt, dessen Daten konvertiert werden sollen (z.B. ein Objekt vom Typ *TIFF*)

2. Ein Zielobjekt vom Typ *ToRGB*, *ToIndex* oder *ToGray*, welches das Zielformat bestimmt.

CEngine instanziiert nun anhand der vom Ausgangsobjekt gelieferten Informationen ein entsprechendes *From...*-Objekt. Damit wird das Zwischenformat erzeugt, das vom entsprechenden *To...*-Objekt in das Zielformat konvertiert wird.

5. Zusammenfassung und Ausblick

Es wurde anhand einer Klassenbibliothek für Standbildern im TIF-Format exemplarisch gezeigt, wie Im- und Exportfunktionalitäten realisiert werden können, um Standard-Datenformate in Hypermediasysteme zu integrieren. Das vorgestellte Konzept läßt sich auch auf andere Medien wie z.B. Audio- oder Videodaten übertragen. Auch hier ist eine Zweiteilung in Zugriffklassen und eine entsprechende Conversion Engine möglich. Die endgültige Einbindung der von einer Conversion Engine gelieferten Daten erfolgt dann einfach dadurch, daß diese Daten mit einem entsprechenden Profil versehen werden (siehe Abschnitt 2).

Die dargestellte TIFF-Klassenbibliothek erwies sich als universell verwendbar, sie wird bereits in einigen anderen Programmen eingesetzt. Dies entspricht dem objektorientierten Ansatz, eine wiederverwendbaren Klassen zu schaffen.

Die beschriebene Conversion Engine benötigt noch einige Erweiterungen. Ihre Brauchbarkeit wurde an ersten Testbeispielen und Demonstrationsdaten (medizinische Daten, Touristik-informationen) geprüft. Alternativ wird z.Z. auch ein Konzept untersucht, welches darauf basiert, Komponenten einer klassische Display-Pipeline innerhalb eines Hypermediasystems entsprechend zu verwenden. Dies geschieht im derzeit laufenden RACE-II Projekt AMICS (Advanced Multimedia and Image Communication Services).

Derzeit wird an Zugriffsklassen für JPEG-Daten (Joint Photographic Expert Group) und an einer objektorientierten Datenbank-Unterstützung für den Link-Server gearbeitet.

6. Acknowledgment

Wir danken Herrn Norbert Rapp für die Erprobung des Konzeptes und die Lösung von Detailproblemen bei der Implementierung der TIFF-Klassen sowie Herrn Jürgen Härder für die Vorbereitung der Implementierung der Conversion Engine und der Untersuchung möglicher Konvertierungsalgorithmen.

Teile dieser Arbeiten wurden bzw. werden noch von der EG gefördert (RACE Project 1038: MCPR, RACE Project 2056: AMICS).

7. Literatur

[1]   Süllow, K.; Cordes, R.: "Einbeziehung von Hypertechniken in die multimediale Kommunikation". *Hypertext und Hypermedia* (s. [18]).

[2]   Cordes, R.; Kummerow, Th.: "Multimedia Communication and Information Management Based on Available and Emerging Standards". *Proc. 6. IEEE Int'l. Workshop on Telematics.* Cheju, Korea, Sept. 91.

[3]   Cordes, R.; Peyn, H.; Kummerow, Th. Töpperwien, Th.; Weidenfeller, Th.: "Access Methods for Distributed Multimedia Information Systems Based on Private Broadband Communication Networks" *Proc. IEEE Multimedia.* April 1992.

[4]   Cordes, R.; Hofmann, M.; Langendörfer, H.: "Layered Object-oriented Techniques Supporting Hypermedia and Multimedia Applications". *Proc. WOODMAN'89.* BIGRE 63-64 (Mai 1989): 286-296.

[5]   Töpperwien, T.; Weidenfeller, T.: "Design und Realisierung einer objektorientierten Bedienoberfläche für die Multimedia-Kommunikation". GI-Jahrestagung 1991 (s. [17]).

[6]   Halasz, Frank; Schwartz, Mayer: "The Dexter Hypertext Reference Model". *Proc. NIST* (s. [19]).

[7]   MHEG Document S.5. Jan. 1992.

[8]   Kirste, T.: "Ein offenes Hypermediasystem für graphische Applikationen". GI-Jahrestagung 1991 (s. [17]).

[9]   Kirste, T.; Hübner, W.: "HyperPicture – ein Archivierungs- und Retrievalsystem auf optischen Speichermedien". *Hypertext und Hypermedia* (s. [18]).

[10]   Hofmann, M. [u.a.]: "Vom lokalen Hypertext zum verteilten Hypermediasystem". *Hypertext und Hypermedia* (s. [18]).

[11]   Foley, James D.; van Dam, Andries; Feiner, Steven K.; Huges, John F.: *Computer Graphics.* Principles and Practice. 2nd ed. Reading, Mass.: Addison-Wesley, 1990.

[12]   Ulichney, Robert: *Digital Halftoning.* Cambridge, MA.: MIT Press, 1987.

[13]   *TIFF Specification 5.0.* An Aldus/Microsoft Technical Memorandum. 1988.

[14]   Blum, Christof; Hofmann, Georg Rainer: "ISO/IEC'S Image Interchange Facility (IIF)". *Proc of the SPIE/IS&T's Conference on Electronic Imaging, Image Processing and Interchange.* 1659-11, San Jose, CA., February 1992.

[15]   *ISO/IEC Committee Draft (CD) 12087.* Part 3: Image Interchange Facility (IIF). ISO/IEC JTC1 SC24. (May 4, 1992).

[16]   Meyer, Bertrand: *Object-oriented Software Construction.* Prentice Hall International Series in Computer Science. New York: Prentice Hall, 1988.

[17]   Encarnação, José (Hrsg.): *Telekommunikation und multimediale Anwendungen der Informatik.* GI-21. Jahrestagung Proceedings. Informatik-Fachberichte 293. Hrsg. W. Brauer. Berlin: Springer-Verlag, 1991.

[18]   Gloor, P. A.; Streitz, N. A. (Hrsg.): *Hypertext und Hypermedia.* Von theoretischen Konzepten zur praktischen Anwendung. Informatik-Fachberichte 249. Hrsg. W. Brauer. Berlin: Springer-Verlag, 1990.

[19]   *Proc. of the Hypertext Standardisation Workshop.* National Institute of Standards and Technology. Gaithersburg, MD (January 1990).

SpacePicture – ein interaktives Hypermediasystem für die Archivierung und das Retrieval von hochaufgelösten Satellitenbildern

Thomas Kirste

Zentrum für Graphische Datenverarbeitung e.V. (ZGDV)
Wilhelminenstr.7
6100 Darmstadt
Deutschland
Tel.: +49 6151 155–241
Fax: +49 6151 155–299
Email: kirste@zgdvda.uucp

Abstract

SpacePicture ist ein System für die Archivierung, Organisation und den Zugriff auf große Mengen von Satellitenbildern. Es verwendet zur Strukturierung der Daten Hyperlinks und unterstützt den interaktiven Zugriff des Benutzers auf die gespeicherte Informationsbasis und ihre vernetzte Struktur. SpacePicture besitzt eine leicht zu bedienende graphisch–interaktive Benutzerschnittstelle. Ein "elektronischer Atlas" unterstützt die Navigation auf der Erdoberfläche auf der Basis einer Kartenhierarchie bestehend aus digitalisierten und mit Hyperlinks verknüpften Karten. Weitere Komponenten unterstützen die interaktive Spezifikation geographischer Bereiche, die Suche nach Satellitenbildern in diesen Bereichen und den Zugriff auf einzelne Satellitenbilder.

SpacePicture wurde mit Hilfe des HyperPicture–Toolkits realisiert. HyperPicture ist ein Toolkit, das die leichte und flexible Realisierung von Hypermedia–Applikationen unterstützt – Applikationen die den interaktiven Zugriff zu großen, komplexen Strukturen, bestehend aus heterogenen multimedialen Datenobjekten, gewährleisten müssen.

Das Papier beschreibt die Aufgaben der SpacePicture–Applikation, die Gründe, weshalb HyperPicture als Implementierungsbasis gewählt wurde und wie SpacePicture auf dem HyperPicture–Toolkit implementiert wurde.

1 Einführung

SpacePicture ist ein System für die Archivierung, Organisation und den Zugriff auf große Mengen von Satellitenbildern. SpacePicture wurde für die Deutsche Forschungsanstalt für Luft– und Raumfahrt entwickelt und wird dort im Rahmen des ISIS–Systemkomplexes (ISIS = Intelligentes Satellitenbild–Informationssystem für die ökologische Kartierung) eingesetzt. Es verwendet zur Strukturierung der Daten Hyperlinks und unterstützt den interaktiven Zugriff des Benutzers auf die gespeicherte Informationsbasis und ihre vernetzte Struktur. SpacePicture besitzt eine leicht zu bedienende graphisch–interaktive Benutzerschnittstelle. Ein "elektronischer Atlas" unterstützt die Navigation auf der Erdoberfläche auf der Basis einer Kartenhierarchie bestehend aus digitalisierten und mit Hyperlinks verknüpften Karten. Weitere Komponenten unterstützen die interaktive Spezifikation geographischer Bereiche, die Suche nach Satellitenbildern in diesen Bereichen und den Zugriff auf einzelne Satellitenbilder.

SpacePicture [11],[12] wurde mit Hilfe des HyperPicture–Toolkits [9], [10] realisiert. HyperPicture ist ein Toolkit, das die leichte und flexible Realisierung von Hypermedia–Applikationen unterstützt – Applikationen die den interaktiven Zugriff zu großen, komplexen Strukturen[1], bestehend aus heterogenen "multimedialen" Datenobjekten, gewährleisten müssen. Das Toolkit stellt die notwendigen Abstraktionen und Mecha-

---

1. Im Folgenden wird der Begriff *Hyperbase* für diese persistenten Strukturen verwendet.

nismen zur Verfügung, die für eine einfache Realisierung von komplexen interaktiven Anwendungen mit den folgenden Anforderungen benötigt werden:

- Unterstützung unterschiedlicher Datentypen und Medien (wie etwa Rasterbild, Graphik, Text, Ton und Bewegtbild),

- Verwaltung großer Datenmengen,

- Aufbau und Manipulation von komplexen, vernetzten Datenstrukturen,

- Interaktive Navigation in komplexen Datenstrukturen.

Im folgenden werden die Aufgaben der SpacePicture–Applikation beschrieben, die Gründe, weshalb Hyper-Picture als Implementierungsbasis gewählt wurde, und wie SpacePicture auf dem HyperPicture–Toolkit implementiert wurde.

Mit der SpacePicture–Applikation wird gezeigt, wie ein Allzweck-Toolkit für Multimedia– und Hypermedia–Applikationen sinnvoll eingesetzt werden kann, um eine spezialisierte Anwendung zu realisieren, in deren Rahmen auch extrem große Datenmengen effizient verwaltet werden müssen. In diesem Fall ist die Applikation ein interaktives geographisches Informationssystem.

2 Das Aufgabenfeld von SpacePicture

SpacePicture wurde vom Zentrum für Graphische Datenverarbeitung e. V.(ZGDV) als eigenständiges System realisiert. Seine zentrales Anwendungsgebiet ist jedoch die ISIS–Umgebung [14], die von der Deutschen Forschungsanstalt für Luft– und Raumfahrt entwickelt wird. Innerhalb von ISIS ist SpacePicture für den interaktiven Zugriff auf hoch und sehr hoch aufgelöste mehrkanälige geocodierte Satellitenbilder verantwortlich (z.B. 6000 x 6000 Pixel, 7 Kanäle mit je 8 Bit Z–Auflösung).

Die Datenvolumen, auf die der Anwender mit Hilfe von SpacePicture zugreifen kann, sind damit vergleichsweise groß. Bilder mit der oben genannten Auflösung können leicht eine Größe von 250 Megabyte überschreiten. In Sonderfällen, etwa beim vollständigen Höhenmodell der Erdoberfläche, werden Datenvolumen jenseits von 1 Gigabyte pro individuellem Objekt erreicht. Die Bildobjekte werden auf optischen WORM–Jukebox–Systemen mit sehr großer Kapazitätgespeichert. SpacePicture stellt die folgenden Mechanismen für einen einfachen Zugriff auf diese Bildobjekte zur Verfügung:

- Ein Suchwerkzeug für den Zugriff auf Bildobjekte als abstrakte Einheiten.

- Ein Werkzeug für den Zugriff auf die Originaldaten eines Bildobjektes, basierend auf vollständigen Bildern und Teilbildern, für alle Kanäle oder eine ausgewählte Untermenge von Kanälen.

- Ein Hyperlink–basiertes Navigationswerkzeug für den Zugriff auf geographische Regionen.

SpacePicture stellt eine leicht zu bedienende, fensterorientierte Benutzungsoberfläche zur Verfügung. Mit ihrer Hilfe kann der Anwender auf einfache Weise auf der Erdoberfläche navigieren und auf einzelne Bildobjekte, oder Teile davon, zugreifen. Ein weiterer für den Anwender zentraler Punkt ist die Möglichkeit der Suche nach Bildobjekten, die sich innerhalb eines bestimmten geographische Bereichs befinden. Hierzu kann der Anwender interaktiv einen Bereich auf der Erdoberfläche[2] markieren – entweder durch direkte Interaktion mit der Maus, oder durch die exakte numerische Angabe der Koordinateninformationen. SpacePicture sucht dann nach allen in diesem Bereich enthaltenen Bildobjekten. Neben dem geographischen Suchbereich können sekundäre Anfragespezifikationen angegeben werden, um die Ergebnismenge der Suche weiter einzuschränken. Hier kann zum Beispiel der Datumsbereich festgelegt werden, in dem das Bildobjekt erstellt worden ist, oder die Menge der Sensoren, von denen ein Bildobjekt generiert wurde.

Zwei Systemkomponenten sind für die Anzeige von Daten und die Unterstützung der Interaktion des Anwenders mit der Hyperbase verantwortlich:

---

2. Genauer gesagt, auf einer bildlichen Darstellung der Erdoberfläche auf dem Bildschirm, einer digitalisierten Landkarte.

- Ein Kartenbrowser, ein "elektronischer Atlas", ermöglicht die Navigation auf der Erdoberfläche. Der Atlas arbeitet auf der Basis einer Kartenhierarchie, die aus durch Hyperlinks verbundenen, digitalisierten Landkarten besteht. Weiterhin enthält der Atlas die Kontrollelemente für die Suchkomponente sowie die Mechanismen für die Anzeige eines Suchergebnisses und für den Zugriff auf die einzelnen Elemente – Satellitenbilder – eines Suchergebnisses.

- Der Satellitenbildbetrachter ("Viewer") ist für die Darstellung einzelner Satellitenbilder verantwortlich. Der Viewer verwendet ein in etwa bildschirmfüllendes, auflösungsreduziertes und gegebenenfalls eingefärbtes Präsentationsderivat, um ein Satellitenbild anzuzeigen. Neben dem Präsentationsderivat wird die Attributinformation angezeigt. Der Viewer verfügt daneben über Funktionen zur Veränderung der Darstellung (Farbtabellenmanipulation und Pan/Zoom–Steuerung). Die Export–Sektion des Viewers enthält die Mechanismen für die interaktive Definition von Bildausschnitten und die Steuerungselemente für den Start des Bildprozessors, der für die Extraktion der definierten Ausschnitte in voller Auflösung aus den Originaldaten verantwortlich ist.

3 Die Abbildung von SpacePicture auf HyperPicture

3.1 Kurze Einführung in HyperPicture

SpacePicture wurde auf der Basis des HyperPicture Toolkits realisiert. Das Zentrum für Graphische Datenverarbeitung e. V. (ZGDV) hat mit HyperPicture eine Basisarchitektur für ein offenes Hypermediasystem für graphische Anwendungen entwickelt. Ziel war es, ein Toolkit zu realisieren, mit dem Informationssysteme auf der Basis multimedialer Datentypen (Rasterbild, Bewegtbild, Ton etc.) entwickelt werden können. Bei der Entwicklung des HyperPicture–Konzeptes wurde dabei die Manipulation von heterogenen Datenobjekten als wichtige Teilfunktion des Systems verstanden. Daraus folgte, daß insbesondere für die Beschreibung der Relationen zwischen multimedialen Objekten ein gegenüber dem konzeptionell statischen Verweismodell von Hypertext erweiterter Mechanismus benötigt wurde. Daneben wurde eine Detaillierung der Konzepte "Anker" bzw. "Auslöser" notwendig, um komplexere Funktionalitäten der Benutzerschnittstelle einfach beschreibbar zu machen.

Die Problematik der Interpretation unterschiedlichster Objektinhalte wie Rasterbilder, Video, Text, wird im HyperPicture–Konzept – genauso wie in den Hypertext–Modellen [4][6][13] – durch eine Trennung von abstrakter Identität und konkretem Inhalt eines Objektes gelöst.

Innerhalb eines objekttypunabhängigen Kernsystems werden abstrakte Objekt–Identitäten als Synonyme für Objekte verwendet. Dadurch lassen sich die Mechanismen des Kernsystems zur Verarbeitung der verschiedenen Objekte und Objektstrukturen unabhängig von der tatsächlichen, typspezifischen Bedeutung des Inhaltes eines Objektes formulieren. Um das Kernsystem herum sind die inhaltsspezifischen Mechanismen angeordnet, die spezielle Werkzeuge für den Zugriff und die Manipulation der Inhalte von Objekten anbieten. Damit ist das Toolkit selbst vollständig unabhängig von den applikationsspezifischen Objektklassen und Objekten, die in einer Hyperbase gespeichert sind. Jederzeit können mit Hilfe der Toolkitfunktionen neue Objektklassen und Objekte in einer existierenden Hyperbase erzeugt werden.

Eine zweite Strukturierungsebene ist die Trennung der Verantwortlichkeiten für das dynamische und das strukturelle Verhalten des Systems. Das dynamische Verhalten steuert und beschreibt die Interaktion des Benutzers mit dem System, während das strukturelle Verhalten die Transformation von Datenobjekten ineinander und die Mechanismen für den Aufbau von Informationsstrukturen definiert.

Diese Strukturierungsebenen des HyperPicture–Konzeptes – die Trennung in abstrakte und inhaltliche Ebene sowie in Dynamik– und Strukturebene erlaubt eine einfache Klassifizierung der folgenden Systemkomponenten:

- Massenspeicherverwaltung (Storage Management, STM),

- Objektverwaltung (Object Management, OM),
- Sitzungsverwaltung (Session Management, SM),
- Präsentation– und Interaktion (PIM).

	dynamic	structural
abstract	SM	OM
content–specific	PIM	STM

Die verschiedenen Komponenten haben dabei die folgenden Aufgabenbereiche:

Massenspeicherverwaltung – Diese Komponente ist unter anderem verantwortlich für die Zuordnung der Datenobjekte zu den einzelnen Speicherpools, den Zugriff auf den Inhalt der Datenobjekte, die zeitsynchrone Wiedergabe von Datenobjekten und die Cache–Steuerung.

Objektverwaltung – Die Objektverwaltung ist verantwortlich für die Speicherung und Organisation der abstrakten Elemente des HyperPicture–Konzeptes, sie bildet die Abstract Machine im Sinne der HAM [2].

Sitzungsverwaltung – Die Sitzungsverwaltung steuert die Koordination und Synchronisation der verschiedenen an einer Sitzung beteiligten Präsentations– und Interaktionskomponenten (PIMs) und ist verantwortlich für die Verarbeitung der abstrakten Ereignisse, die Abarbeitung von Aktionen sowie die Ausführung von Funktionen.

Präsentation und Interaktion – Durch diese Komponente erfolgt die typspezifische Darstellung von Datenobjekten, die Steuerung der Interaktion des Benutzers mit den Datenobjekten, die Interpretation von Ereignis– und Bereichsspezifikationen, die Erzeugung von Ereignissen und die Bereitstellung von Standardmechanismen für die Objektmanipulation. Dadurch können applikationsspezifische Module realisiert werden, die sehr spezialisierte Manipulationsmethoden für Objekte realisieren.

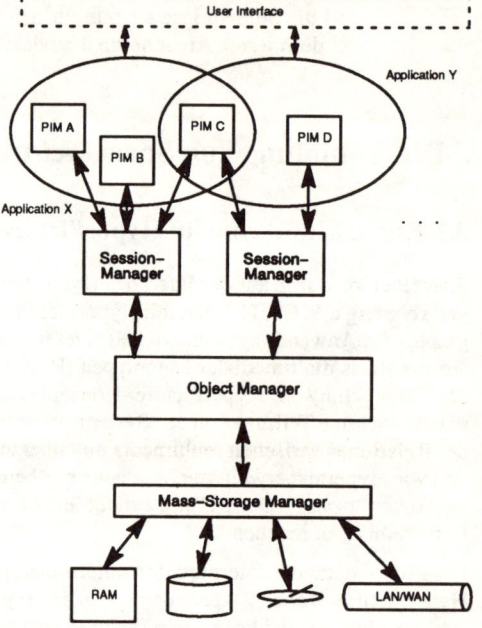

Abb.1) Die HyperPicture–Systemarchitektur

3.1.1 Objekte und deren strukturelles Verhalten

Das strukturelle Verhalten des Systems wird auf der Basis von 'Informationsobjekten' und 'Funktionen' auf diesen Informationsobjekten beschrieben. Zusätzlich werden 'Bereiche' und 'Bindungen' verwendet, um spezielle Organisationsstrukturen einfach realisieren zu können.

Informationsobjekte – Informationsobjekte im HyperPicture–Konzept sind Behälter für Anwendungsdaten. Für die Beschreibung der Struktur und des Verhaltens eines Informationsobjektes wird ein Klassensystem verwendet. Jedes Informationsobjekt gehört damit einer bestimmten Klasse an, die seine Struktur, seine Instanzvariablen und deren Typen definiert. Zu jeder Objektklasse gehört normalerweise zumindest ein inhaltsspezifscher Mechanismus, die Präsentations– und Interaktionsmethode (PIM). Die PIM wird verwendet, um ein Objekt, d.h. insbesondere seinen Inhalt, bei dessen Aktivierung dem Anwender in einer geeigneten Form darzubieten und die Interaktion mit dem Objekt zu ermöglichen.

Bereiche – Neben der Referenzierung vollständiger Objekte ist es sinnvoll, Teile eines Objektes näher spezifizieren zu können. Da die Art der Bereichsspezifikation für ein Objekt vom Inhaltstyp des Objektes abhängt, obliegt die Interpretation der Bereichsspezifikation dem jeweiligen inhaltsspezifischen Mechanismus. Für das System ist lediglich die Identität des Bereichs von Interesse. Diese Mechanismen sind insbesondere auch dafür verantwortlich, daß bei einer identitätserhaltenden Manipulation des Objektinhalts die Bereichsspezifikationen entsprechend modifiziert werden.

Funktionen – Informationsstrukturen werden in HyperPicture, ähnlich dem funktionalen Datenmodell ([3],[16],[17]), auf der Basis von Funktionen modelliert. Das HyperPicture–Konzept kennt als einzigen Mechanismus für den Zugriff auf Daten Funktionen, die sowohl für die statische Datenorganisation, als auch für die dynamische Datengenerierung eingesetzt werden. Da es darüberhinaus aus Benutzersicht unerheblich ist, ob Daten zu einem Objekt in einer Objektkomponente gespeichert sind oder zur Zeit des Zugriffs aus anderen Daten dynamisch berechnet werden, ist die Funktionsmetapher auch auf der Anwenderebene ein geeignetes Konzept.

Bindungen – Für manche Funktionen läßt sich kein endlicher Algorithmus angeben (z.B. die Funktion Gegenposition: Behauptung –>Widerlegung"). Um einen Mechanismus für die Beschreibung auch derartiger Funktionen anzubieten, kann in HyperPicture eine Funktion neben der (optionalen) algorithmischen, intensionalen Definition auch extensional definiert werden. Hierfür wird das Konzept der 'Bindung' eingesetzt. Für ein beliebiges Argumenttupel einer Funktion kann das Resultattupel explizit definiert werden, in dem Argument– und Resultattupel 'gebunden' werden. Bei der Anwendung der Funktion auf ein gebundenes Argumenttupel kann das Resultat direkt aus der Bindungsinformation, ohne Auswertung eines – unter Umständen nicht vorhandenen – Funktionskörpers bestimmt werden. In SpacePicture werden alle Hyperlinks durch derartige, extensional definierte Funktionen realisiert. Intensional definierte Funktionen werden nicht verwendet[3].

3.1.2 Das dynamische Verhalten

Das dynamische Verhalten wird mit Ereignissen und Aktionen beschrieben. Im Bereich Hypertext/Hypermedia wird eine derartige Trennung zwischen der Spezifikation eines Ereignisses und der dadurch – eventuell – ausgelösten Handlung in der Regel nicht vorgenommen. Hier sind 'Ereignis' und 'Handlung' (und auch 'Bereich') implizit und in spezifischer Ausprägung im Begriff des 'Ankers' enthalten. Ein Anker ist ein Bereich, dessen Aktivierung (z.B. durch Mausklick) zu einem Ereignis führt, durch den das System zu der Handlung veranlaßt wird, ein Link zu aktivieren. In HyperPicture wurde diese direkte Verknüpfung der Konzepte 'Ereignis' und 'Handlung' (sowie 'Bereich' – s.o.) im Konzept 'Anker' aufgelöst. Die Einzelkonzepte sind dadurch direkt verfügbar, so daß eine sehr flexible Definition des Schnittstellenverhaltens ermöglicht wird.

Ereignisse – Ereignisse sind der Basismechanismus durch den der Anwender oder das Betriebssystem mit HyperPicture kommuniziert. Ereignisse können von den unterschiedlichsten Vorfällen erzeugt werden, etwa vom Ablauf eines Zeitintervalls, durch das Löschen einer Datei oder durch einen Mausklick auf einem bestimmten Bereich. Im allgemeinen läßt sich die Menge der Ereignisquellen und die Arten der erzeugten Ereignisse nicht vorherbestimmen. Aus diesem Grund wird für Ereignisse eine Trennung in abstrakte Identität und konkrete Spezifikation vorgenommen, wie dies auch für Bereiche und Objekte der Fall ist. Bei der Aktivierung des Objektes werden die konkreten Ereignisspezifikationen von der verantwortlichen PIM interpretiert.

Aktionen – Ereignisse definieren die lexikalischen Elemente einer Benutzer– oder Betriebssysteminteraktion mit HyperPicture. Das heißt, die externen Vorfälle, die vom System als atomare Eingabeelemente erkannt werden. Um diese Ereignisse in Operationen zu übersetzen benötigt HyperPicture zusätzliche Informationen die angeben, welche Aktionen beim Eintritt eines Ereignisses oder einer ereignisbasierten Bedingung ausgeführt werden sollen.

Diese Information wird mit "Aktionsdefinitionen" beschrieben. Eine Aktionsdefinition besteht aus Produktionen der Form `IF <condition-clause> THEN <action-clause>`. Die `<condition-clause>` definiert eine ereignisbasierte Bedingung, die `<action-clause>` eine Aktivität, die ausgeführt werden soll falls die Ereignisbedingung vom aktuellen Systemzustand erfüllt wird. Die für SpacePicture eingesetzte Version des Toolkits unterstützt hierbei nur sehr einfache Aktionsdefinitionen: die eins–zu–eins Abbildung eines Ereignisses auf die Auswertung einer Bindung. Diese Möglichkeit der Aktionsdefinition ist jedoch ausreichend für die Realisierung der SpacePicture–Applikation und für die Abbildung aller üblichen Hyperlink–Modelle auf der Interaktionsebene.

---

3. Das HyperPicture–Toolkit bietet für die Definition intensionaler Funktionen die LISP–ähnliche Sprache HCL.

Ein Hyperlink in SpacePicture besteht damit aus mindestens drei Elementen: einem Ereignis, einer Aktion und einer Bindung.

3.2 Die Anforderungen von SpacePicture

Die Aufgabendefinition für SpacePicture enthält die folgenden Punkte:

- Verarbeitung großer Mengen großer graphischer Datenobjekte;
- Hyperlink–ähnliche Navigation durch Objektstrukturen;
- Objekttypspezifische, leistungsfähige Präsentations– und Interaktionswerkzeuge;
- Flexible Erweiterbarkeit der gespeicherten Datenstruktur durch Erzeugung neuer Objekte und Verknüpfungen zwischen Objekten;
- Flexible Erweiterbarkeit der gespeicherten Datenstruktur um neue Objektklassen im Hinblick auf künftige Systemerweiterungen (z.B. Vektorkarten);
- Unterstützung geographischer Koordinateninformationen für den Zugriff auf Datenobjekte, die Navigation auf der Erde und den direkten Zugriff auf Bildteile.

Für die meisten dieser Anforderungen bietet das HyperPicture Toolkit bereits geeignete Lösungen an: Das verallgemeinerte Hyperlink–Konzept von HyperPicture stellt die Mechanismen zur Erzeugung der benötigen Objektstrukturen (d.h., die Kartenhierarchien auf denen die Navigation im Atlas beruht) und für die Definition der Interaktionen, durch die der Navigationsprozess ausgelöst wird, bereit. Das vom Toolkit definierte Konzept der Präsentations– und Interaktionsmodule erlaubt den einfachen Anschluß komfortabler, applikationsspezifischer Benutzerschnittstellenmodule an eine HyperPicture Hyperbase. Eine zukünftige Erweiterbarkeit des SpacePicture–Systems wird durch die Mechanismen des Toolkits für das Hinzufügen neuer Objektklassen und neuer Präsentationsmodule zu einer existierenden Hyperbase gewährleistet. Eine vom Toolkit vordefinierte Objektklasse, die Klasse **set**, stellt die notwendigen Funktionen für mengenorientierten, deskriptiven Zugriff auf die Hyperbase zur Verfügung, zusätzlich zum navigationsorientierten Zugriff über Hyperlinks. Schließlich, da HyperPicture von Anfang an auf Multimedia–Anwendungen ausgerichtet war, ist die Handhabung großvolumiger Datenobjekte unproblematisch.

Aufgrund dieser guten Übereinstimmung zwischen den Anforderungen der SpacePicture–Applikation und den Eigenschaften des Toolkits, wurde HyperPicture als Implementierungsbasis für die Realisierung von SpacePicture ausgewählt.

4 Implementierung von SpacePicture auf HyperPicture

4.1 Die Architektur von SpacePicture

Innerhalb von SpacePicture sind die folgenden Systemkomponenten für die verschiedenen Aufgaben des Systems verantwortlich (Abb. 2):

Atlas: Diese Komponente unterstützt die interaktive Hyperlink–Navigation auf der Erde und die Suche nach Satellitenbildern (Abb. 3). Im Hinblick auf das HyperPicture–Toolkit stellen Atlas und Viewer objekttypspezifische Präsentations/Interaktionsmodule dar, die für die Darstellung der verschiedenen in SpacePicture verwendeten Objektklassen verantwortlich sind (Satellitenbilder, Landkarten und Hierarchien).

Viewer: Der Viewer (Abb. 4) ist die für Satellitenbildobjekte realisierte Präsentations/Interaktionsmethode.

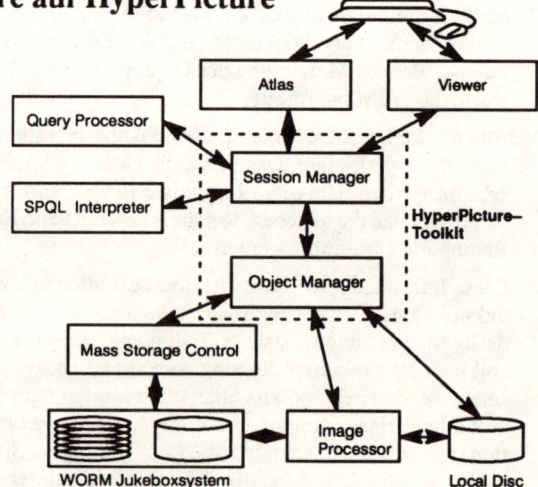

Abb. 2) Die SpacePicture Systemarchitektur

Query–Prozessor: Der Query–Prozessor verwendet die vom Toolkit durch die **set**–Klasse angebotenen Mechanismen zur Erzeugung und Verarbeitung von Mengen. Die Hauptaufgabe des Query–Prozessors besteht damit in der Übersetzung der Benutzereingabe in eine Untermengenspezifikation und die Nachverarbeitung der erzeugten Untermengen (Anfrageergebnisse).

Bildprozessor: Der Bildprozessor wird verwendet, um Teilbilder aus den auf der optischen Jukebox gespeicherten Originaldatensätzen eines Satellitenbildes zu extrahieren. Er verfügt über die Möglichkeit, einen separaten Hintergrundprozess für die Bildextraktion zu erzeugen, so daß der Anwender in seiner Arbeit mit SpacePicture nicht durch den aufwendigen Extraktionsprozess behindert wird.

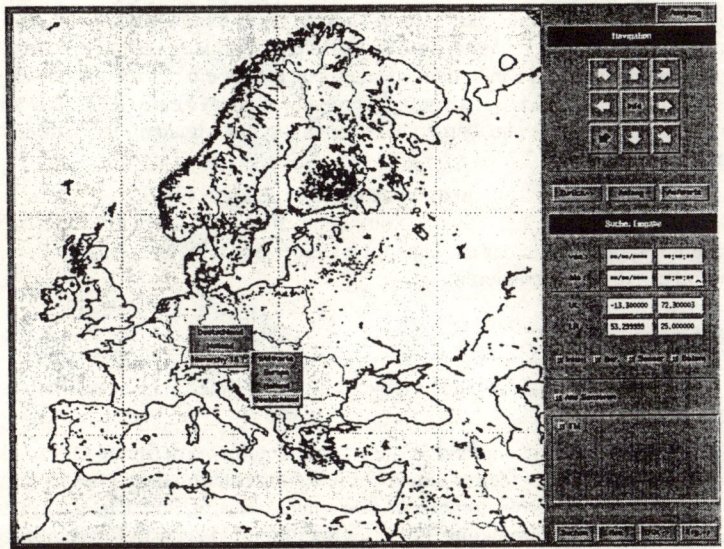

Abb. 3) Der elektronische Atlas mit einer Europakarte. Ein Hierarchie-Objekt ist aktiviert.

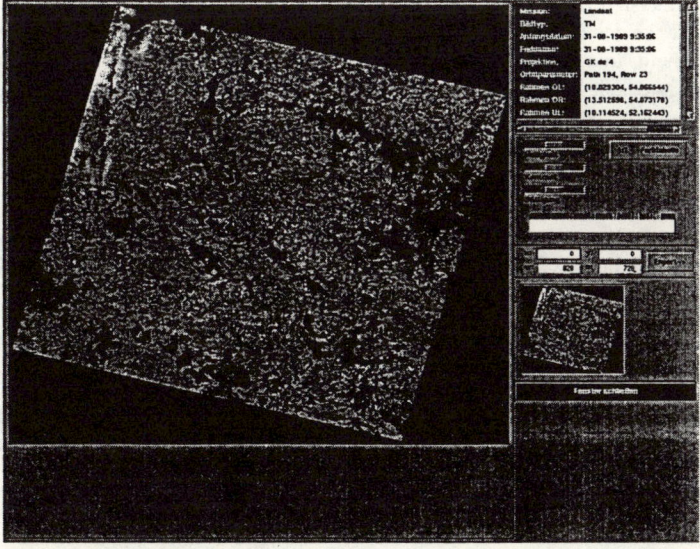

Abb. 4) Der Viewer mit einem Satellitenbild.

Massenspeichersteuerung: Um einen effizienten, interaktiven Zugriff zu den Datenobjekten zu gewährleisten, verfügt SpacePicture über einen Mechanismus zur Steuerung der Allokation von Objektkomponenten (in diesem Fall die für Landkarten und Satellitenbilder verwendeten Präsentationsderivate) auf dem Jukeboxsystem und seinem Festplattencache.

SPQL–Interpreter (SPQL = SpacePicture Query Language): Um auch von einfachen, zeichenorientierten Arbeitsplätzen auf eine SpacePicture HyperBase zugreifen zu können, wurde eine einfache Abfragesprache für SpacePicture realisiert. Neben Konstrukten für die Suche nach Satellitenbildern und den Zugriff auf Originaldatensätze und Teile davon, enthält die Abfragesprache die notwendigen Befehle, um eine SpacePicture Hyperbase durch Erzeugen und Löschen von Objekten sowie Objektverknüpfungen (Hyperlinks) zu manipulieren. SPQL ist speziell auf die SpacePicture–Applikation zugeschnitten und abstrahiert vollständig von den Mechanismen des HyperPicture–Toolkits (Funktionen, Bindungen, Ereignisse, Aktionen usw.). Beispielsweise genügt der einfache SPQL–Befehl "`connect map1 to map2 from above`", um alle Ereignisse, Aktionen und Bindungen zu erzeugen, die für ein bidirektionales Hyperlink zwischen den beiden Landkarten `map1` und `map2` benötigt werden, wobei `map2` eine Detailkarte von `map1` ist. Für die Generierung der Auslöserbereiche werden dabei auch die Koordinateninformationen beider Karten von SpacePicture ausgewertet.

Das HyperPicture–Toolkit bildet die zentrale Systemkomponente, das Rückgrat von SpacePicture. Es koordiniert die Interaktion zwischen den verschiedenen Systemkomponenten und stellt die notwendigen Mechanismen zur Verfügung, um eine Hyperbase, in der die Datenobjekte der SpacePicture–Applikation gespeichert werden, aufzubauen und mit ihr zu interagieren.

4.2 Objektklassen für SpacePicture

Für die SpacePicture–Applikation wurden die folgenden Objektklassen definiert, um SpacePicture–Daten in einer Hyperbase zu speichern:

object: Diese Klasse ist die Wurzel der Klassenhierarchie, sie ist vom Toolkit vordefiniert. Objekte können einen Namen und ein Icon besitzen, die beide für eine externe Repräsentation des Objektes verwendet werden. Das Icon, das für die graphische Objektrepräsentation eingesetzt wird, findet in SpacePicture nur für Objekte der Klasse **satellite image** Verwendung. Für jedes Satellitenbild kann als Icon ein individuelles, kleines"Briefmarkenbild" definiert werden, daß für die Repräsentation des Bildes bei der Anzeige einer Query–Resultatmenge verwendet wird.

colormap: (superclass: object). Objekte der Klasse **colormap** dienen zur Speicherung von Farbtabellen. Die Präsentationsderivate der meisten Landkarten und einer signifikanten Menge von Satellitenbildern verwenden dieselbe kleine Menge von Farbtabellen. Durch die Einführung der Objektklasse **colormap** wird für diese Objekte eine gemeinsame Speicherung der Farbtabellen ermöglicht, dies resultiert in Speicherersparnis und verkürzter Ladezeit für Präsentationsderivate.

image: (superclass: object). Die – zumindest aus Anwendersicht – wichtigsten Objektklassen in SpacePicture sind Unterklassen der Klasse **image**. Diese Klasse (und ihre Unterklassen) werden verwendet, um die Bildobjekte zu speichern, die von den PIMs Atlas und Viewer dargestellt werden. Objekte der Klasse **image** enthalten (als Subobjekt) eine Farbtabelle und ein Präsentationsderivat: ein Rasterbild mit begrenzter Raum– und Farbauflösung[4]. Dieses Präsentationsderivat wird von der verantwortlichen PIM (Atlas oder Viewer) verwendet, um das Objekt in einem Fenster darzustellen. Die Klasse **image** definiert keine Aktivierungsmethoden.

map: (superclass: image). Objekte der Klasse **map** speichern die Bild– und Attributinformation von digitalisierten Landkarten. Neben den von der **image**–Klasse definierten Instanzvariablen enthält ein Objekt vom Typ **map** Informationen über seine geographische Position und die verwendete kartographische Projektion. Im Gegensatz zu Objekten der Klasse **satellite image**, müssen Objekte vom Typ **map** sich immer auf hauptachsenparallele Rechtecke im Geokoordinatensystem abbilden lassen. Die Aktivierungsmethode für **map**–Objekte wird vom Atlas zur Verfügung gestellt.

---

4. 1000 x 1000 x 8 Bit/Pixel CLUT für **map**–Objekte, (Virtuell unbegrenzt) x 8 Bit/Pixel CLUT für **satellite image**–Objekte.

satellite image: (superclass: image). Instanzen der Klasse **satellite image** speichern die eigentlichen Satellitenbilder in der Hyperbase. Neben dem Präsentationsderivat, dem Namen, der "Briefmarke" und Attributinformationen, enthalten diese Objekte die Originaldatensätze der Satellitenbilder. SpacePicture verwendet hierbei zwei Unterklassen der **satellite image** Klasse: **simple satellite image** und **complex satellite image**.

Die Aktivierungsmethode für Objekte der Klasse **satellite image** wird vom Viewer zur Verfügung gestellt. Beim Empfang einer Aktivierungsbotschaft für ein Satellitenbild wird zunächst ein möglicherweise aktives Satellitenbild deaktiviert. Danach sendet der Viewer eine Aktivierungsanforderung für das vom Objekt referenzierte Farbtabellenobjekt an die Sitzungsverwaltung, um die entsprechende Farbtabelle zu installieren. Anschließend wird die Pixmap des Präsentationsderivates und die Attributinformation geladen und angezeigt.

simple satellite image: (superclass: satellite image). Diese Objekte dienen zur Speicherung von einzelnen Originaldatensätzen. Neben den für **satellite image** definierten Instanzvariablen werden als Bilddateninformation die Pixeldaten eines Satellitenbildes abgespeichert. Ein Originaldatensatz besteht aus einer Menge von Dateien, in denen jeweils einen Kanal des Satellitenbildes gespeichert ist. Diese Kanaldateien werden auf der optischen Jukebox gespeichert. Da die Jukebox WORM–Speichermedien verwendet, können diese Dateien nach ihrer Speicherung nicht mehr versehentlich modifiziert werden. Aus diesem Grund genügt es, in SpacePicture Zeiger auf diese Dateien abzuspeichern, anstatt private Kopien zu erzeugen.

complex satellite image: (superclass: satellite image). Während Objekte der Klasse **simple satellite image** den direkten Zugriff auf einzelne Originaldatensätze ermöglichen, können mit Hilfe der Klasse **complex satellite image** Aggregate von Satellitenbildern gebildet werden. Ein **complex satellite image** enthält als Bilddateninformation ein zweidimensionales Feld von Objekten vom Typ **satellite image**. Die in einem **complex satellite image** referenzierten Objekte können also selbst wieder Instanzen der Klasse **complex satellite image** sein. Diese Klasse wurde vor allen Dingen eingeführt, um extrem große Satellitenbildobjekte speichern zu können[5]. Diese sehr großen Objekte lassen sich so in einzelne Kacheln zerlegen, die als **simple satellite images** gespeichert werden. Das übergroße Bildobjekt wird dann als **complex satellite image** erzeugt, das die einzelnen Kachelobjekte als Bilddaten referenziert.

hierarchy: (superclass: object). Ein **hierarchy**–Objekt ist ein vorverarbeiteter, zugriffsoptimierter Teilbaum der Kartenhierarchie selbst. Es erlaubt "Hyper–Sprünge" über mehrere Ebenen der Kartenhierarchie ober– oder unterhalb der aktuellen Position in der Hierarchie. Die Klasse **hierarchy** ermöglicht eine effiziente Partitionierung der Kartenhierarchie in Teilhierarchien sowie eine schnelle Navigation innerhalb einer Teilhierarchie und – da sich **hierarchy**–Objekte auch gegenseitig referenzieren können –zwischen verschiedenen Teilhierarchien.

hierarchy–Objekte werden – wie Detailkarten – von einer Karte über bereichsverankerte Hyperlinks referenziert. Die Aktivierungsmethode für **hierarchy**–Objekte wird vom Atlas zur Verfügung gestellt. Ein **hierarchy**–Objekt wird dem Benutzer in der Form eines Untermenüs angeboten, das als Optionen alle die in der **hierarchy** enthaltenen Kartenobjekte anzeigt, in denen die aktuell selektierte geographische Position enthalten ist.

Grundsätzlich werden **hierarchy**–Objekte als virtuell inhaltslose Objekte implementiert, die lediglich die Hyperlinks zu den enthaltenen **map**–Objekten enthalten. Der Inhalt eines **hierarchy**–Objektes wird nur für die Ableitung von Ordnungsinformationen benötigt, mit denen die Anordnung der Optionen im bei der Aktivierung einer **hierarchy** erzeugten Untermenü gesteuert wird.

set: (superclass: object). Die **set**–Klasse ist eine im HyperPicture–Toolkit eingebaute Klasse. Sie enthält die Funktionalität für die Erzeugung persistenter und nicht–persistenter Mengen und für die Extraktion von Untermengen aus einer Menge. Die **set**–Klasse definiert keine Aktivierungsmethoden. Die in einem persistenten **set**–Objekt enthaltenen Elemente besitzen eine eindeutige Identität, mit der sie von anderen Objekten aus referenziert werden können.

---

5. Es kann so zum einen die Größenbegrenzung für einzelne Datenobjekte umgangen werden (die Pixeldaten für einen Kanal eines **simple satellite image** muß in einer UNIX–Datei gespeichert werden können), zum anderen läßt sich dadurch die während der Generierung eines Teilbildes zu verarbeitende Datenmenge reduzieren.

geographic set: (superclass: set). Ein **geographic set** enthält die Suchinformation für eine Menge von **satellite image**–Objekten[6]. Das SpacePicture–System verwendet zur Zeit nur ein einziges Objekt dieser Klasse, es enthält alle Objekte der Klasse **satellite image**. Die eigentliche Abarbeitung einer Anfrage erfolgt während der Aktivierung eines **geographic set**–Objektes durch die für diese Objektklasse verantwortliche Aktivierungsmethode. In den Aktivierungsparametern zu dem zu aktivierenden Objekt[7] wird die Suchspezifikation übertragen. Die Suche wird vom Query–Prozessor mit Hilfe der von der **set**–Klasse angebotenen Suchfunktionalität durchgeführt, das hieraus resultierende Mengenobjekt (eine Untermenge von Satellitenbildern) wird dann für die eigentliche Darstellung verwendet. Ein bereits aktives Anfrageergebnis wird deaktiviert, und das neue Anfrageergebnis in der Form von Icons, die die einzelnen Satellitenbilder repräsentieren, angezeigt.

name set: (superclass: set). Die Klasse **name set** enthält die Mechanismen für die Übersetzung von Zeichenketten in eindeutige Identifikationen fester Größe ('Symbole'). **name sets** sind vergleichbar zu dem Symboltabellen–Mechanismus von LISP–Systemen [18]. Obwohl es möglich gewesen wäre, ohne diese Mengenklasse auszukommen – einfach durch Definition einer Klasse "Symbol" und die Speicherung der einzelnen Zeichenketten als individuelle Objekte dieser Klasse – führten Effizienzüberlegungen zu ihrer Einführung: Das Erzeugen von Elementen eines **name sets** und die Suche nach Elementen in **name sets** ist sehr viel weniger speicher– und berechnungsintensiv als bei der Verwendung individueller Objekte für jede Zeichenkette. Objekte der Klasse **name set** werden verwendet, um zwischen den Namen von Sensoren und Missionen und ihren Identifikationen zu übersetzen.

4.3 Die Verwendung Hyperlinks in SpacePicture

4.3.1 Bindungen und Bindungstypen in SpacePicture

Bindungen in der aktuellen Version des Toolkits sind unidirektional. Da für den Anwender von SpacePicture die bidirektionale Navigation in der Kartenhierarchie erforderlich ist, werden Verbindungen zwischen Objekten **a** und **b** der Kartenhierarchie in SpacePicture durch zwei HyperPicture–Bindungen implementiert: eine von **a** nach **b** und eine zurück von **b** nach **a**.

Bindungstypen werden von den Mechanismen für die Erzeugung und die Löschung von Verbindungen verwendet, um die beiden Teile eines Bindungspaares zu identifizieren, aus denen eine Verbindung zwischen zwei Karten besteht. Außerdem werden Bindungstypen für die Generierung von **hierarchy**–Objekten benötigt, um festzustellen, welche Bindungen in welche Richtung führen.

down: Bindungen von diesem Typ verbinden eine Karte mit einer Detailkarte auf der nächst niedrigeren Ebene der Kartenhierarchie. **down**–Bindungen werden bei der Generierung von **hierarchy**–Objekten verwendet, um alle Karten innerhalb eines Gebietes zu finden. Bindungen dieses Typs werden außerdem verwendet, um **hierarchy**–Objekte mit den in ihnen enthaltenen Karten zu verbinden.

up: Bindungen vom typ **up** verbinden eine Detailkarte mit ihrer Elternkarte. Eine **down**–Bindung und die korrespondierende **up**–Bindung bilden das Bindungspaar, das eine Verbindung zwischen Karte und Detailkarte realisiert.

neighbour: Bindungen dieses Typs werden für die Verbindung von Karten innerhalb einer Hierarchieebene verwendet. Eine **neighbour**–Bindung von einer Karte **a** zu einer Karte **b** bildet zusammen mit der korrespondierenden Bindung in der Gegenrichtung ein Bindungspaar.

hierarchy: Diese Bindungstypen verbinden Karten mit **hierarchy**–Objekten und **hierarchy**–Objekte untereinander. Eine **hierarchy**–Bindung von einer **map** zu einer **hierarchy** bildet zusammen mit der korrespondierenden **down**–Bindung in der Gegenrichtung ein Bindungspaar. **hierarchy**–Bindungen zwischen **hierarchy**–Objekten sind die einzigen Bindungen, die nicht im Rahmen eines Bindungspaares auftreten.

---

6. Obwohl die Implementierung der **set**–Klasse in Hinsicht auf die verwendete Datenstruktur vergleichsweise einfach ist, ermöglicht sie dennoch durch geeignete Caching–Strategien eine ausreichend schnelle Verarbeitung mehrdimensionaler räumlicher Anfragen an eine SpacePicture Hyperbase, ohne spezialisierte Datenstrukturen, wie etwa Grid–Files [15] oder R–Trees [5] zu erfordern.

7. Aktivierungsparameter sind – aus der Sicht des Toolkits – opake Bytestrings, die vom Modul, das den Aktivierungsgrund liefert, an das Modul, das die Aktivierungsanforderung erhält, übertragen werden. Aktivierungsparameter bieten eine einfache Form der Präsentationssteuerung.

4.3.2 Ereignistypen in SpacePicture

Der Atlas nutzt den flexiblen Mechanismus, der von HyperPicture für die Definition von Ereignissen angeboten wird. Mit Bereichen verbundene Ereignisse werden verwendet, um von einer Karte zur einer Detailkarte zu gelangen. Die Navigation innerhalb einer Hierarchieebene wird durch von den acht Richtungsknöpfen einer Kompassrose ausgelösten Ereignissen gesteuert. Andere von Knöpfen ausgelöste Ereignisse führen aufwärts in der Kartenhierarchie. Insgesamt verwendet der Atlas drei verschiedene Formen der Ereignisspezifikation:

area: Ein Ereignis vom Typ **area** enthält in seiner Spezifikation den rechteckigen sensitiven Bereich auf dem Kartenobjekt zu der dieses Ereignis gehört und eine Zeichenkette, die üblicherweise den Namen der Detailkarte enthält, die über die Bindung, die beim Eintritt dieses Ereignisses ausgewertet wird, erreicht wird. Ereignisse dieser Art werden vom Atlas in der folgenden Form ausgewertet: Wenn der Benutzer die Maustaste innerhalb einer angezeigten Karte drückt, werden alle für dieses Kartenobjekt definierten Ereignisse vom Typ **area** durchsucht. Aus den Zeichenketten derjenigen Ereignisse, deren sensitiver Bereich die Position des ausgewählten Punktes enthält, wird ein Popup–Menü erzeugt und dargestellt. Wenn der Benutzer einen der Menüeinträge auswählt, sendet der Atlas die Identifikation des entsprechenden Ereignisses an die Sitzungsverwaltung des HyperPicture–Toolkits.

hierarchy: Ereignisspezifikationen dieser Art werden sehr ähnlich verarbeitet wie bei **area**–Ereignissen. Hier wird jedoch ein anderer Eintragstyp für das Popup–Menü verwendet, der aus Anwendersicht wie eine Verzweigung zu einem Untermenü aussieht (ein Cascade–Button). Sobald der Anwender den Mauszeiger auf diesen Menüeintrag bewegt, wird die Identifikation des entsprechenden Ereignisses an die Sitzungsverwaltung gesendet. Die Verarbeitung dieses Ereignisses durch die Sitzungsverwaltung führt letztendlich zu der Aktivierung eines **hierarchy**–Objektes. Da diese Objekte von ihrer Aktivierungsmethode wiederum als Popup–Menüs dargestellt werden, erhält der Anwender den Eindruck, daß er sich in einer Menühierarchie bewegt – die Aktivierung und Deaktivierung von Hierarchieobjekten, das Senden von Ereignissen usw. bleibt vor ihm vollständig verborgen.

button: Ereignisspezifikationen dieser Art werden vom Atlas verwendet, um die Richtungsknöpfe der Kompassrose und den zur Elternkarte führenden Knopf mit Ereignissen zu belegen. Die Ereignisspezifikation enthält hierbei lediglich eine Nummer, die den entsprechenden Knopf angibt. Das Ereignis wird erzeugt, wenn der Anwender den entsprechenden Knopf drückt.

5 Schlußbetrachtung

5.1 Projektstatus

Das SpacePicture–System wurde im Dezember 1991 fertiggestellt und erfolgreich bei DLR in Oberpfaffenhofen installiert. Die Möglichkeit einer Weiterentwicklung wird zur Zeit diskutiert. Die offensichtlichste Erweiterung von SpacePicture ist die Einführung beliebiger Annotationen für **map**– und **satellite image**–Objekte sowie die Bereitstellung der Mechanismen für die interaktive Erzeugung beliebiger, benutzerdefinierter Hyperlinks zwischen Objekten.

Da SpacePicture auf dem HyperPicture–Toolkit basiert, ist dies eine vergleichsweise einfache Aufgabe. Sie besteht hauptsächlich aus der Portierung der bereits für das HyperPicture–Archiv[8] realisierten PIMs auf die neuere Toolkit–Version, auf deren Basis SpacePicture realisiert wurde. Zusätzlich müssen die PIMs Atlas und Viewer um Mechanismen zur interaktiven Erzeugung von Hyperlinks erweitert werden, wie sie etwa in den PIMs des HyperPicture–Archivs realisiert sind. Das so realisierte, erweiterte System stellt eine integrierte Applikationsumgebung zur Verfügung, in der ein Anwender beispielsweise Karten mit beschreibenden Texten verknüpfen kann, oder wo er textuelle Information über Umweltverschmutzung mit Hyperlinks zu Satellitenbildern der betroffenen Gegend und einer Landkarte des Gebietes versehen kann.

---

8. Das HyperPicture–Archiv [9] ist ein allgemeines Archivierungs–, Retrieval– und Organisationssystem für multimediale Datenobjekte. Das Archiv wurde auf der Basis des HyperPicture–Toolkits implementiert und enthält Allzweck–PIMs für verschiedene graphische Objektklassen.

5.2 Bemerkungen über das HyperPicture Toolkit

Es wurde gezeigt, wie ein Hypermedia–Toolkit für allgemeine Anwendungen, das HyperPicture–Toolkit, erfolgreich eingesetzt werden konnte, um eine sehr spezielle Applikation zu realisieren, in der die Verwaltung sehr großer Datenstrukturen, bestehend aus komplexen graphischen Objekten, erforderlich ist.

Es muß allerdings beachtet werden, daß SpacePicture – obwohl nicht trivial im Hinblick auf die Größe der Datenobjekte und die erforderlichen Interaktionen – eine vergleichsweise einfache Applikation in Bezug auf Aspekte wie Mehrbenutzerzugriff, Versionskontrolle, Datensicherheit und Datenintegrität ist. Für diese Punkte waren für die SpacePicture Applikation nur sehr einfache oder überhaupt keine Mechanismen notwendig. Gleichzeitig werden diese Aspekte auch von der aktuellen Version des Toolkits nicht ausreichend genug behandelt, um einen befriedigenden simultanen Schreibzugriff auf sich schnell ändernde Informationen zu gewährleisten, wie er etwa in Datenbankanwendungen und kooperativen Hypermedia–Applikationen erforderlich ist [7]. Zukünftige Erweiterungen des Toolkits werden sich mit diesen Punkten auseinandersetzen müssen.

Ein weiterer Mangel des HyperPicture–Toolkits ist die fehlende Unterstützung für die Überprüfung der Validität einer Verknüpfung zwischen zwei Datenobjekten. Beispielsweise mußte die Überprüfung, daß ein **map**–Objekt nicht mehr als acht **neighbour**–Bindungen besitzen darf, von denen keine zwei in die gleiche Richtung zeigen dürfen, "von Hand" in SpacePicture implementiert werden. Hier wäre es sinnvoll, ein Werkzeug innerhalb von HyperPicture zu haben, das die Definition der erlaubten Referenzierungskonfigurationen eines Objektes ermöglicht. Eine denkbare Möglichkeit wären Mechanismen ähnlich den successor–Klauseln, wie sie im im PRODAT Datenbank–Konzept vorgeschlagen werden [1]. Eine andere Möglichkeit ist die Angabe einer Validierungsfunktion, die bei der jeweiligen Klassendefinition in der Hyperbase abgespeichert wird.

Schließlich ist zu bemerken, daß, obwohl HyperPicture das äußere Erscheinungsbild und das Verhalten eines PIMs in keiner Form festlegt, in Hinsicht auf ein konsistentes Erscheinungsbild der Benutzungsoberflächen verschiedener PIMs ein vordefinierter Rahmen für die Realisierung eines PIMs sinnvoll wäre[9].

6 Danksagung

Der Autor möchte sich bei den folgenden Personen und Institutionen für ihre Unterstützung bedanken:

- Prof. Encarnação und dem ZGDV für die Umgebung, durch die diese Arbeit möglich wurde,
- DisCom für das EPOCH–I Jukebox-System,
- Rolf Knittel, Jochen Weiß und Jürgen Werkmann für ihre Mitarbeit bei der Implementierung,
- Dr. Wolfgang Hübner für wertvolle Anregungen für die Implementierung,
- DLR für interessante Applikationsanforderungen und hochaufgelöste Satellitenbilder.

---

9. In Übereinstimmung mit der Konstruktion des HyperPicture-Toolkits, ist auch für den Aufbau dieses Rahmens ein objektorientierter Ansatz anzustreben [8].

7 Literatur

[1]   Batz, T., Baumann, P., Höft, K.-G., Köhler, D., Krömker, D., Subel, H.-P. *PRODAT – Das PROSYT-Datenbanksystem.* in Krömker, D., Steusloff, H., Subel, H.P. (Eds.): PRODIA und PRODAT, Springer, 1989.

[2]   Campbell, B., Goodman, J.M. HAM: A general purpose hypertext abstract machine. *Communications of the ACM*, 31(7), 1988, 856–861.

[3]   Fishman, D.H. et al. Overview of the Iris DBMS, *Technical report HPL–SAL–89–15*, Hewlett–Packard Company, 1989.

[4]   Furuta, R., Stotts, P.D. The Trellis Hypertext Reference Model. *Proceedings of the NIST Hypertext Standardisation Workshop*, Gaithersburg, Maryland, Januar 16–18, 1990.

[5]   Guttman, A., *R–trees: a dynamic index tructure for spatial searching*, Proc. ACM SIGMOD, Boston, Mass., pp 47–57, 1984.

[6]   Halasz, F., Schwartz, M. The Dexter Hypertext Reference Model. *Proceedings of the NIST Hypertext Standardisation Workshop*, Gaithersburg, Maryland, Januar 16–18, 1990.

[7]   Hornung, Ch., Santos, A., *A Proposal for a Reference Model for Cooperative Hyper Structured Multimedia Systems*, Eurographics Multimedia Workshop, Stockholm, April 1991.

[8]   Hübner, W., *Entwurf graphischer Benutzerschnittstellen: ein objektorientiertes Interaktionsmodell zu Spezifikation graphischer Dialoge*, PhD, Springer, 1990

[9]   Kirste, T., Hübner, W., *An open Hypermedia System for Multimedia Applications*, Eurographics Multimedia Workshop, Stockholm, April 1991.

[10] Kirste, T., *HyperPicture*, ZGDV–Report 48/91, ZGDV, 1991.

[11] Kirste, T., *SpacePicture*, ZGDV–Report 55/91, ZGDV, 1991.

[12] Kirste, T., *SpacePicture – an Interactive Hypermedia Satellite Image Archival System*, 2. Eurographics Multimedia Workshop, Darmstadt, Mai 1992.

[13] Lange, D.B. A Formal Model of Hypertext. *Proceedings of the NIST Hypertext Standardisation Workshop*, Gaithersburg, Maryland, Januar 16–18, 1990.

[14] Lotz-Iwen, H.-J., *ISIS Das Intelligente Satellitenbild-Informationssystem für die ökologische Kartierung*, Deutsches Fernerkundungszentrum DFD, Deutsche Forschungsanstalt für Luft- und Raumfahrt DLR, interne Veröffentlichung, Oberpfaffenhofen, 1991

[15] Nievergelt, J., Hinterberger, H., Sevcik, K.C., *The Grid File: An Adaptable, Symmetric Multikey File Structure*, ACM Transactions on Database Systems, Vol. 9, No. 1, März 1984.

[16] Shipman, D. W. The Functional Data Model and the Data Langage DAPLEX, *ACM Transactions on Database Systems*, 6(1), 1981, 140–173.

[17] Sibley, E.H., Kershberg, L. Data architecture and data model considerations. *Proceedings of the AFIPS National Computer Conference*, Dallas, Texas, 6/1977, 85–96.

[18] Steele Jr., G.L. Common Lisp: The Language. *Digital Press*, 1984.

HyperMan — eine grafisch–orientierte Benutzerschnittstelle für Hypertext–Datenbanken

A. Myka *   F. Sarre †   U. Güntzer *   Th. Salzberger ‡

* Wilhelm–Schickard–Institut	† iXOS Software GmbH	‡ Institut für Informatik
Universität Tübingen	Technopark	Technische Universität München
Sand 13	Bretonischer Ring 12	Orleansstr. 34
7400 Tübingen	8011 Grasbrunn	8000 München 80

Zusammenfassung

Einer der zentralen Aspekte von Hypertextsystemen, nämlich Querverweise auf einfache Weise mit Hilfe sogenannter „Links" verfolgen zu können, bildet den Schlüssel zu einer benutzerfreundlichen Handhabung von Dokumenten. Insbesondere bei solchen Textbasen, die zum überwiegenden Teil zum Nachschlagen verwendet werden, gilt es, diese Verweise dem Benutzer direkt sichtbar zu machen und ein unkompliziertes Verfolgen zu ermöglichen. Links alleine reichen jedoch nicht aus, um einem Benutzer schnellen Zugang zu den von ihm benötigten Informationen zu gewähren. Daher müssen zusätzlich Komponenten bereitgestellt werden, die ihm bei einer — u.U. auch nur vage — zielgerichteten Suche nach Informationen dienlich sind.

In dem Hypertextsystem „HyperMan" wurden — basierend auf einer einfach zu bedienenden Fensterumgebung — zum einen viele Grundkonzepte eines Hypertextsystems realisiert, u.a. eine individuelle Linkverwaltung, eine Komponente zur Volltextsuche, ein Tool zur Annotationserstellung und ein Browser zur Visualisierung hierarchischer Abhängigkeiten von Textknoten. Zum anderen wurden weitergehende, insbesondere Informationssuchen mit unscharfen Zielvorstellungen unterstützende Werkzeuge in das System integriert. Dazu gehören u.a. eine Sachwortliste, die Unterstützung von Volltextsuchen durch Einsatz eines Thesaurus und die Möglichkeit, relevante Textstellen durch indviduelle Assoziation von Textstücken aufzufinden. Um einen Einblick in die durch das HyperMan-System angebotenen Möglichkeiten zu geben, soll in diesem Papier die Benutzeroberfläche des HyperMan-Systems vorgestellt werden.

1 Einführung

1.1 Zielsetzung des HyperMan–Systems

Der Entwicklung des experimentellen Hypertextsystems „HyperMan" lagen zwei fundamentale Ziele zugrunde. Zum einen sollte es möglich sein, mit Hilfe dieses Systems in maschinenlesbarer Form verfügbare Texte *automatisch* in Hypertexte zu transformieren, d.h. automatisch eine Zergliederung von Texten in Textstücke vorzunehmen und diese Teile anschließend durch maschinell generierte Links zu vernetzen. Dabei sollten nicht nur reine ASCII–Files Berücksichtigung finden, sondern auch LaTeX–Files adäquat aufbereitet werden können. Zum anderen sollte die Benutzeroberfläche des Systems einem Benutzer einerseits vielfältige Möglichkeiten sowohl der Informationssuche, als auch der individuellen Manipulation der Hypertexte bieten, andererseits sollte das System leicht handhabbar sein. Um eine einfache Interaktion zu ermöglichen, sollte das System auf einem Fenstersystem aufsetzen (in diesem Fall SunView) und vorwiegend mit einer Maus zu bedienen sein. Als Basis des Systems sollte ein Datenbank–Management–System zum Einsatz kommen, um einerseits einen problemlosen Zugriffsschutz beim gleichzeitigen Arbeiten mehrerer Anwender gewährleisten zu können und andererseits einen hinreichend schnellen Zugriff auf die gespeicherten Hypertextbasen sicherzustellen (da zum Zeitpunkt des Entwicklungsbeginns kein hinreichend ausgereiftes objektorientiertes DBMS zur Verfügung stand, fiel die Wahl auf ein relationales DBMS; bis jetzt konnten dabei, anders als in [SmZd87] ausgeführt, keine signifikanten Nachteile hinsichtlich der System–Performance festgestellt werden).

1.2 Zur Entwicklung des HyperMan–Systems

Die Entwicklung des HyperMan–Systems wurde 1989 an der Technischen Universität München im Rahmen des DFG–Projekts „Kooperative Schnittstellen" innerhalb des DFG–Schwerpunkts „Objektbanken für Experten" begonnen. Dabei wurde zunächst einmal ein Prototyp eines graphischen Browsers entworfen, der es ermöglichte, auf UNIX–Manuale zuzugreifen, wobei auf der Benutzerseite zunächst einmal die Betonung darauf lag, die Verfolgung von Links und das Absetzen von Volltextsuchen zu ermöglichen. Erweitert wurde dieser Prototyp im folgenden Jahr auf der Generierungsseite um Tools, die die Aufbereitung beliebiger ASCII– und LaTeX–Texte zu Hypertexten unterstützen ([SSG90], [SaGü90]). Ebenfalls der Generierungskomponente zuzuordnen ist ein Anfang 1991 implementiertes Tool, das es dem System ermöglicht, aus den Aktionen der Benutzer zu lernen und die Hypertexte entsprechend der gewonnenen Erkenntnisse selbsttätig zu modifizieren ([SGMJ92]). Die graphische Benutzeroberfläche erfuhr in den Jahren 1990 und 1991 wesentliche Erweiterungen durch die Einführung von Tools zur umfassenden Manipulation von Links, zur flexibleren und benutzerfreundlicheren Gestaltung von Volltextsuchen und auch vage zielgerichteten Suchen, zur Erzeugung von Annotationen, zur graphischen Darstellung der Dokumentstruktur und zur gleichzeitigen Handhabung mehrerer Hypertexte.

Das System kommt an den Fakultäten für Informatik der TU München und der Eberhard–Karls–Universität in Tübingen u.a. in den jeweiligen Datenbankpraktika zum Einsatz. Trotzdem bleibt zu betonen, daß es sich in erster Linie um ein Forschungssystem zur Implementierung fortgeschrittener Retrieval–Techniken handelt.

In diesem Papier soll nun der aktuelle Stand der Benutzeroberfläche dargestellt werden, wobei hinzuzufügen ist, daß einige Komponenten des Systems aus Platzgründen nur sehr kurz oder überhaupt nicht angesprochen werden können.

2 Links im HyperMan-System

2.1 Linkkonzept

Was ist ein Link?
Grundsätzlich kann in HyperMan ein Link als Verweis von einer Text- bzw. Bildstelle auf eine zugehörige Information aufgefaßt werden. Anders als bei vielen anderen Hypertextsystemen muß diese zugehörige Information jedoch nicht wiederum aus einem Text- oder Bildbereich bestehen. Das Ziel eines Links kann nämlich auch ein anderer Hypertext, eine Audio–Aufzeichnung oder sogar eine andere Applikation sein. Aus diesem Grund ist es sinnvoll, bei HyperMan die folgende Sichtweise einzunehmen: ein Link besteht aus

Linkquelle (einem Dokumentausschnitt) und einer der Linkquelle angehefteten Aktion. Durch die Unterscheidung verschiedener Aktionsarten bzw. Informationstypen kann man nun die Links entsprechend ihrer Arten bzw. Typen (vgl. [Kuhl91]) klassifizieren, wobei diese Klassifizierung dem Benutzer zusätzlich zur Linkmarkierung angezeigt wird und somit eine Grundlage für seine Entscheidung, einen Link zu verfolgen oder auch nicht, bildet.

Linkarten

Derzeit sind in HyperMan die folgenden sechs Linkarten verfügbar:

- **Links auf einen Knotenausschnitt** bilden die zentrale Linkart, mit deren Hilfe zwei Knotenausschnitte – üblicherweise sind dies Textstücke, es kann sich aber auch um Bereiche innerhalb von Bildknoten handeln – zueinander in Beziehung gesetzt werden. Diese Ausschnitte können auch zwei unterschiedlichen Hypertexten entstammen. Als *ein* Hypertext wird dabei die Hypertextbasis bezeichnet, die aus der Aufbereitung *eines* Dokuments entstanden ist.
- **Links auf einen Knoten** führen, wenn sie verfolgt werden, zu einem Text- oder Bildknoten, der wiederum Teil eines anderen Hypertexts sein kann. Damit können Verweise, wie z.B. „siehe Abschnitt 6.3" durch Links nachmodelliert werden.
- **Links auf einen ganzen Hypertext** laden den angegeben Ziel–Hypertext. Sinnvoll ist diese Linkart, um Literaturreferenzen umsetzen zu können.
- Mit **Audio–Links** können akustische Informationen zugänglich gemacht werden. Bei diesen akustischen Informationen handelt es sich um Audio–Annotationen, die vom Anwender selbst erstellt werden können.
- **Executable Links** sind geeignet, um etwa ausführbare Beispiele einer Dokumentation „in die Tat umzusetzen", da mit ihrer Hilfe parallel zum Ablauf der HyperMan–Applikation separate Programme gestartet werden können. An dieser Linkart wird in besonderem Maße das Konzept der an eine Linkquelle gehefteten Aktion deutlich: der Erzeuger eines Links legt ein Kommando mit zugehörigen Parametern fest, das zum Zeitpunkt der Linkverfolgung in exakt dieser Form in einer UNIX–Shell abgesetzt wird.
- **Flexible Links** bestimmen ihr Linkziel erst beim Verfolgen, indem sie als Linkaktion eine an den Link geheftete hypertextübergreifende Suche starten. Dadurch können sie sich flexibel an eine geänderte Hypertextbasis anpassen, da das Ziel des Links nicht fest vorgegeben ist, sondern erst zum Zeitpunkt der Linkverfolgung ermittelt wird.

Die hier eingeführte Unterscheidung von Linkarten erfolgt also nicht auf der Grundlage des Datentyps von Linkzielen (dabei wäre z.B. eine einheitliche Sichtweise bezüglich der Links auf einen Knotenausschnitt, auf einen Knoten und auf einen ganzen Hypertext möglich), sondern basiert auf den durch eine Linkverfolgung angestoßenen Aktionenarten, die gemäß der gewählten Implementierung unterschieden werden können, z.B. das Öffnen eines Textknotens, das Laden eines Hypertexts, das Abspielen einer Audio–Aufzeichnung oder das Absetzen eines Kommandos (siehe [Salz91]).

Linktypen

Welche Linktypen ein Hypertext aufweist, ist immer auch davon abhängig, um was für eine Art von Dokumentation es sich beim Ausgangsdokument handelt, da abhängig von der Art des Dokuments unterschiedliche Beziehungstypen zwischen Textstücken durch die Generierungskomponente erkannt werden. Einige der gebräuchlichsten Linktypen des HyperMan–Systems sind nachfolgend aufgeführt:

- **Hierarchische Links** verweisen auf Knoten, die dem aktuellen Knoten entsprechend der Gliederung des Ausgangsdokuments, d.h. hierarchisch, untergeordnet sind.
- **Rückwärts–** bzw. **Vorwärts–Links** verweisen auf Knoten, die dem aktuellen Knoten im Original–Dokument direkt vorausgehen bzw. nachfolgen.
- **Explanation–Links** verweisen auf Stellen, die zusätzliche Erläuterungen zur Linkquelle enthalten.
- **Syntax–Links** verweisen auf Textstellen, in denen die Syntax des in der Linkquelle eingeschlossenen Strings erläutert wird.
- **Semantische Links** und **dynamische semantische Links** verweisen auf Textstellen, die mit dem in der Linkquelle eingeschlossenen Textstück inhaltlich verwandt sind, d.h. die dieselbe oder zumindest eine ähnliche Thematik behandeln. Diese beiden Linktypen werden in den Abschnitten 4.3 und 4.4 näher erläutert.

Neben weiteren, hier nicht aufgeführten Linktypen existiert auch der Linktyp „nicht näher spezifiziert". Er kann vom Benutzer dann verwendet werden, wenn ein Link manuell generiert wird, der Typ der dadurch manifestierten Beziehung jedoch nicht näher beschrieben werden kann.

Linkrechte

Wesentlicher Bestandteil eines Linkkonzepts ist die Möglichkeit der individuellen Gestaltung von Hypertexten. Das ist sinnvoll, weil nicht alle Benutzer die gleichen Voraussetzungen, darunter sind vornehmlich Kenntnisstand und Interessenlage zu verstehen, zu einer Informationssuche mitbringen. Somit können Informationen für einen Benutzer von höchstem Interesse sein, während für einen anderen Benutzer dieselben Informationen vollkommen irrelevant sind.

Anstatt nun für jeden Benutzer einen individuellen Hypertext zu konstruieren, ist es — bei gleicher Effektivität — wesentlich wirtschaftlicher, zu jedem Link zu speichern, welchen Benutzern er zur Verfügung steht. Darüberhinaus wird im HyperMan–System auch die Vergabe von Änderungsrechten für einen Link praktiziert, die es ausgewählten Benutzern erlauben, Links zu verändern oder sogar zu löschen.

2.2 Verfolgen von Links

Das Verfolgen eines Links wird im allgemeinen durch Klicken innerhalb des durch die Linkumrahmung begrenzten maussensitiven Bereichs ausgelöst. Falls an der angeklickten Stelle jedoch mehrere Linkquellen vorhanden sind, wird ein Mehrfachlinkauswahlfenster (siehe Abbildung 1) zwischengeschaltet, dem der Benutzer nähere Informationen über die an dieser Stelle vorhandenen Links entnehmen kann. In diesem Fall wird die entsprechende Linkaktion erst ausgelöst, nachdem der Benutzer einen der aufgeführten Links mit der Maus ausgewählt hat.

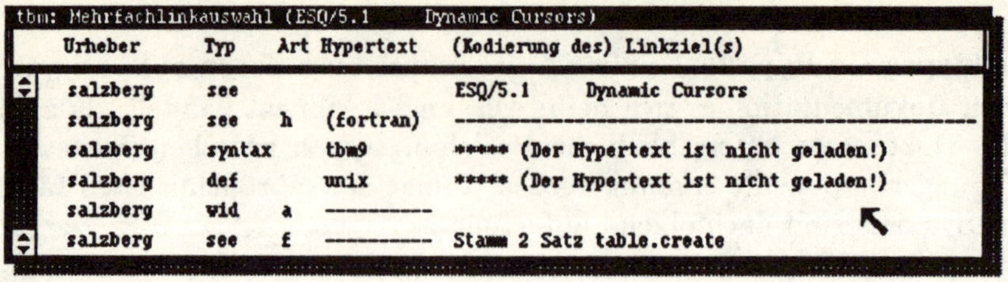

```
tbm: Mehrfachlinkauswahl (ESQ/5.1    Dynamic Cursors)
    Urheber      Typ   Art Hypertext   (Kodierung des) Linkziel(s)

    salzberg     see                   ESQ/5.1      Dynamic Cursors
    salzberg     see   h  (fortran)    ------------------------------------------
    salzberg     syntax   tbm9         ***** (Der Hypertext ist nicht geladen!)
    salzberg     def      unix         ***** (Der Hypertext ist nicht geladen!)
    salzberg     vid   a  -----------
    salzberg     see   f  -----------  Stamm 2 Satz table.create
```

Abb. 1: Das Mehrfachlinkauswahlfenster

2.3 Manuelle Generierung von Links durch den Benutzer

Die manuelle Linkgenerierung wird über einen speziellen Linkgeneriermodus ermöglicht, der dafür sorgt, daß die Mausklicks eines Benutzers vom System dann anders interpretiert werden, wenn er diesen Modus zuvor eingestellt hat (siehe Abschnitt 3.2). Somit werden Klicks innerhalb von Textviewern nicht im Hinblick auf eine mögliche Linkverfolgung interpretiert, sondern sie dienen der Festlegung eines Linkquellenbereichs. Nach der Festlegung der Linkquelle, muß der Benutzer über ein zwischengeschaltetes Fenster die Art und den Typ des neuen Links festlegen (siehe Abb. 2). In Abhängigkeit von der Linkart muß dann das Linkziel bestimmt werden: Dies geschieht durch Festlegen eines Textbereichs (äquivalent zum Festlegen eines Linkquellenbereichs), durch Auswahl eines Knotens, durch Auswahl eines Hypertexts, durch Erstellen einer Audio–Aufzeichnung über ein integriertes Tool, durch Eingabe eines ausführbaren Kommandos oder durch Spezifizieren einer Suche. Abschließend muß festgelegt werden, welche Benutzer welche Rechte im Hinblick auf den neu generierten Link besitzen, d.h. welche Benutzer den Link verfolgen und welche Benutzer den Link verändern bzw. löschen dürfen.

3 Grundlegende Fenster des HyperMan–Systems

3.1 Auswahlfenster für Hypertexte

Mit Hilfe des Hypertexte–Auswahlfensters legt der Benutzer seine Arbeitsumgebung fest (siehe Abb. 3 Mitte), in dem er diejenigen Hypertexte aus der Liste aller verfügbaren Hyptexte auswählt, die für seine Arbeit relevant sind. Dabei kann auch mit mehreren Hypertexten gleichzeitig gearbeitet werden. Nachträgliche Änderungen dieser Arbeitsumgebung können auch während einer HyperMan–Sitzung vollzogen werden.

3.2 Hauptfenster

Das Hauptfenster (siehe Abb. 3 rechts) steht im Mittelpunkt der Arbeit eines Benutzers mit dem HyperMan–System. Dieses Fenster ist wie folgt aufgebaut (von oben nach unten):

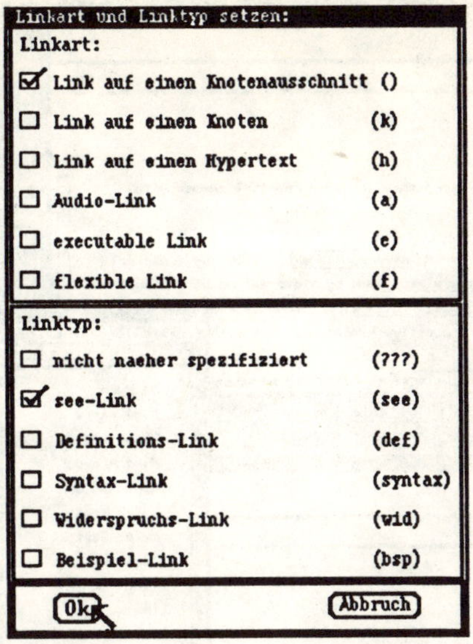

Abb. 2: Auswahl von Linkart und -typ während der manuellen Linkgenerierung

- Eine **Buttonleiste** ermöglicht die Auswahl verschiedener Komponenten wie z.B. des Linkgenerierungstools („Link") oder des sog. Hypergraph–Browsers („Browser", siehe Abschn. 5.1). Daneben können unterschiedliche Systemzustände herbeigeführt („Close", „Frisch beginnen") bzw. die Applikation beendet werden.
- Über das **Systemmeldungsfenster** werden Informationen ausgegeben, die den Verlauf oder Abschluß der vom Benutzer angestoßenen Aktionen betreffen.
- Das **Volume–Fenster** ermöglicht die Beeinflussung der Ausgabe von Audio–Links durch den Benutzer.
- Ein benutzerfreundliches Erstellen und Absetzen von Volltextsuchen kann über das **Suchfenster** vorgenommen werden (siehe Abschnitt 4.1).
- Im Zusammenhang mit der darunterliegenden Kandidatenliste ist das **Informationsfenster für die Kandidatenliste** zu sehen. In ihm wird die Menge der in der Kandidatenliste aktuell angezeigten Knoten charakterisiert, etwa durch Spezifizieren der Suchanfrage, die zu dieser Menge geführt hat. Darüberhinaus kann in diesem Fenster auf vorhergehende Anfragen („alte Suchergebnisse") zurückgegriffen oder dafür gesorgt werden, daß in der Kandidatenliste alle im aktuellen Hypertext vorhandenen Knoten („alle Kandidaten") angezeigt werden. Welcher Hypertext momentan den aktuellen Hypertext bildet, kann dabei dem Hauptfensterrahmenlabel entnommen werden.
- Die **Kandidatenliste** wird aus der Menge der momentan relevanten Knoten gebildet (siehe Informationsfenster). Aus Gründen der Übersichtlichkeit werden immer nur Knoten eines einzigen Hypertextes, nämlich des aktuellen, aufgeführt. Dies bedeutet jedoch keine Einschränkung, da jede automatische oder manuelle Änderung

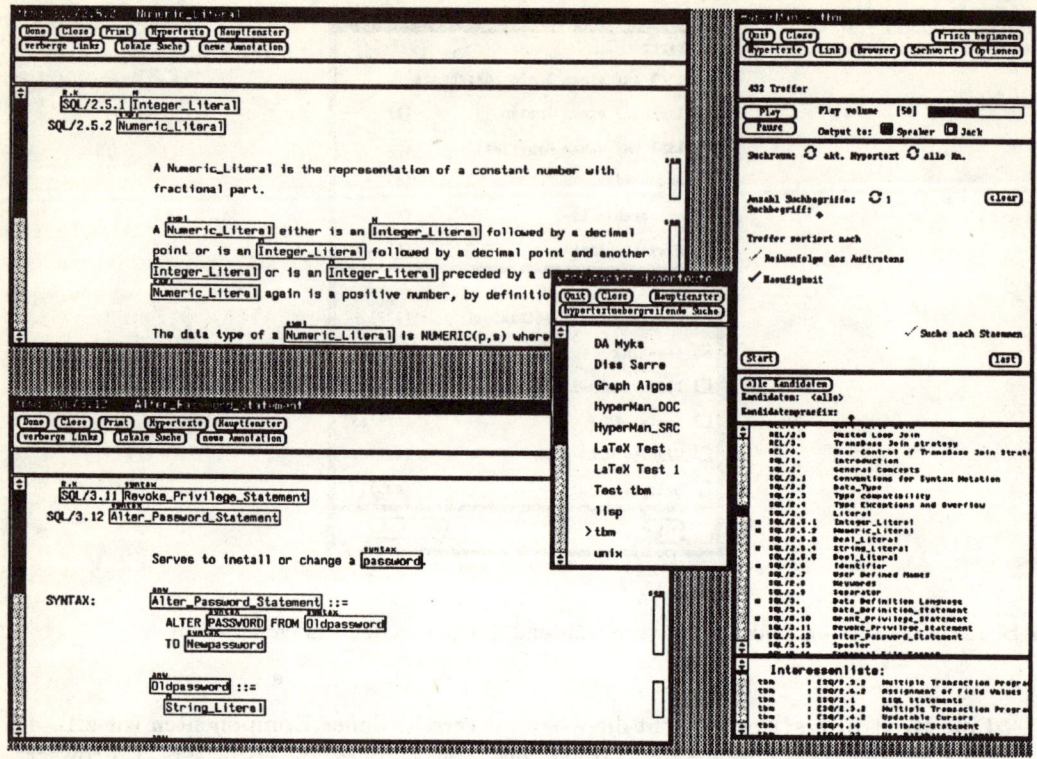

Abb. 3: Die wichtigsten Fenster des HyperMan–Systems: Hypertextauswahlfenster (Mitte), Hauptfenster (rechts) und zwei Viewer (links oben und unten)

des aktuellen Hypertexts auch eine konsistente Änderung des Kandidatenfensters bewirkt.

Durch Anklicken eines Knotens wird das Öffnen eines separaten Viewer–Fensters (siehe Abschnitt 3.3) ausgelöst, in dem der Inhalt des Knotens angezeigt wird. Diese Anzeige kann, eine vorhergehende Volltextsuche vorausgesetzt, auch mit einer Invertierung der Suchtreffer innerhalb des neuen Viewers erfolgen.

– In die **Interessenliste** werden alle Knoten in der Reihenfolge aufgenommen, in der sie der Benutzer in der laufenden Sitzung ausgewählt hat.

3.3 Viewer–Fenster

Jeder Hypertext–Knoten wird bei seiner Darstellung in einem eigenen Viewer–Fenster (siehe Abbildung 3 links) ausgegeben. Auch im Viewer–Fenster können, auf den darin angezeigten Knoten bezogene, Aktionen durch Betätigen der entsprechenden Buttons ausgelöst werden. Dazu gehören u.a. das Anlegen von Annotationen („neue Annotation", siehe Abschnitt 5.2) und das Ausdrucken des Knoteninhalts („Print").

Die eigentliche Darstellung des Knoteninhalts erfolgt in einem separaten Text- oder Grafikfenster des Viewers. Darin werden Links durch Umrahmung der Linkquellen und

Darüberschreiben von Linktyp und Linkart markiert. Wird diese Markierung vom Benutzer jedoch als störend empfunden, kann sie auch ausgeschaltet werden ("verberge Links").

4 Suche nach relevanten Textstellen

Ein wesentliches Ziel bei der Erstellung des HyperMan–Systems war es, dem Benutzer vielfältige und mächtige Werkzeuge an die Hand zu geben, mit deren Hilfe er die für ihn relevanten Textstellen innerhalb von Hypertextbasen ausfindig machen kann. Eine Einschränkung der dem Benutzer angebotenen Suchmöglichkeiten besteht darin, daß diese zwar verschiedenste Möglichkeiten der Inhaltssuche umfassen, das HyperMan–System momentan aber noch keine Struktursuchen erlaubt (vgl. [HoSc92]).

4.1 Volltextsuche

Unverzichtbarer Bestandteil eines solchen "Werkzeugkastens" bildet eine Komponente, die die Möglichkeit der Volltextsuche bietet. Im HyperMan–System besteht eine Volltextsuche grundsätzlich aus den folgenden vier Schritten, deren Reihenfolge — abgesehen davon, daß das Starten der Suche zuletzt vorgenommen werden muß — jedoch nicht fest vorgeschrieben ist:

1. Festlegen des Suchraums
   Der Benutzer kann durch Markieren von Hypertexten im Hypertexte–Auswahlfenster oder von Knoten in der Kandidatenliste bzw. im Hypergraph–Browser einen Bereich festlegen, auf den sich seine Suche beziehen soll. Spezifiziert der Benutzer den von ihm gewünschten Suchraum nicht explizit, dann wird die Suche in allen Knoten des aktuellen Hypertexts vorgenommen.
2. Einstellen der Suchoptionen im Suchfenster
   Die Art der Optionen ist abhängig von der Anzahl der vom Benutzer verwendeten Suchbegriffe: bei Suchen mit einem Suchbegriff kann der Benutzer wählen, ob die Suchtreffer in der Kandidatenliste in der lexikographischen Reihenfolge der Knoten oder nach Trefferhäufigkeit ausgegeben werden sollen. Bei Suchen mit zwei Suchbegriffen kann eingestellt werden, ob die Suchbegriffe gemeinsam in einem Satz, Absatz oder in einer Sektion vorkommen sollen. In beiden Fällen kann eine Option "Suche nach Staemmen" gesetzt werden, die dafür sorgt, daß auch die flektierten Formen von Suchbegriffen bei der Suche erfaßt werden.
3. Eingabe der Suchbegriffe
   Vom Benutzer können im Suchfenster ein oder zwei Suchbegriffe für seine Volltextsuche spezifiziert werden, wobei ein Suchbegriff entweder ein einzelnes Wort oder eine Phrase, d.h. ein aus mehreren (logisch zusammenhängenden) Wörtern bestehender Begriff wie z.B. "information retrieval method", sein kann. Darüberhinaus kann der Benutzer durch die Verwendung von Wildcards erforderlichenfalls eine Präfix-, Substring- oder Suffixsuche einleiten.
4. Starten der Suche
   Nachdem der Benutzer seine Suchkriterien spezifiziert hat, kann die Suche abgesetzt werden.

Die Resultate der Suche werden in der Kandidatenliste aufgelistet. Darüberhinaus erfolgt, falls vorhanden, eine Markierung der Suchtreffer innerhalb des Hypergraph–Browsers.

Eine weitere Hilfestellung für den Benutzer hinsichtlich seines weiteren Vorgehens bietet das sogenannte KWIC–Fenster, das auf die im Bibliothekswesen bekannte *Key Word In Context*–Darstellung zurückgegriffen. Dabei werden alle Treffer einer Suche mit einem Suchbegriff in ihrem Kontext, d.h. zusammen mit der sie einschließenden Zeile, angezeigt (siehe Abb. 4). Das Anklicken einer KWIC–Zeile führt zur Anzeige des entsprechenden Textknotens, wobei dieser Knoten — falls vom Benutzer gewünscht — automatisch an die relevante Stelle gescrollt wird.

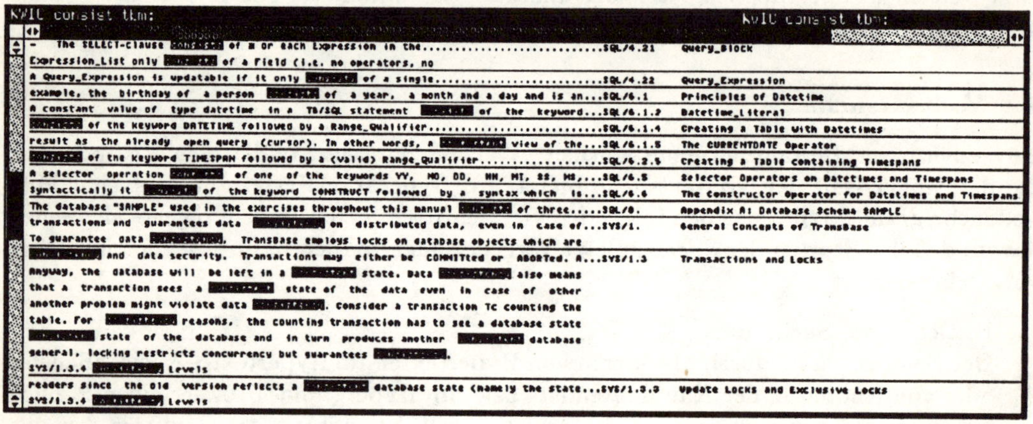

Abb. 4: Das KWIC–Fenster des HyperMan–Systems

Führt eine Suche zu keinem Ergebnis, dann wird ein Thesaurus zu Rate gezogen, mit dessen Hilfe Terme gefunden werden können, die mit dem zunächst eingesetzten Suchbegriff verwandt sind. Diese Terme werden dem Benutzer in einem separaten Fenster angeboten, aus dem er den ihm geeignet erscheinenden Begriff auswählen kann (siehe Abb. 5).

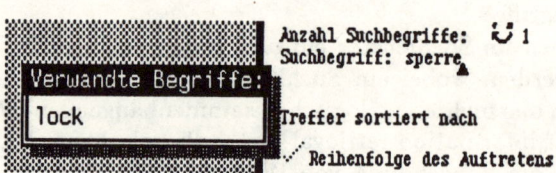

Abb. 5: Thesaurusunterstützung im HyperMan–System

4.2 Sachwortliste

Während der Benutzer bei der Volltextsuche ziemlich exakte Vorstellungen vom Ziel seiner Suche haben muß, liefert die Sachwortliste dem Benutzer Hinweise darauf, welche Begriffe innerhalb eines bestimmten Hypertextes eine Rolle spielen. Sie bildet damit das Gegenstück zum Index eines Buches. Da zusätzlich zur Nennung der einzelnen Begriffe auch die Anzahl der diesen Begriff enthaltenden Knoten bzw. die Gesamthäufigkeit des Begriffs innerhalb des Hypertexts in der Sachwortliste angezeigt werden, kann sich der Benutzer anhand dieser Aufstellung hinsichtlich der Relevanz von Termen orientieren und gegebenfalls durch Anklicken eines Sachworts eine entsprechende Suchanfrage auslösen.

4.3 Semantische Links

Einen anderen Ansatz für die Suche nach relevanten Textstücken verfolgen die semantischen Links. Dabei wird davon ausgegangen, daß ein Benutzer nicht am Anfang einer Informationssuche steht, sondern bereits Teilinformationen erhalten hat. Somit ist er u.U. an Textausschnitten interessiert, die eine ähnliche oder dieselbe Thematik behandeln wie der Abschnitt, aus dem er einen Teil der von ihm gewünschten Informationen beziehen konnte. Zur Lösung dieses Problems werden zu jedem Abschnitt diejenigen fünf Abschnitte in Form von Links angeboten, deren Verwandtschaftsgrad zum Ausgangstextstück den höchsten Wert aufweist. Dieser Verwandtschaftsgrad wird dabei mit Hilfe einer statistischen Analyse bestimmt (siehe [SaGü91], [Sarr91]).

4.4 Dynamische semantische Links

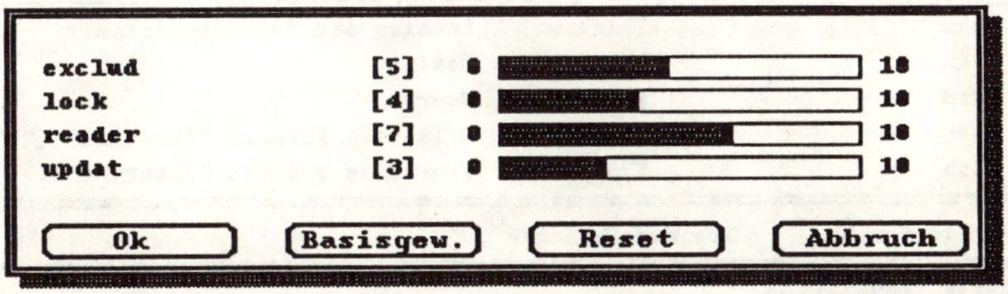

Abb. 6: Gewichtungsfenster bei der Erzeugung dynamischer semantischer Links

Eine ähnliche Zielsetzung wie die semantischen Links weisen die dynamischen semantischen Links dahingehend auf, daß auch dabei Textstücke gefunden werden sollen, die mit einem Ausgangstextstück verwandt sind. Während jedoch der Benutzer bei der Generierung semantischer Links keinerlei Steuerungsmöglichkeiten besitzt, basiert die Generierung dynamischer semantischer Links weitgehend auf den vom Benutzer vorgenommen Spezifikationen und erfolgt innerhalb einer HyperMan-Sitzung:

1. Der Benutzer wählt mit der Maus diejenigen Wörter innerhalb eines Knotens aus, die für ihn relevant sind.

2. Mit Hilfe eines Gewichtungsfensters vergibt der Benutzer anschließend Gewichte an die Stämme der von ihm ausgewählten Terme (siehe Abb. 6). Die Reduktion auf Stämme wird vorgenommen, damit bei dieser Form der Suche sinnvollerweise immer auch flektierte Formen berücksichtigt werden.

Mit Hilfe der gewichteten Terme werden dann diejenigen Abschnitte innerhalb der Hypertextbasis herausgefiltert, die zum Anfragevektor die größte Ähnlichkeit aufweisen. Diese Abschnitte werden dem Benutzer innerhalb eines speziellen Mehrfachlinkauswahlfensters angeboten, d.h. sie präsentieren sich dem Benutzer in der Form, die er auch von anderen Linktypen gewohnt ist.

Um nachfolgenden Benutzern zusätzliche Hilfestellungen geben zu können, werden sämtliche einmal generierten dynamischen semantischen Links in der Hypertextbasis gespeichert. Da die Zahl der derartig generierten Link jedoch einerseits sehr hoch sein kann und andererseits die reine Angabe der Linkziele innerhalb eines Auswahlfensters für den Benutzer keine große Hilfe darstellt, werden ihm zunächst einmal nur die Charakterisierungen der Suchanfragen angeboten, die zur Generierung von dynamischen semantischen Links geführt haben. Dieses Angebot erfolgt zusammen mit der Anzeige der semantischen Links. Wählt der Benutzer daraufhin eine der angezeigten Spezifikationen aus, dann wird das bestehende Fenster um eine Liste derjenigen dynamischen semantischen Links erweitert, die der ausgewählten Spezifikation entsprechen. Ein solches erweitertes Fenster ist in Abbildung 7 zu sehen, in dem die vom Benutzer angeklickte Spezifikation invertiert dargestellt ist.

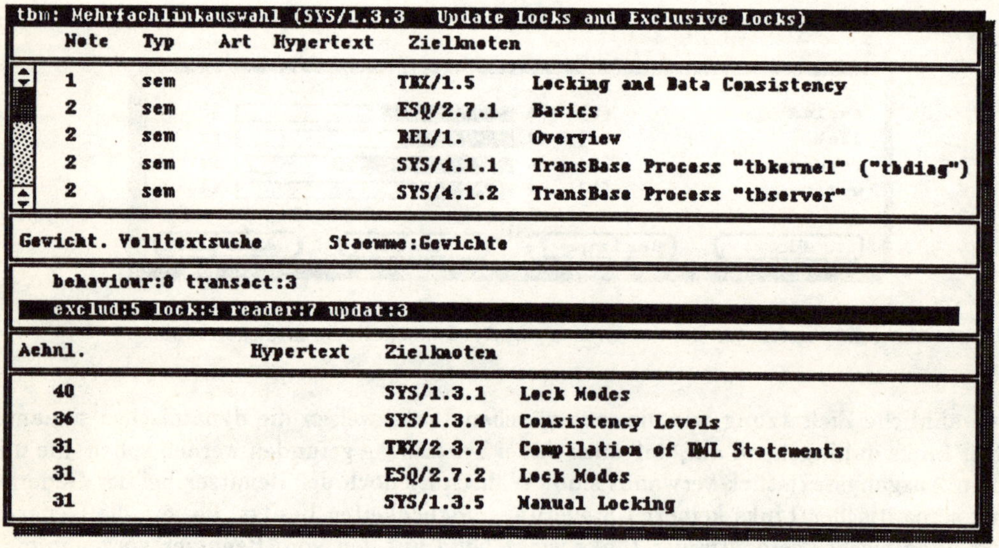

Abb. 7: Auswahlfenster für gespeicherte dynamische semantische Links

5 Weitere Komponenten des HyperMan–Systems

5.1 Hypergraph–Browser

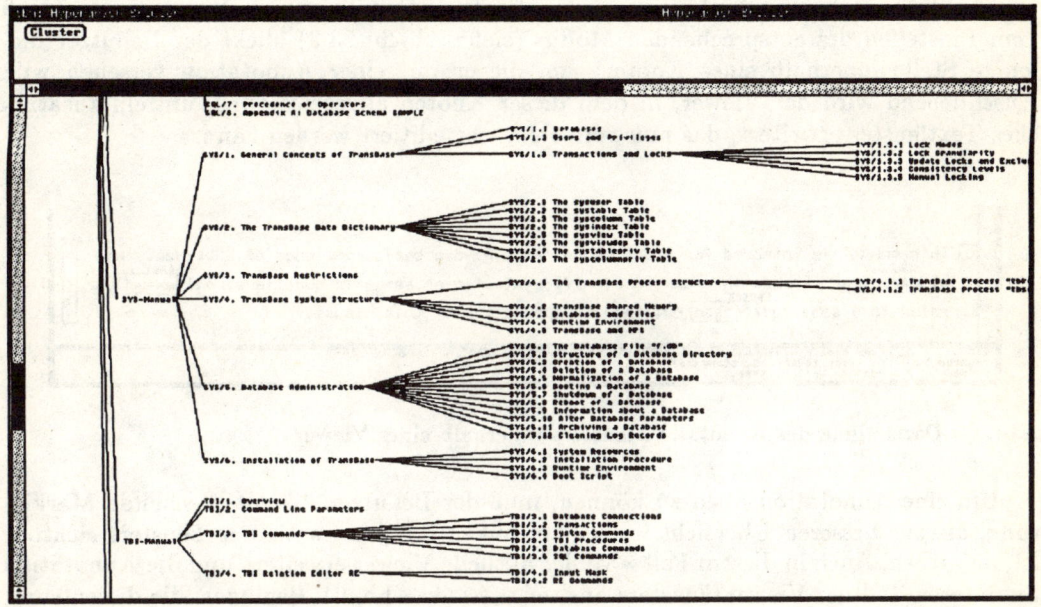

Abb. 8: Der Hypergraph–Browser des HyperMan–Systems

Der Hypergraph–Browser dient zunächst einmal der Visualisierung der hierarchischen Struktur eines Hypertexts in Form eines Baumes (siehe Abb. 8). Wie in der Kandidatenliste können auch im Hypergraph–Browser Knoten entweder mit oder ohne Anzeige von Treffern vorhergehender Suchen ausgewählt werden. Die Namen der Knoten, die dabei Treffer der vorhergehenden Suche enthalten, sind zur leichteren Orientierung für den Benutzer invertiert dargestellt, da es bei einer derartigen Darstellungsform — im Gegensatz zur Kandidatenliste — nicht sinnvoll erscheint, nur die Teile des Baums sichtbar zu machen, die Suchtreffer aufweisen.

Besonders nützlich ist der Hypergraph–Browser im Hinblick auf eine Einschränkung des Suchraums bei Volltextsuchen. Zum einen kann der Benutzer beliebige Knotenmengen durch Aufziehen von Rahmen im Browser auswählen. Zum anderen kann er Teilbäume des Graphen durch einfaches Anklicken der Wurzel markieren und auf diese Weise in den Suchraum aufnehmen.

5.2 Anlegen und Wiederabrufen von Text–Annotationen

Gerade weil HyperMan kein Autorensystem ist, ist es notwendig, auf andere Weise Notizen von Benutzern, d.h. Text–Annotationen, zu ermöglichen. Derartige Anmerkungen eines Benutzers können sowohl privater Natur, als auch von allgemeinem Interesse sein. Aus diesem Grund können im HyperMan–System an beliebige Stellen eines Hypertexts Annotationen angeheftet werden, wobei eine Annotation — analog zur Linkverwaltung — nur von dem Teil der Benutzerschaft gelesen bzw. verändert werden kann, dem die entsprechenden Rechte zugestanden wurden.

Ebenfalls analog zur Linkgenerierung erfolgt die Erstellung von Annotationen: nach dem Einstellen des entsprechenden Modus (siehe Abschn. 3.3) klickt der Benutzer diejenige Stelle innerhalb eines Knotens an, die er mit einer Annotation versehen will. Anschließend wird der Viewer, in dem dieser Knoten angezeigt wird, um ein zusätzliches Textfenster erweitert, das nun vom Benutzer editiert werden kann.

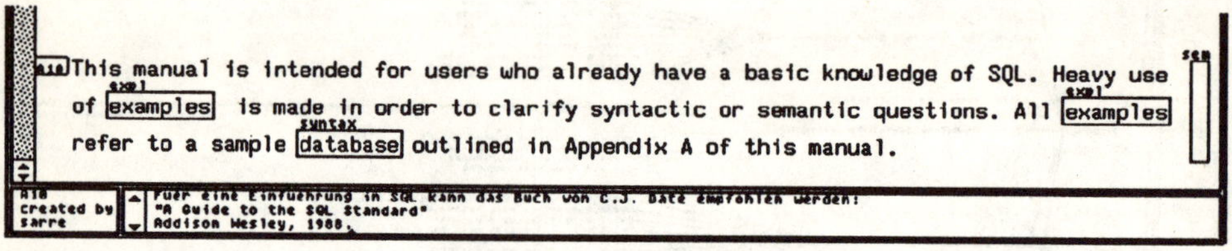

Abb. 9: Darstellung des Annotationsfensters innerhalb eines Viewer

Um eine Annotation lesen zu können, muß der Benutzer die entsprechende Markierung, die zur besseren Übersicht immer am linken Rand eines Viewer–Fensters sichtbar ist, anklicken. Auch in diesem Fall wird der aktuelle Viewer erweitert und die Annotation im unteren Teil des Viewer–Fensters angezeigt (siehe Abb. 9). Benutzer, die die entsprechenden Änderungsrechte besitzen, können dann die Annotation nicht nur lesen, sondern auch verändern bzw. löschen. Einschränkend muß hinzugefügt werden, daß die Möglichkeit der Veränderung einer Annotation jedoch nicht das Annotieren einer Annotation miteinschließt (vgl. [CBY89]).

6 Bewertung und Ausblick

Die Vielfalt an Funktionen innerhalb des HyperMan–Systems stellt sicher, daß in den meisten Fällen einem Benutzer das richtige Werkzeug für seine Informationssuche zur Verfügung steht. Gleichzeitig zeigten Ergebnisse einer Umfrage unter Teilnehmern eines Datenbankpraktikums an der TU München, denen HyperMan zur Verfügung gestellt worden war, sowie von Auswertungen einer im HyperMan–System eingebauten Benutzerbeobachtung, daß durchschnittliche Benutzer im Regelfall nur auf eine stark eingeschränkte Funktionalitätsmenge zurückgreifen (siehe [Myka91]). Dieser Situation sollte insofern Rechnung getragen werden, als dem Benutzer angeboten werden sollte, aus der Liste der HyperMan–Komponenten diejenigen auszuwählen, auf die er bei seiner Arbeit zurückgreifen möchten (diese Individualisierung könnte evtl. auch automatisch durch das System vorgenommen werden), so daß jeder Benutzer das seiner Arbeit und seinem Kenntnisstand angemessene System vorfindet. Dieser Ansatz der Bereitstellung eines „Werkzeugkastens", aus dem der Benutzer die von ihm benötigten bzw. als sinnvoll erachteten Werkzeuge individuell auswählen kann, erscheint sinnvoller als eine generelle

Beseitigung von selten genutzten Komponenten, die nur zur einer geringeren Mächtigkeit, aber nicht unbedingt zu einer leichteren Handhabbarkeit des Systems führen würde.

Ein anderes Manko der jetzigen Version des HyperMan–Systems bildet die Bindung an das Fenstersystem SunView. Da dieses Fenstersystem kernel-basiert ist, ist es notwendig, daß sowohl das HyperMan–System, als auch das darunterliegende Datenbank–Management–System TransBase lokal verfügbar sind. Um diese Beschränkung aufzuheben, ist es sinnvoll, HyperMan auf ein netzwerkbasiertes Fenstersystem zu portieren. Eine entsprechende Portierung des Systems auf X ist aus diesem Grund für das laufende Jahr geplant.

Literatur

[CBY89]   Catlin, T.; Bush, P.; Yankelovich, N.: *InterNote: Extending a hypermedia framework to support annotative collaboration.* In: Proceedings of the Hypertext '89 Conference, Nov. 5 – 8, 1989, Pittsburgh, ACM, S. 365–378.

[HoSc92]   Hofmann, M.; Schmezko, S.: *Graphical Structure–Oriented Search in a Hypertext System.* Erscheint in: Proc. of the 3rd Int. Conference on Database and Expert Systems Applications — DEXA '92, Valencia, 2.–4. September 1992, Springer–Verlag.

[Kuhl91]   Kuhlen, R.: *Hypertext. Ein nicht–lineares Medium zwischen Buch und Wissensbank.* Springer–Verlag, 1991.

[Myka91]   Myka, A.: *Dynamische Hypertextlinks in dem System „HyperMan".* Diplomarbeit, TU München, Mai 1991.

[SaGü90]   Sarre, F.; Güntzer, U.: *Einsatz des Hypertextsystems „HyperMan" für Online–Datenbank–Manuale.* Tagungsband des Workshops „Hypertext/Hypermedia '90" 23.–24. April 1990, Springer Verlag, Darmstadt, S. 133–148.

[SaGü91]   Sarre, F.; Güntzer, U.: *Automatic Transformation of linear Text into Hypertext.* Proceedings of the International Symposium on Database Systems for Advanced Applications (DASFAA '91), Tokyo (Japan), 2.–4. April 1991. S. 498–506.

[Salz91]   Salzberger, Th.: *Integrierte Verwaltung von Text–, Grafik– und akustisch–orientierten Hypertexten in dem System „HyperMan".* Diplomarbeit, TU München, November 1991.

[Sarr91]   Sarre, F.: *Zur Generierung von Hypertextstrukturen aus linearen Texten durch Partitionierung und Strukturanreicherung.* Diss., TU München, Juli 1991.

[SGMJ92]   Sarre, F.; Güntzer, U.; Myka, A.; Jüttner, G.: *Maschinelles Lernen von Relationen für Thesauri und Hypertext.* in: Gödert, W.; Jaenecke, P.; Schmitz-Esser, W. (Hrsg.): Kognitive Ansätze zum Ordnen und Darstellen von Wissen, Fortschritte in der Wissensorganisation, Band 2 (1992), S. 265 – 276.

[SmZd87]   Smith, K.; Zdonik, S.: *Intermedia: A Case Study of the Differences Between Relational and Object-Oriented Database Systems.* Proc. of the OOPSLA '87, Oct. 4–8, 1987, S. 452–465.

[SSG90]   Sarre, F.; Seidt, M.; Güntzer, U.: *HyperTEX— A System for Automatic Creation of Hypertext–Textbooks from Linear Texts.* In: Tjoa, A.M.; Wagner, R. (eds.), Proc. of the International Conference on Database and Expert Systems Applications (DEXA '90), Vienna, 29–31 August 1990, Springer Verlag, S. 62–68.

This article was processed using the LaTeX macro package with LMAMULT style

Einsatzmöglichkeiten von Hypertext beim Software Engineering und Knowledge Engineering

Susanne Neubert
Andreas Oberweis
Institut für Angewandte Informatik und Formale Beschreibungsverfahren,
Universität Karlsruhe (TH)
Kollegiengebäude am Ehrenhof
Postfach 6980
7500 Karlsruhe 1
e-mail: {neubert I oberweis}@aifb.uni-karlsruhe.de

Zusammenfassung

In diesem Beitrag wird untersucht, inwieweit Hypertext sowohl beim Software Engineering (SE) als auch beim Knowledge Engineering (KE) Unterstützung bieten kann. Dabei wird im Gegensatz zu bisher existierenden Ansätzen nicht isoliert nur eine einzelne Phase des Entwicklungsprozesses wie z.B. die der Anforderungsdefinition und -analyse oder der Wartung betrachtet, sondern die Unterstützungsmöglichkeiten von Hypertext werden sowohl in jeder einzelnen Phase als auch phasenübergreifend vorgestellt. Hierbei wird deutlich, daß SE und KE vielfach in analoger Weise unterstützt werden können.

1.0 Einleitung

Um die Integrationsmöglichkeiten von Hypertext in den Bereich des Software bzw. des Knowledge Engineering gegenüberstellen zu können, müssen zunächst die Begriffe (konventionelles) Software-System, Wissensbasiertes System, Software Engineering (SE) und Knowledge Engineering (KE) gegeneinander abgegrenzt werden. KI-Probleme kann man von "konventionellen Software-Problemen" dadurch unterscheiden, daß ihre Funktionalität i.a. nicht eindeutig und vollständig beschrieben werden kann. Oft sind Wissensbasierte Systeme zwar leicht zu spezifizieren, für einen Entwurf des geeigneten Algorithmus (Design, Implementierung) werden jedoch domänenspezifische Heuristiken benötigt (z.B. beim Schachspiel) [MGR89]. Desweiteren sind Wissensbasierte Systeme sinnvoll, wenn Probleme mit einem hohen Grad an Kontextsensitivtät behaftet sind (z.B. das Erkennen gesprochener Sprache), die die korrekte und vollständige Definition des Problems im Sinne des SE erschwert [Pat89]. Während ein (konventionelles) Software-System - grob gesprochen - aus Daten und Programmen besteht, existieren in Wissensbasierten Systemen Komponenten wie Wissensbasis, Inferenzmaschine, Wissensakquisitionskomponente und Erklärungskomponente.

Trotz dieser Unterschiede sind sich in beiden Bereichen die Vorgehensweisen bei der Systementwicklung, also SE und KE, sehr ähnlich, wenn man grob die einzelnen Entwicklungsschritte betrachtet. Die Betrachtung spezieller Methoden und Werkzeuge zur Unterstützung des Entwicklungsprozesses wird bewußt in diesem Beitrag weitgehend ausgeklammert.

Die Entwicklung eines komplexen Software-Systems läuft üblicherweise in Phasen ab. Ein sogenanntes Vorgehensmodell (in der Literatur häufig auch Prozeßmodell oder Life-Cycle-Modell genannt) gibt den Rahmen für den Ablauf der Phasen vor und beschreibt detailliert, welche Aktivitäten in den einzelnen Phasen durchzuführen sind, welche Dokumente angefertigt werden müssen, welche Beziehungen zwischen den Dokumenten und Aktivitäten bestehen und/oder in welcher Reihenfolge Aufgaben auszuführen sind. Für das SE sind eine Vielzahl solcher Life-Cycle-Modelle vorgeschlagen worden[1].

Vielfältige inhaltliche Analogien zwischen Wissensbasierten und "konventionellen" Software-Systemen führten dazu, daß sich die Vorgehensweisen zur Systementwicklung im KE an vorhandene Vorgehensweisen aus dem SE anlehnen konnten[2].

Im Bereich der Softwareentwicklung ebenso wie bei der Entwicklung Wissensbasierter Systeme können die jeweiligen Entwicklungsphasen in analoger Art und Weise durch den Einsatz von Hypertext unterstützt werden.

Im nachfolgenden zweiten Kapitel wird zunächst eine kurze Übersicht gegeben, inwieweit Hypertext bereits im SE bzw. im KE eingesetzt wird.

Im dritten Kapitel werden die einzelnen Phasen der System-Entwicklung grob skizziert, wobei dies nicht unter Berücksichtigung eines konkreten Vorgehensmodells geschieht[3].

Ausgehend von dieser Einteilung des Entwicklungsprozesses wird im vierten Kapitel untersucht, inwieweit in den jeweiligen Phasen die Integration von Hypertextkonzepten eine sinnvolle Unterstützung für die Projektbeteiligten darstellen kann. Es wird im einzelnen beschrieben, wie Hypertext in die verschiedenen Phasen des Entwicklungsprozesses integriert werden kann, um zum einen diesen Prozeß selbst zu unterstützen und zum anderen resultierende Ergebnisse der Phasen (z.B. für die Dokumentation des Systems) sinnvoll weiterzuverwenden. Desweiteren werden mögliche phasenübergreifende Hypertextkonzepte vorgestellt.

Das fünfte Kapitel beschreibt zwei Systeme - INCOME/STAR aus dem Bereich SE und MIKE aus dem Bereich KE -, in die Hypertexttechniken integriert werden.

2.0 Existierende Ansätze: Hypertext und SE bzw. Hypertext und KE

Basiskomponenten eines Hypertext-Systems sind Knoten und Kanten (Links). In Knoten können beliebige natürlichsprachliche Texte oder andere Informationen wie z.B. Text, Bilder, Signale, Tabellen, Formeln usw., aber auch multimediale Inhalte wie Video oder Audio usw. gespeichert werden[4]. Kanten verbinden Knoten, um eine inhaltliche Abhängigkeit oder Beziehung zwischen Knoten auszudrücken. So entsteht ein Netzwerk aus Knoten und Kanten, durch das der Benutzer navigieren kann.

---

1. Zu den bekanntesten gehört das Wasserfallmodell [Boe76]. Wegen der fehlenden Flexibilität und der unzureichenden Einbeziehung der Auftraggeber-/Endanwenderseite in den Entwicklungsprozeß wird das Wasserfallmodell jedoch häufig kritisiert. Ein weiteres Life-Cycle-Modell ist das Spiralmodell [Boe86], das die genannten Mängel des Wasserfallmodells nicht aufweist. Der Einsatz des Spiralmodells in der Praxis bringt allerdings Probleme mit sich, da sowohl Auftraggeber- als auch Auftragnehmer-Seite eines Software-Projektes ein Interesse an klar und eindeutig definierten Phasenabschlüssen und Phasenübergängen hat (vgl. [StO92]). Eine Reihe von weiteren Vorgehensmodellen (oftmals Varianten des Wasserfallmodells mit mehr oder weniger großen Abweichungen zum ursprünglichen Modell) werden z.B. in [Agr86, DoT90, Tul89] beschrieben.

2. In Analogie zu aus dem SE bekannten Life-Cycle-Modellen wurde beispielsweise in der Methodologie KADS [BWS87, WSB91] ein Life-Cycle-Modell entwickelt [HKL89], das die Unterscheidung aus dem Wasserfallmodell bekannter Phasen auch für die Entwicklung eines Wissensbasierten Systems verwendet. Das in [NeS92] beschriebene Vorgehensmodell, das diese sechs Phasen (Analyse, Design, Implementierung, Installation, Nutzung, Wartung) weiter verfeinert, beschreibt neben den verschiedenen Phasen bei der Entwicklung eines Wissensbasierten Systems auch deren Teilaktivitäten und Resultate in Form eines Datenflußdiagramms und den Kontrollfluß der einzelnen Aktivitäten.

3. Es wird darauf hingewiesen, daß die Namen, die für Phasen des SE und KE verwendet werden, oft unterschiedlich sind, obwohl sie inhaltlich übereinstimmende Phasen benennen. In Kapitel 3 werden deshalb die Aufgaben der einzelnen Phasen, wie wir sie in diesem Beitrag verstehen wollen, im einzelnen beschrieben.

4. Die traditionelle Definition von Hypertext beinhaltet ausschließlich die Behandlung von Texten. Neuere Systeme, die auch multimediale Inhalte zulassen, werden Hypermedia-Systeme genannt. Oftmals wird aber auch in diesem Fall von Hypertext gesprochen, ohne hypermediale Aspekte auszuschließen. Dies ist auch in diesem Beitrag der Fall.

Hypertext findet bereits in den verschiedensten Bereichen Anwendung: Wörterbücher, Enzyklopädien, medizinische Textbücher, Kataloge, Hilfesysteme, technische Dokumentationen usw. werden mit Hilfe von Hypertext dargestellt. Aber auch in den Bereichen SE und KE wurde bereits Hypertext integriert.

Im SE wird Hypertext bisher eingesetzt:

- um Systemanforderungen, Informationssammlungen usw. zunächst strukturiert abzulegen
- zum Editieren und Verwalten von Source-Code
- zur Unterstützung von Prototyping
- zur Unterstützung der Wartung von Software

[BiR87, BjP91, BöA91, GaS87, HaP89, Mös90, SaS91, CyR92].

Dabei werden die Möglichkeiten von Hypertext bisher noch nicht voll ausgeschöpft, u.a. deshalb, weil Hypertext meist nur in einzelnen Phasen und nicht phasenübergreifend eingesetzt wird.

Der Einsatz von Hypertext im Bereich KE befindet sich ebenfalls noch in einer frühen Phase, die meisten Ansätze beschränken sich auf rein konzeptionelle Ideen und Vorschläge. Hypertext wird vorgeschlagen für

- die Dokumentation einer Wissensbasis (Erklärungsfähigkeit, Wartung, Validierung und Akzeptanz des Systems werden verbessert)
- die Unterstützung der Benutzerführung bei der Wissensakquisition
- die Erleichterung der Formalisierung des Wissens durch die Entwicklung einer informalen Darstellung des Wissens

[AFL90, Neu92, Hop92, FCA91, AnW90, MRE90, HoN92, Wor91, Mau92].

3.0 Phasen der Systementwicklung

Sowohl im Bereich des SE als auch des KE kann man die nachfolgend beschriebenen Phasen Planung, Definition und Analyse, Entwurf, Implementierung und Test sowie Einsatz und Wartung unterscheiden[5].

In der Praxis häufig vorkommende Zyklen und Rücksprünge in vorangehende Phasen ebenso wie Überlappungen und parallele Ausführung der Phasen (d.h. die zeitliche Abfolge der Phasen) sind hier nicht von Interesse und deshalb nicht berücksichtigt.

3.1 Planungsphase

In dieser Phase werden Vorstudien durchgeführt, deren Ziel es ist, den Ist-Zustand zu analysieren und Bedürfnisse und Wünsche an das zu entwickelnde System zu formulieren.

Diese Phase ist sowohl bei der Erstellung eines Softwarepakets als auch bei der Entwicklung eines Wissensbasierten Systems grundlegende Voraussetzung für die Durchführung des Projektes.

Es ist festzustellen, daß in der Praxis die Planungsphase für die Erstellung eines Software-Systems weitaus klarer definiert ist, als das für Wissensbasierte Systeme der Fall ist. Die Entwicklung existierender Wissensbasierter Systeme wurde meist noch ohne Vorgehensmodell[6] (im obigen Sinn) durchgeführt.

Die Planungsphase endet mit einer informalen Beschreibung des Problems und einer Entscheidung darüber, ob und in welcher Form (z.B. Eigen- oder Fremdentwicklung bzw. Verwendung von Standard-Software) das System entwickelt werden soll.

---

5. An dieser Stelle sei nochmals darauf hingewiesen, daß im SE und im KE unterschiedliche Begriffe zur Benennung der einzelnen Phasen bekannt sind und wir hier EINE mögliche Namensgebung für die Phasen verwenden.

6. Im Bereich Wissensbasierter Systeme existieren zum augenblicklichen Zeitpunkt nur sehr wenige und nur sehr grobe Vorgehensmodelle.

3.2 Definitions- und Analysephase

In der Definitions- und Analysephase ist es Aufgabe der Systementwickler-Seite, die Anforderungen an das System zu formulieren und das zugrundeliegende Wissen zu sammeln und zu strukturieren. Im Bereich des SE werden hierfür Beschreibungssprachen wie ER-Diagramme [Che76], Kanal/Instanzen-Netze [BRR87], Datenflußdiagramme [RoS77] usw. eingesetzt. In [DeD83] wird eine formularorientierte Vorgehensweise beschrieben, wie ausgehend von informalen Gesprächen mit der Auftraggeber- bzw. Anwenderseite schrittweise die Anforderungen strukturiert, systematisiert und analysiert werden können. Ergebnis sind sogenannte Daten-, Operations- und Ereignis-Glossare, die leicht in ER-Diagramme bzw. Kanal/Instanzen-Netze umgesetzt werden können.

Im KE müssen zunächst geeignete Erhebungstechniken ausgewählt werden, da es meist nicht möglich ist, das vollständige Wissen durch einfache Befragung eines Experten zu erhalten [Ber87]. Erhebungstechniken, wie Beobachtung des Experten, standardisiertes Interview, narratives Interview usw. [Fen91] werden für die Wissensakquisition eingesetzt.

Für die Strukturierung der Expertise für ein KBS wird weitgehend auf die aus dem SE bekannte Techniken wie DFD, ER-Diagramme usw. zurückgegriffen.

Für die Entwicklung eines Software-Systems sollte die Definition von Anforderungen möglichst in einer eindeutigen, vollständigen und redundanzfreien Weise geschehen. Für Wissensbasierte Systeme kann diese Forderung in dieser frühen Phase meist noch nicht erfüllt werden.

3.3 Entwurfsphase

Die Entwurfsphase hat u.a. die Formalisierung des vorliegenden Wissens bzw. der vorliegenden Informationen mittels formaler Spezifikationssprachen zum Ziel, wie sie sowohl im Bereich des SE als auch im modellbasierten KE bekannt sind[7].

Im SE wird die Entwurfsphase unterteilt in Systementwurf und Modulentwurf. Der Systementwurf beschreibt die Struktur des Systems, bestehend aus Modulen und Schnittstellen.

Der Modulentwurf beinhaltet die Beschreibung der Module einschließlich der benötigten Datenstrukturen und Algorithmen innerhalb der einzelnen Module.

Im Bereich des KE wird der Entwurf in die Phasen formale Spezifikation und Design eingeteilt. Ausgehend von einer noch informalen bzw. semiformalen Darstellung des Wissens aus der Definitions- und Analysephase wird das Wissen in einer formalen Spezifikationssprache wie z.B. KARL [AFL91], außerdem [Wet90, AHS90, KVS91])[8] modelliert.

Einzelne strukturiert gegeneinander abgegrenzte Wissenselemente, Aufgaben des Experten und deren Zusammenhänge werden formal beschrieben. Im Design wird präzisiert, wie die einzelnen Komponenten des Systems realisiert werden. Ein Vorschlag für das Design eines Wissensbasierten Systems ist es, eine Zerlegung in sog. funktionale Blöcke vorzunehmen und diesen Methoden zuzuordnen [ScW90].

3.4 Implementierungs- und Testphase

Im SE werden im Anschluß an den Entwurf die einzelnen Systemmodule implementiert und getestet. Die einzelnen Module werden schrittweise zum Gesamtsystem integriert, das einer abschließenden Prüfung unterzogen wird.

---

7. Hier muß darauf hingewiesen werden, daß der Übergang von der Analyse- zur Entwurfsphase in der Literatur nicht einheitlich beschrieben wird. Oft wird die Erstellung einer formalen Spezifikation auch noch der Analysephase zugeordnet.

8. Im Bereich des KE existieren verschiedene Entwicklungsansätze. Wir legen die modellbasierte Vorgehensweise von KADS [BWS87], [WSB91] mit integriertem Explorativem Prototyping, d.h. einer ausführbaren, formalen Spezifikation [AFL91] zugrunde [NeS92].

Für den Bereich des KE beinhaltet die Implementierungsphase die Entwicklung der endgültigen Wissensbasis im geeigneten Wissensrepräsentationsformalismus (Frames, semantisches Netz, Regelsystem usw.). Das fertige System sollte mit Hilfe des Experten getestet werden.

3.5 Einsatz- und Wartungsphase

Wurde die Testphase erfolgreich abgeschlossen, kann das System eingesetzt werden. Dafür sind meist Schulungsmaßnahmen für den Anwender notwendig.

Die Wartung betrifft Änderungen des Systems nach Einsatzbeginn. Dazu gehören Fehlerkorrekturen, die Installation neuer, verbesserter Versionen, Erweiterung der Funktionalität, Änderung bzw. Erweiterung des Wissensstandes usw.

3.6 Prototyping

Prototyping [BKM84, ScN92] ist ein phasenübergreifendes Konzept, das sowohl im SE als auch im KE Anwendung findet. Als Prototyping wollen wir hier das (idealerweise) schnelle und mit wenig Aufwand verbundene Bereitstellen eines ablauffähigen Modells des zu entwickelnden Systems bezeichnen.

Ziel des Prototyping ist es einmal, fachliche Anforderungen an ein System möglichst früh in enger Zusammenarbeit mit der Auftraggeber-/Endanwender-Seite zu klären (exploratives Prototyping). Dieser Aspekt des Prototyping betrifft teilweise bereits die Definitions- und Analysephase. Vorgeschlagene Lösungen der späteren Phasen können mittels Prototyping auf Tauglichkeit hin überprüft werden, etwa in Bezug auf Qualität der Benutzerschnittstelle oder Systemperformance (experimentelles Prototyping). Ergebnisse des Prototyping bewirken einerseits eine Rückkopplung zu vorangegangenen Phasen (evtl. ist ein Rücksprung notwendig), zum anderen können diese Ergebnisse auch für nachfolgende Phasen des Life-Cycles von Nutzen sein.

4.0 Einsatz von Hypertext im SE bzw. KE

Hypertext kann auf verschiedene Art und Weise für die Entwicklung eines Systems - eines Software Systems oder eines Wissensbasierten Systems - nutzbringend sein. Die grundsätzlichen Einsatzmöglichkeiten sind im folgenden kurz beschrieben, bevor der Einsatz von Hypertext im Bereich der Systementwicklung im einzelnen erläutert wird.

Unterstützung des Kooperationsaspekts (Co-Authoring)

Durch Hypertext kann zum einen die zwischen allen an der Systementwicklung beteiligten Personengruppen (z.B. Auftraggeber, Endanwender, Projektmanager, Systemdesigner, Programmierer) notwendige Kommunikation verbessert werden. Zum anderen unterstützt es die kooperative Erstellung von Entwurfsdokumenten sowie die Implementierung eines Systems in der Gruppe [HJE91, BeO90].

Hypertext für die Dokumentation des Systems und der Systementwicklung

Die wachsende Komplexität von Software-Systemen ebenso wie die Komplexität von Wissensbasierten Systemen machen deren Dokumentation immer wichtiger. Hypertext ist ein geeigneter Ansatz, um Online-Systemdokumentationen zu realisieren [SaG90]. Die Systementwicklung selbst kann ebenfalls dokumentiert werden (Unterstützung des Projekt-Managements).

Ausgehend von einem gut dokumentierten System ergeben sich vielschichtige Vorteile für Evaluierung, Erklärungsfähigkeit, Wartung, Einsatz und Akzeptanz eines Systems.

Auch der Entwicklungsprozeß selbst wird erleichtert, denn der Anwender/Experte kann aufgrund der "anwendernäheren" Darstellung zumindest in einer frühen Phase in den Entwicklungsprozeß eingebunden werden und damit den Systementwickler unterstützen.

Hypertext für Tutoring

Erfahrungen zeigen, daß die Integration einer hypertextbasierten Benutzeroberfläche die tutorielle Nutzung eines Systems [TiP92, JoM89] verbessern kann.

4.1 Einsatz von Hypertext in den Phasen des Life-Cycles

4.1.1 Planungsphase

Alle relevanten Informationen der Planung des Systems, z.B. zu Vorstudien, Bedürfnissen und Wünschen der Auftraggeber-Seite, Ist-Zustand, vorliegende Angebote usw., können mit Hilfe von Hypertext verwaltet werden. Diese Informationen liegen überwiegend in unstrukturierter Form vor, teilweise nur in Form persönlicher Notizen der mit dem geplanten Projekt befaßten Personen. Hypertext kann also in der Planungsphase vor allen Dingen verwendet werden, um die hier typische Informationsflut sinnvoll zu strukturieren. Zusammengehörige Informationen werden in einem eigenen Dokument (Knoten) beschrieben. Zusammenhänge zwischen solchen Informationsblöcken können durch Links ausgedrückt werden.

Ein wichtiger Vorteil bei dieser Form der Strukturierung ist es, daß die Projektbeteiligten in die hypertextbasierte Strukturierung der Daten einbezogen werden, d.h. z.B. selbständig Knoten definieren und Beziehungen zwischen Knoten durch Links anzeigen können.

4.1.2 Definitions- und Analysephase

Ebenso wie in der Planungsphase kann Hypertext auch in der Definitionsphase zur Strukturierung der vorliegenden Informationsbestände verwendet werden. Dafür sollte der Entwickler zusammen mit dem Anwender bzw. Experten ein Hypertext-Netzwerk entwickeln und damit die vorhandenen Daten übersichtlich und verständlich darstellen.

Analog zur Planungsphase sollten Knoten definiert werden, die jeweils die gesamten Informationen zu einem bestimmten Sachverhalt enthalten, die dann mit anderen Knoten verbunden werden. Dabei können auch Dokumente, die in multimedialer Form vorliegen, als einzelne Knoten des Netzwerks integriert werden. Dies können Tonbänder über Interviews mit dem Auftraggeber bzw. dem Experten, Bilder und Fotografien von Sachverhalten, Formulare usw. sein.

Erst wenn die Anforderungen an das System strukturiert und dadurch verständlich, überschaubar und überprüfbar sind, kann der Systementwickler mit der Aufgabe betraut werden, eine sinnvolle Systemstruktur zu definieren, bzw. die Vorgehensweise eines Experten zu dessen Problemlösung in einem Formalismus nachzumodellieren.

Somit erleichtern die strukturierten Dokumente die nachfolgende Entwurfsphase, in der u.a. eine Formalisierung des Wissens durchgeführt wird.

Hervorzuheben ist nochmals der Vorteil, daß durch die Verwendung von Hypertexttechniken die sehr frühe Strukturierung des Wissens (in der Planungs- und in der Definitions- und Analysephase) maßgeblich von dem Auftraggeber, Anwender bzw. dem Experten selbst durchgeführt werden kann. Gerade in den ersten Phasen des Projektes ist dies von großem Vorteil, da Systementwickler hier üblicherweise noch sehr wenig mit dem zu modellierenden Wissen vertraut sind [Neu92].

4.1.3 Entwurfsphase

Durch den Einsatz von Hypertexttechniken kann sowohl im Bereich des SE als auch im Bereich des KE die Formalisierung des Wissens, d.h. die Modellierung der Systemstruktur ebenso wie die des Wissens selbst, erleichtert werden. Durch das bereits in früheren Phasen entwickelte semiformale Hypertextnetzwerk existieren Hinweise auf relevante Systemelemente, auf das Zusammenspiel zwischen Systemelementen und somit auf die Systemstruktur (Modulzusammenhänge bzw. Aufgaben des Experten und deren Zusammenhänge), wodurch die Formalisierung erleichtert wird.

Neben dem Entwurf einer ersten formalen und operationalen Spezifikation des Systems fällt auch die Dokumentation dieses Systems in die Entwurfsphase. Mit der Existenz des semiformalen Hypertextnetzwerks aus der Definitions- und Analysephase kann die Dokumentation der Spezifikation (und damit auch des gesamten Systems) erleichtert werden.

Dies ist deshalb möglich, weil die formale und ausführbare Darstellung des Systems, der Prototyp, durch die in der Definitions- und Analysephase entwickelten informalen Strukturen dokumentiert werden kann. Durch Links können formale Elemente des Systems mit den entsprechenden informalen Dokumenten gekoppelt werden. So ist jederzeit ein Zugriff auf die informale Grundlage, die zu der Formalisierung des Wissens führte, möglich und damit die formale Darstellung für den Benutzer/Experten nachvollziehbar.

Im Anschluß an den Entwurf des Systems und dessen Dokumentation kann der entstehende Prototyp evaluiert werden. Dies kann durch den Anwender/Experten maßgeblich unterstützt werden, wenn der Prototyp zusammen mit seiner Dokumentation in ein gemeinsames Hypertext-Netzwerk eingebettet ist. Somit können einzelne Schritte bei der Ausführung des Prototyps ebenso wie Ergebnisse durch zusätzliche Betrachtung entsprechender informaler Knoten verdeutlicht werden.

4.1.4 Implementierungs- und Testphase

Der in der Implementierungsphase entstehende Source-Code kann in einem Hypertextnetzwerk verwaltet werden. Verschiedene Versionen des implementierten Codes können durch Links miteinander verbunden werden, ebenso ist das Zusammenspiel einzelner Module über Links verschiedenen Typs möglich. Desweiteren ist die Verwaltung globaler Variablen in dem integrierten System sinnvoll, indem Links zwischen den verschiedenen Vorkommen der Variable existieren. Für alle Komponenten des implementierten Systems kann deren Bedeutung durch einen Verweis auf ein informales Dokument erläutert werden. Insbesondere ist es für die Systementwickler möglich, eigene Kommentare oder Hinweise zum Source-Code einzufügen, die für andere (evtl.) nicht sichtbar sind.

In der Implementierungsphase muß außerdem die Anbindung des Codes an alte Versionen, an die informalen bzw. semiformalen Beschreibungen, die zugrundeliegenden Hintergründe, zusätzliche Anmerkungen über Entwickler, Entwicklungsdatum usw., also die Integration der Dokumentation in das Gesamtsystem, erfolgen. Dies ist in einem System, das Hypertexttechniken sinnvoll integriert, leichter realisierbar als mit konventioneller Dokumentenverwaltung.

In der Testphase ist die Verwaltung von Testplänen und dazu in Tests ermittelten Testdaten mittels Hypertext sinnvoll. Außerdem wird die Testphase durch die angebundene Dokumentation und Hintergrundbeschreibung erleichtert. Fehler, z.B. Nichterfüllung einzelner Anforderungen, fehlerhafte Interpretation usw., können nun leichter lokalisiert werden.

Dies betrifft den Bereich Wissensbasierter Systeme ebenso wie konventionelle Software-Systeme.

4.1.5 Einsatz- und Wartungsphase

Der Anwender, bei dem das System eingesetzt wird, profitiert von einem strukturierten, gut dokumentierten System, das außerdem mit einer guten Bedienoberfläche ausgestattet ist. Der Umgang mit dem System wird einfacher, damit steigt die Akzeptanz. Gerade im Bereich Wissensbasierter Systeme ist dieser Aspekt von besonderer Wichtigkeit. Zur Schulung der Anwender können Tutoring-Eigenschaften von Hypertext eingesetzt werden, z.B. in Form von *Guided Tours*.

Viele Software-Systeme bzw. Wissensbasierte Systeme, insbesondere im Bürobereich oder in technischen Anwendungen, sind gekennzeichnet durch eine Vielzahl von Ausnahmesituationen. z.B. Terminüberschreitungen, Ausfall von Komponenten oder Ressourcen [ObS91]. In solchen Fällen müssen Exception-Handling-Mechanismen ausgelöst und durchgeführt werden, die meist nur teilweise automatisierbar sind. Hier bietet Hypertext - in Verbindung mit einer Monitorkomponente, die die Systemabläufe überwacht - die Möglichkeit einer Online-Unterstützung.

In der Einsatz- und Wartungsphase eines Systems spielen weiterhin Fragen des Konfigurations-Managements eine wichtige Rolle. Dazu gehört auch die Verwaltung unterschiedlicher Versionen der selbstentwickelten Software, der eingesetzten Fremd-Software sowie der verwendeten System-Software (Compiler und Linker, Datenbanksystem, Betriebssystem, Kommunikations-Software). Die vielfältigen Zusammenhänge lassen sich unter Hypertext adäquat darstellen und für Systemadministratoren und Projektmanagement verfügbar machen. Dies ist etwa wichtig, um Auswirkungen, die z.B. ein geplanter Wechsel des Datenbanksystems auf die übrigen Software-Module hat, prüfen zu können.

Ein weiterer wichtiger Aspekt im Zusammenhang mit der Wartung (komplexer) Software-Systeme besteht darin, Kritik der Anwender am laufenden System (z.B. im Zusammenhang mit aufgetretenen Fehlern) sowie Verbesserungsvorschläge zu dokumentieren und zu verwalten. Von Entwickler-Seite können diese Kommentare bestimmten Programmteilen bzw. Anforderungs- und Entwurfsdokumenten unter Hypertext mittels Links zugeordnet werden.

Im Laufe der üblicherweise mehrjährigen Einsatzzeit eines Systems ist es sehr wahrscheinlich, daß wegen Personalfluktuation die ursprünglichen Entwickler nicht mehr zur Verfügung stehen und sich statt dessen neue Entwickler in das vorliegende System einarbeiten müssen. Auch hier kann die Verfügbarmachung aller Entwicklungsdokumente einschließlich des Source-Codes unter einer einheitlichen Hypertext-Oberfläche eine sinnvolle Unterstützung im Sinne eines Tutoring-Systems sein.

4.2 Phasenübergreifend

Während der gesamten Projektdauer muß es möglich sein, den aktuellen Stand der Entwicklung, aktuelle Zwischenergebnisse usw. zu betrachten und z.B. mit den Anforderungen und Wünschen des Auftraggebers zu vergleichen. Dies kann dadurch ermöglicht werden, daß alle Ergebnisse aus bereits durchgeführten Phasen miteinander verbunden werden und in ein gesamtes, integriertes System mit Hypertexttechniken einfließen.

Zusätzlich kann auch der in der Planungsphase erstellte Projektplan mittels Hypertext in den nachfolgenden Projektphasen verfügbar gemacht werden. Hierzu gehören auch Informationen über personelle Zuordnungen (z.B. wer ist für Dokument D3 zuständig?), Terminplanung (wann muß Aktivität A5 beendet sein?), Informationen über Unterauftragnehmer u.ä. Das gesamte Projektmanagement kann damit unterstützt und verbessert werden. Die Kooperation zwischen den beteiligten Personen wird durch die Existenz einer gemeinsamen Kommunikationsbasis erleichtert. Die für alle Beteiligten verständliche Darstellung in Form eines Hypertextes, die Abfrage von Informationen ohne Erlernen einer speziellen Abfragesprache und die Möglichkeit zum Ergänzen von persönlichen - für andere nicht notwendigerweise sichtbare - Anmerkungen sind in diesem Zusammenhang besonders wichtig.

4.3 Prototyping

Prototyping dient der Überprüfung von Anforderungen an ein System, z.B. in Bezug auf inhaltliche Vollständigkeit. Dies erfolgt in enger Abstimmung mit der Auftraggeber-/Endanwenderseite. Diese wird den jeweils vorliegenden Prototypen kommentieren und evtl. Verbesserungsvorschläge machen. Es kann sich beispielsweise herausstellen, daß Anforderungen in der Definitionsphase vergessen oder unpräzise formuliert worden sind. Möglicherweise sind Anforderungen aber auch - obwohl sie korrekt definiert wurden - im Prototypen nicht (richtig) berücksichtigt worden, z.B. wegen eines Mißverständnis auf Entwicklerseite.

Im späteren Life-Cycle wird Prototyping eingesetzt, um zu überprüfen, ob vorgeschlagene Lösungen tauglich sind.

Wenn die gesamten Anforderungs- und Entwurfsdokumente unter Verwendung von Hypertext abgelegt worden sind, dann kann während einer Prototyping-Sitzung gezielt nach bestimmten jeweils relevanten Informationen gesucht werden.

Die Kommentare von Auftraggeber-/ Anwenderseite zu den Prototypen und die daraus gezogenen Schlußfolgerungen auf Entwicklerseite können ebenfalls mit Hypertext verwaltet werden. Hier erweist sich ein Sichtenkonzept als sinnvoll, da es eventuell widersprüchliche Aussagen von verschiedenen Personen gibt.

Wichtig ist auch die Verwaltung der Historie einer Prototyping-Sitzung, beispielsweise wenn bei Unklarheiten Rücksprünge bzw. Wiederholungen einzelner Abläufe nötig sind.

Die Tutoring-Fähigkeiten von Hypertext können schließlich ausgenutzt werden, um dem Endanwender schon vor Fertigstellung eines Systems zu ermöglichen, sich in die Benutzerschnittstelle des Systems einzuarbeiten (z.B. anhand von Guided Tours). Dies kann sicherlich ein wichtiger Beitrag zur Erhöhung der Akzeptanz eines neuen Systems sein.

5.0 Realisierungskonzepte

Wie aus dem vorangehenden Kapitel bereits hervorgeht, ist es sinnvoll und möglich, Hypertext in den gesamten Prozeß der Systementwicklung zu integrieren und nicht nur in einzelnen Phasen einzusetzen. Es ist hierbei besonders nützlich, entstandene Zwischenergebnisse langfristig zu nutzen (z.B. für die Dokumentation, die Erklärungskomponente, für Schulung, Wartung usw.)

Deshalb ist die Integration von Hypertext-Konzepten in eine Entwicklungsumgebung mit konventionellen Komponenten oder umgekehrt sicherlich ein sinnvoller Schritt im Hinblick auf den Einsatz von SE bzw. KE in der Praxis.

Betrachtet man relevante Dokumente der einzelnen Phasen (siehe Kapitel 4.1), so wird deutlich, daß in einem integrierten System verschiedene Knotentypen zu unterscheiden sind, wie

- informale Dokumente (Handbücher) zum gewählten Vorgehensmodell sowie zu den verwendeten Methoden und Werkzeugen. Sie beinhalten Erläuterungen zu den jeweiligen Aufgaben der Systementwickler, Verweise auf die erzeugten Objekte u.ä.
- informale Dokumente aus der Planungsphase, z.B. Angebote von Standard-Software-Anbietern, vorliegende Marktanalysen, Prospektmaterial, Ist-Analysen und Durchführbarkeitsstudien, Projektplan usw.
- informale Dokumente aus der Phase der Anforderungsdefinition, z.B. Interview-Mitschnitte, ausgefüllte Fragebögen, Daten- (Konzept-), Operations- (Aktivitäten-), Ereignisglossare u.ä.
- semi-formale und formale Entwurfsdokumente, z.B. Entity/Relationship-Diagramme, Petri-Netz-Hierarchien, KARL-Spezifikation usw. Hierarchische Beziehungen zwischen Vergröberungen bzw. Verfeinerungen von Aktivitäten können über Links miteinander verbunden sein
- Source-Code, Object-Code, ausführbarer Code
- informale Hilfetexte zur Erläuterung für den Umgang mit dem zu entwickelnden System

Ausgehend von möglichen Knotentypen, die anhand der aufgeführten Dokumentarten eingeführt werden sollten, ergeben sich entsprechend unterschiedliche Linktypen, z.B.

- Dokumentationslinks, die formale Elemente mit informalen, erklärenden Knoten verbinden
- Reihenfolgelinks, die den Kontrollfluß beschreiben,
- Verfeinerungslinks, durch die Hierarchien zwischen Aktivitäten und deren Teilaktivitäten erkennbar sind
- Inferenzlinks, die das Input/Output-Verhalten zwischen Daten und Aktivitäten beschreiben (z.B. Zwischenergebnisse)

5.1 INCOME/STAR

INCOME [LNO89] ist ein rechnergestützter Arbeitsplatz für konzeptuellen Entwurf und Prototyping von Informationssystemen, der von 1985 bis 1990 am Institut für Angewandte Informatik und Formale Beschreibunsverfahren innerhalb des von der DFG geförderten Projekts "Programmentwurf" entwickelt worden ist$_9$. Im Rahmen eines - ebenfalls von der DFG geförderten - Nachfolgeprojekts wird INCOME/STAR, eine Weiterentwicklung von INCOME, konzipiert und prototypmäßig implementiert [ObS92]. Dabei stehen die folgenden Aspekte im Mittelpunkt:

● Unterstützung der späteren Phasen der Systementwicklung, wohingegen in dem ursprünglichen Konzept von INCOME lediglich die frühen Phasen abgedeckt worden sind.

● Unterstützung bei der Entwicklung verteilter Systeme.

● Unterstützung teamorientierter Vorgehensweisen bei der Systementwicklung.

● Integration einer Hypertext-Oberfläche, die über die in Kapitel 4 beschriebenen Eigenschaften verfügt.

Das Design-Dictionary (Repository) ist eine zentrale Komponente von INCOME. Hier können alle im Rahmen eines Entwicklungsprojektes anfallenden Daten abgelegt werden. Bereits in der vorliegenden Version ist eine elementare Hypertext-Funktionalität verfügbar, die Beziehungen zwischen Objekten in unterschiedlichen Entwurfsdokumenten herstellt. Diese Beziehungen können vom Designer explizit festgelegt werden oder aber auf der Namensgleichheit von Objekten beruhen (z.B. *Rechnungsformular*, einmal als Stelle in einem Prädikate/Transitionen-Netz und zum anderen als Entity-Typ in einem Entity/Relationship-Diagramm).

5.2 MIKE

Im Projekt MIKE (Modellbasiertes und Inkrementelles Knowledge Engineering) wurde bereits ein prototypisches System entwickelt, das die Entwicklung eines Wissensbasierten Systems bzw. einer Spezifikation des Wissensbasierten Systems unter Verwendung des modellbasierten Ansatzes ermöglicht. Dieses System unterstützt die Erhebung und Strukturierung des Wissens (Definitions- und Analysephase) und die Formalisierung des Wissens in der Spezifikationssprache KARL (erster Teil der Entwurfsphase).

Das System realisiert das in [NeS92] beschriebene Vorgehensmodell, das die einzelnen Phasen des Entwicklungsprozesses, außerdem das Zusammenspiel zwischen Aktivitäten und Daten (in einem Datenflußdiagramm) und die Reihenfolge der Aktivitäten beschreibt.

Die Darstellung des Vorgehensmodells selbst mit Hilfe von Hypertext ist vorgesehen. So kann Hypertext zur Entwicklung eines Tutors dienen, der den Knowledge Engineer und möglicherweise die Auftraggeberseite mit seinen Aufgaben im Rahmen der Systementwicklung vertraut macht.

Zur Unterstützung der ersten Phase der Systementwicklung, der Definitions- und Analysephase, wird derzeit ein Tool entwickelt, das die Sammlung des Wissens und die informale und semiformale Strukturierung des Wissens unterstützt. Hierfür werden verschiedene Knoten- und Kantentypen zur Verfügung gestellt [Neu92].

Im Anschluß an diese semiformale Darstellung erfolgt die Formalisierung des Wissens in der Spezifikationssprache KARL. Die Anbindung der informalen Dokumente, Zwischenergebnisse aus der Analysephase, zu Dokumentationszwecken und für die Entwicklung der Erklärungskomponente [HoN92] an die ausführbare Spezifikation ist geplant. Das gleiche gilt für die Integration von Design und Implementierung.

6.0 Zusammenfassung und Ausblick

Hypertextkonzepte sind sehr vielschichtig nutzbringend im Bereich des SE ebenso wie im KE einsetzbar.

---

9. Die zugrundeliegende Methode ist von einem Kooperationspartner, der PROMATIS Informatik, Straubenhardt, zu einem kommerziellen Produkt weiterentwickelt worden.

Die nichtlineare Repräsentation von informalen Dokumenten in einem Hypertext ist besonders gut geeignet, um Daten, die in einer frühen Phase des Lebenszyklus gesammelt wurden, übersichtlich und strukturiert, aber noch in einer informalen Form, zu verwalten (Planungsphase sowie Definitions- und Analysephase). Gut strukturierte Dokumente erleichtern die Formalisierung des Wissens (Entwurfsphase). Techniken von Hypertext-Systemen ermöglichen es, diese informalen bzw. semiformalen Darstellungen des grundlegenden Basiswissens mit den formalen Elementen zu verknüpfen, um diese auch dem Auftraggeber erläutern zu können und damit das System zu dokumentieren und die Akzeptanz des Systems zu erhöhen (Entwurfs- und Implementierungsphase). Formale Dokumente können mittels Links untereinander verbunden werden, um unterschiedliche Versionen, Module usw. miteinander zu verknüpfen, außerdem können Testergebnisse angegliedert werden (Implementierungs- und Testphase). Die Wartung wird erleichtert, wenn all diese vorhergehenden Verknüpfungen vorgenommen wurden und Fehler im System dadurch leichter aufgedeckt und korrigiert werden können.

Ziel muß es sein, integrierte Entwicklungsumgebungen zu entwickeln, die für Anwendungssysteme alle Dokumente wie Dokumentation, Anforderungsdefinition usw., d.h. wichtige Zwischenergebnisse aus früheren Phasen, ebenso wie das Vorgehensmodell zur Systementwicklung selbst, verwalten und unter einer einheitlichen Hypertext-Benutzeroberfläche bereitstellen.

Die aufgezeigten Analogien zwischen SE und KE legen es nahe, in beiden Bereichen weitgehend einheitliche Entwicklungsmethoden und -werkzeuge mit Unterstützung von Hypertext zu entwickeln.

7.0 Danksagung

Für hilfreiche Diskussionen und Anregungen danken wir Wolffried Stucky und Rudi Studer.

8.0 Literatur

[AFL90]   Angele, J.; Fensel, D.; Landes, D.; Neubert, S.; Studer, R.: Knowledge Engineering und verwandte Fachdisziplinen. Eine Literaturstudie. Forschungsbericht des Instituts für Angewandte Informatik und Formale Beschreibungsverfahren, Universität Karlsruhe, Bericht 210, 1991

[AFL91]   Angele, J.; Fensel, D.; Landes, D.; and Studer, R: KARL: An Executable Language for the Conceptual Model. In: Proceedings of the Knowledge Acquisition for Knowledge-Based Systems Workshop KAW'91, October 6-11, Banff, 1991

[Agr86]   Agresti, W.W. (Hrsg.): New Paradigms for Software Development. IEEE Computer Society Press, Washington, 1986

[AHS90]   Akkermans, H.; Harmelen, van F,; Schreiber, G.; Wielinga, B.: A Formalisation of Knowledge-Level Models for Knowledge Acquisition. International Journal of Intelligent Systems, 1990

[Ant91]   Anoniou, G.: Modules in Computer Science and Artifical Intelligence. Osnabrücker Schriften zur Mathematik, Reihe I, Heft 26, Osnabrück, 1991

[AnW90]   Anjewierden, A.; Wielemaker, J.: Shelley - Computer Aided Knowledge Engineering, Current Trends in Knowledge Acquisition, Wielinga et. al. (eds.), IOS Press, Amsterdam, 1990

[BeO90]   Berlin, L.; O'Day, V.: Platform and Application Issues in Multi-User Hypertext. In: Multi-User Interfaces and Applications. North-Holland, 1990, S.293-309

[Ber87]   Berry, D.: The problem of implicit knowledge. In: Expert Systems, vol. 4, no. 3, August 1987

[BiR87]   Bigelow, J.; Riley, V.: Manipulating Source Code in DynamicDesign. In: Hypertext'87, 1987

[BjP91]   Bjoerner, D.; Prehn, S.: Formal Methods in Software Development Requirements for a CASE. In: Endres, A.; Weber, H. (Hrsg.): Software Development Environments and CASE Technology. LNCS 509, Springer Verlag 1991, S. 178-210.

[BKM84]   Budde, R., Kuhlenkamp, K., Mathiassen, L., Züllighoven, H. (Hrsg.): Approaches to Prototyping, Springer-Verlag, 1984

[Boe76]   Boehm, B.W.: Software Engineering. IEEE Transactions on Computers, C-25, 1976, S. 1226-1241

[Boe86]   Boehm, B.W.: A Spiral Model of Software Development and Enhancement. ACM SIGSOFT Software Engineering Notes 11, 1986, S. 22-42

[BöA91]   Bösze J.; Aschacher, D.: Prototyping mit "Hypertools". In: Ackermann D.; Uhlich, E. (Eds.): Software Ergonomie 91, Teubner Verlag, 1991

[BRR87]   Brauer, W.; Reisig, W.; Rozenberg, G. (Hrsg.): Petri Nets: Central Models and Their Properties. LNCS 254, Springer-Verlag, 1987

[BWS87]   Breuker, J.; Wielinga, B.; Someren, M.v.; de Hoog, R.; Schreiber, G.; de Greef, P.; Bredeweg, B.; Wielemaker, J.; and Billault, J.-P.: Model-Driven Knowledge Acquisition: Interpretation Models. Esprit Project P1098, University of Amsterdam (The Netherlands), 1987

[Che76]   Chen, P.P.S.: The Entity-Relationship Model: Toward a Unified View of Data. ACM Transactions on Data Base Systems, Vol. 1, 1, 1976, S. 9-36

[Con87]   Conklin, J.: Hypertext: An introduction and survey. Survey and tutorial series. IEEE Computer, September 1987, S. 17-41

[CyR92]   Cybulsky, J.L.; Reed, K.: A Hypertext Based Software Engineering Environment. IEEE Software, März 1992, S. 62-68

[DeD83]   DeAntonellis, D., Demo, B.: Requirements Collection and Analysis. in: Ceri, S. (Hrsg.): Methodology and Tools for Data Base Design, North-Holland Publishing Company, 1983, S. 9-24

[DoT90]   Dorfman, M.; Thayer, R.: Standards, Guidelines, and Examples on System and Software Requirements Engineering. IEEE Computer Society Press, Los Alamitos, California, 1990

[Fen91]   Fensel, D.: Knowledge Elicitation. Forschungsbericht Nr. 215, Institut für Angewandte Informatik und Formale Beschreibungsverfahren, Universität Karlsruhe, 1991

[FCA91]   Ford, K.; Canas, A.; Adams-Webber, J.: Explanation as a Knowledge Acquisition Issue. In: Proceedings of the 8th National Conference on Artificial Intelligence AAAI'91, Workshop Knowledge Acquisition, Anaheim, California, July 14-19, 1991

[GaS87]   Garg, P.; Scacchi, W.: On Designing Intelligent Hypertext Systems for Information Management in Software Engineering. In: Proceedings Hypertext'87, S.409-432

[HaP89]   Hayes, P.; Pepper, J.: Towards an Integrated Maintenance Advicer. In: Proceedings Hypertext'89, S.119-127

[HJE91]   Hahn, U.; Jarke, M.; Eherer, S.; Kreplin, K.: CoAUTHOR, A Hypermedia Group Authoring Environment. In: Studies in Computer Supported Cooperative Work. North-Holland, 1991, S. 79-100

[HKL89]   Hickman, F.R.; Killin, J.L.; Land, L.; Mulhall, T.; Porter, D.; and Taylor, R.M., Analysis for Knowledge-Based Systems: a practical guide to the KADS methodology, Ellis Horwood Limited, Chichester, GB, 1989

[HoN92]   Hoppe, U.; Neubert, S.: Using Hypermedia for Integrating Mediating Representations in the Model-based Knowledge Engineering. Erscheint in: Proceedings of the 9th National Conference on Artifical Intelligence AAAI'92, Workshop Knowledge Acquisition, San Jose, California, July 12-17, 1992

[Hop92]   Hoppe, U.: Einsatz von Hypertext/Hypermedia zur Verbesserung der Erklärungsfähigkeit Wissensbasierter Systeme. In: Biethahn, J.; Bogaschewsky, R.; Hoppe, U. (Hrsg.): Expertensysteme in der Wirtschaft 1992 - Anwendungen und Integration mit Hypermedia, Gabler Verlag, 1992

[JoM89]   Jonassen, D.; Mandl, H. (Hrsg.): Designing Hypermedia for Learning, Springer Verlag, 1989

[KVS91]   Karbach, W.; Voß, A.; Schuckey, R.; Drouven, U.: MODEL-K: Prototyping at the Knowledge Level. Proceedings of the 11th International Conference Expert Systems & Their Applications, Avignon, 1991

[LNO89]   Lausen, G.; Nemeth, T.; Oberweis, A.; Schönthaler, F.; Stucky, W.: The INCOME Approach for Conceptual Modelling and Prototyping of Information Systems. Proc. CASE89, The First Nordic Conference on Advanced Systems Engineering, Stockholm, Mai 1989

[Mau92]   Maurer, F.: HyperCAKE: Ein Wissensakquisitionssystem für hypermediabasierte Expertensysteme. In: Biethahn, J.; Bogaschewsky, R.; Hoppe, U. (Hrsg.): Expertensysteme in der Wirtschaft 1992 - Anwendungen und Integration mit Hypermedia, Gabler Verlag, 1992

[MGR89]   McGraw, K.; Harbison-Briggs, K.: Knowledge Acquisition - Principles and Guidelines. Prentice-Hall International, Inc., 1989

[Mös90]   Mössenböck, H.: Ein Programmeditor mit Hypertext-Fähigkeiten. in: Gloor, P.A.; Streitz, N.A. (Hrsg.): Hypertext und Hypermedia. IFB 249. Springer-Verlag, 1990, S. 43-52

[MRE90]   Motta, E.; Rajan, T.; Eisenstadt, M.: Knowledge Acquisition as a process of model refinement. Knowledge Acquisition, March 1990, Volume 2, Number 1, S. 21-49

[NeS92]   Neubert, S.; Studer, R.: The KEEP Model, a Knowledge Engineering Process Model. Wetter, T.; Althoff, K.-D.; Boose, J.; Gaines, B.; Linster, M.; Schalhofer, F. (Hrsg.): Current Developments in Knowledge Acquisition - EKAW'92, Proceedings of the 6th European Knowledge Acquisition Workshop, Heidelberg and Kaiserslautern, 18.-22. Mai 1992, Lecture Notes in Artificial Intelligence 599, Springer Verlag, 1992, S. 230-249

[Neu92]   Neubert, S.: Einsatz von Hypermedia im Bereich der modellbasierten Wissensakquisition. In: Biethahn, J.; Bogaschewsky, R.; Hoppe, U., (Hrsg.): Expertensysteme in der Wirtschaft 1992 - Anwendungen und Integration mit Hypermedia, Gabler Verlag, 1992

[Nie90]   Nielsen, J.: Hypertext & Hypermedia. Academic Press, San Diego, London, 1990

[ObS91]   Oberweis, A.; Stucky, W.: Die Behandlung von Ausnahmen in Software-Systemen: Eine Literaturübersicht. In: Wirtschaftsinformatik, 33. Jahrgang, Heft 6, 1991, S.492-502

[ObS92]   Oberweis, A.; Stucky, W.: Rechnergestützte Entwicklungs- und Wartungsumgebung für verteilte betriebliche Informationssysteme (eine Projektübersicht), Institut für Angewandte Informatik und Formale Beschreibungsverfahren, Universität Karlsruhe, Bericht 238, Januar 1992

[Pat89]   Patridge, D.: KI und das Software Engineering der Zukunft. McGraw-Hill, 1989

[RoS77]   Ross, D.T.; Schoman, K.E.: Structured Analysis for Requirement Definition. IEEE Transactions on Software Engineering, 3 (1), 1977, S. 6-15

[SaG90]   Sarre, F.; Güntzer, U.: Einsatz des Hypertextsystems "HyperMan" für Online-Datenbankmanuale. In: Gloor, P.; Streitz N. (Eds): Hypertext und Hypermedia. Springer Verlag, 1990, S. 112-123

[SaS91]   Sametinger, J.; Stritzinger, A.: Ein Hypertext-Editor zur Software-Wartung. In: Maurer, H. (Hrsg.): Hypertext und Hypermedia. IFB 276, Springer-Verlag, 1991, S. 249-256

[ScN92]   Schönthaler, F.; Nemeth, F.: Software-Entwicklungswerkzeuge: Methodische Grundlagen, B.G. Teubner, Stuttgart, 2. Auflage, 1992

[ScW90]   Schreiber, G.; Wielinga, B.: A KADS Design Description Language. Deliverable B7, Esprit Project P1098, Universität Amsterdam, 1990

[ShK89]   Shneiderman, B.; Kearsley, G.: Hypertext Hands-on! An Introduction to a New Way of Organizing and Accessing Information. Addision-Wesley Reading, Massachusetts, 1989

[StO92]   Stucky, W.; Oberweis, A.: Zur Beherrschbarkeit des Entwicklungsprozesses komplexer Software-Systeme, in: Buchmann, J.; Ganzinger, H.; Paul, W.J. (Hrsg.): Informatik. Festschrift zum 60sten Geburtstag von Prof. G. Hotz, Universität Saarbrücken, Teubner-Verlag, 1992, S. 463-480

[Str90]   Streitz, N.A.: Hypertext: Ein innovatives Medium zur Kommunikation von Wissen. Gloor, P.A., Streitz, N.A. (Hrsg.): Hypertext und Hypermedia, IFB 249, Springer-Verlag, 1990, S. 10-27

[TiP92]   Tins, M.; Poeck, K.: Tutorielle Nutzung von Expertensystemen zur Qualifikation von Mitarbeitern. In: Biethahn, J.; Bogaschewsky, R.; Hoppe, U. (Hrsg.): Expertensysteme in der Wirtschaft 1992 - Anwendungen und Integration mit Hypermedia, Gabler Verlag, 1992

[Tul89]   Tully, C.: Representing and Enacting the Software Process. Proceedings of the 4th International Software Process Workshop, Devon, UK, 1988. ACM Sigsoft Software Engineering Notes, Volume 14, nr. 4, Juni 1989

[Wac89]   Wachsmuth, I.: Zur intelligenten Organisation von Wissensbeständen in künstlichen Systemen. Habilitationsschrift, Universität Osnabrück, 1989

[Wet90]   Wetter, T.: First Order Logic Foundation of the KADS Conceptual Model. In: Current Trends in Knowledge Acquisition, Wielinga et. al. (eds.), IOS Press, Amsterdam, 1990, S. 356-375.

[Wor91]   Workshop "Expertensysteme und Hypermedia", Liste der eingereichten Abstracts, 7.11.1991, Kaiserslautern

[WSB91]   Wielinga, B.J.; Schreiber, A.Th.; Breuker, J.A.: KADS: A Modelling Approach to Knowledge Engineering. ESPRIT Project P5248 KADS-II, An Advanced and Comprehensive Methodolgy for Integrated KBS Development, Amsterdam, 1991